우주의 중심, 카일라스

티베트 수미산 마음여행

마음여행

책 머리에

티베트 본토의 대문이 열린 지 30여 년이 지난 현재 티베트에 대한 목마름은 많이 해소되었다. 그 동안 나 자신도 매스컴을 통해 티베트를 알리기도 하고, 또한 책도 몇 권 출간하여 어느 정도 티베트학(Tibetanlogy)의 초석을 놓는 데 미력이나마 일조를 하였다고는 하지만 아직도 해야 할 일들이 너무 많다는 것을 늘 실감하고 있다.

물론 그 일을 왜 해야 하는지에 대해서 가끔 회의를 느낄 적도 있었지만, 그 일을 계속할 수 있었던 것은, "아마도 전생에서 그들에게 빚을 많이 졌기 때문"이라고 농담 삼아 주위 사람들에게 실토를 한 것처럼, 설역고원에 대한 짝사랑 때문일 것이다.

언제부터인가 설역고원 티베트는 더 이상 신비나 무지의 대상이 아닌 실체 있는 그 무엇으로 우리 앞으로 다가왔다. 이미 오래전부터 '하늘열차'라는 별명을 가진 칭짱(靑藏) 열차가, 쿤룬과 탕구라라는 대산맥을 넘어 설역고원의 중심지 라싸까지 도착해서, 산소가 저절로 조절되는 안락한 기차에 편히 누워서 흘러나오는 이국적 음악을 들으며 해발 4~5천m의 고원을 달릴 수 있다. 그리고 지평선에 떠 있는 쌍무지개를 볼 수 있으며 아침햇살을 받아 환상적으로 반짝이는 만년설에 쌓인 설산도 바라볼 수 있게 되었다.

이번 책은 필자의 졸저 중에서 내용을 발췌, 보강하는 데 중점을 두었다. 이 책의 주제인 수미산이라는 신화 이외에도 티베트의 현실을 직시함으로써 이 민족의 앞날에 어떤 비전을 제시해 보려고 하였다. 그리고 볼거리를 강조하기 위해 사진 부분은 전문가와 함께하는 공저 형식을 택했다. 그 이유는 전문작가가 아닌 필자가 직접 찍었던 기존의 졸작사진 때문에 답답함을 느끼시던 강호제현을 위한 배려에서다. 이번에 사진작업에 동참한 작가는 바로 이상원 님이다. 님은 인도철학을 전공하고 일찍부터 히말라야 권 여러 나라를 여행하며 많은 사진을 찍어 왔기에 그 분량은 국내 어떤 작가에게 뒤지지 않을 만큼 풍부하다. 특히 카일라스 산을 중심으로 한 서부 티베트에 대해서는 타의 추종을 불허하리라고 생각된다.

필자 또한 오래전부터 님과 함께 카일라스 산과 서부 티베트를 함께 순례하면서, 그 한 컷 한 컷에 기울이는 구도적인 자세와 열정을 옆에서 늘 보아왔기에, 이번 책의 동반 작업을 주저하지 않았다. 특히 그것이 산소량이 평지의 반밖에 안 되는 설역고원에서 숨도 제대로 쉴 수 없는 상황 아래서 힘들게 찍어낸 작품들이기에 더욱 그러하다.

나는 언제부터인가 티베트의 미래가 밝지 못하다고 해서 절망하지 않기로 했다. 왜냐하면 태곳적부터 순결함을 잃지 않고 언제나 삶에 지친 전 세계의 목마른 나그네들을 말없이 맞아주는 설역고원은 아직도 그대로, 거기에, 존재하고 있고, 또한 그곳에는 아직도 언제나 따뜻한 미소를 지으며 나그네를 맞이하고 있는 티베트의 친구들이 그대로 살고 있기 때문이니까.

또한 이번 책의 주제인 서부 티베트에 솟아 있는 카일라스, 즉 수미산설의 기원일 수 있는 성산에서 뿜어져 나오는 신비한 에너지가 티베트, 아니 온 누리로 뻗어나가고 있다는 사실도 위안을 삼을 수 있지 않겠는가?

예전에 홍천강 우거의 필자의 2층 서재 입구에는 설역고원의 상징인 야크(犛牛)의 목에 거는 쇠방울이 걸려 있었다. 그 방울 가운데 달린 울림 추는 야크 뼈로 만들어져 있어서 쇠와 뼈가 부딪힐 때 나는 소리가 좀 색달랐다. 뭐랄까, 쇠의 고음에 뼈의 낮은 음이 적절하게 화음을 이루었다고나 할까? 서재를 오르내릴 때 나는 일부러 그 쇠방울을 한 번씩 흔들어 보곤 했다. 그러면 그 형용하기 힘든 소리가 귀를 통해 나의 가슴 깊숙한 곳까지 울리고, 그러면 나도 모르게 나의 영혼이 몸에서 빠져나와 설역고원에 우뚝 솟아 있는 지구별의 안테나이며 수미산설의 기원인 신비스런 카일라스 산으로 달려가곤 했다.

아, 수미산!

茶汀 김규현

사진과 재출간에 관한 글

티베트의 카일라스 순례는 20여 년 전에 다정 선생님과 같이 〈수미산을 찾아서〉라는 테마로 티베트 고원을 31일이라는 대장정을 시작한 것이 인연이 되어 그동안 열 번 넘게 성산을 순례하게 되었다. 그리고 다정 선생님의 『티베트의 신비와 명상』이란 저서는 티베트를 갈 때마다 가지고 다니는 지침서 역할을 하였다. 그 책은 티베트에 대한 설명뿐만 아니라 우리나라 최초로 수미산이라는 신화 속에 테마를 찾아가는 선생님의 노고가 흠뻑 들어 있는 명저였다고 생각된다.

그래서 다정 선생님의 원고에 사진을 추가해서 『바람의 땅 티베트』로 출간했고, 세월이 흘러서 부족한 부분들을 다시 정리하고 보완해서 이제 『우주의 중심, 카일라스』로 재출간하게 되었다.

카일라스는 하나의 산이 참으로 다양하고 신비롭다. 이 세상 어느 곳보다 영혼의 울림이 있는 곳이라 생각된다. 카일라스가 불교 경전상의 수미산을 상징한다고 하는데, 수미산을 찾아가는 것은 자신의 마음을 돌아보고 또 찾아가는 아름다운 마음여행이라고 할 수 있을 것이다.

그동안 카일라스를 순례하면서 마음 가득한 신비로운 울림이 조금이라도 전해지면 다시없는 기쁨일 것이다.

麗山 이상원

차 례

2부 설역고원 티베트

3부 수미산을 찾아서

4부 뵌뽀교와 전설의 구계왕국

1부

唐 蕃 古 道

당번고도를 따라서

1. 수미산의 부름 소리

　나그네가 지금 타고 가는 기차의 이름은 '하늘철마'라는 멋스러운 이름을 가진 기차로 시발점인 베이징에서 티베트의 라싸까지, 2박3일간을 달리는 초장거리용 기차다.

　원래 중국 당국이 이 철마가 달리는 구간의 공식 명칭을 칭짱선(靑藏線)이라 했다고 하는데, 이는 좁게는 칭하이성(靑海省)과 시짱(西藏) 자치구, 즉 티베트 사이의 철로를 말하지만, 넓게는 베이징이나 상하이에서 라싸까지를 통칭해서 말하기도 한다. 또 다른 명칭으로는 만리장철(萬里長鐵)이라고도 부르는데, 이는 글자 그대로 만 리를 달리는 열차라는 뜻일 게다.

설역고원으로 뻗은
칭짱 철로

이 기차는 하늘에 닿아 있는 쿤룬(崑崙)산맥의 해발 5000m급 고개를 넘어 평균 4000m의 가도 가도 끝이 없는 막막한 설역고원(雪域高原)을 달리기 때문에 붙여진 애칭이 '천로(天路)'라는 말과 상통하고, 또한 손에 잡힐 듯 낮게 떠서 돌아다니는 구름과 나란히 달린다는 뜻도 있기 때문이다.

이 선로의 총길이는 무려 4,065km의 엄청난 거리로 특급열차로 달려도 2박3일간이나 달려야 하는 거리이다. 좁은 땅덩어리에 태어난 우리로서는 언뜻 상상이 가지 않는 수치이다. 그것도 보통 평지가 아니라 평균 해발 4~5000m나 되는, 이름만 들어도 기가 질릴 쿤룬·탕구라 산맥의 고원지대를 통과해야 한다니 더욱 그러하다.

비록 몸은 하늘로 달려가는 기차에 편히 기대어 있지만, 나의 영혼은 설역고원에 솟아 있는 어떤 산으로 달려간다. 그 산만 떠올리면 뒤따르는 이상한 귀울림 증상은 처음 수미산을 찾아 설역고원을 헤맬 때나 지금이나 다름이 없는데, 그것은 대부분 환상 같은 영상을 동반하였다. 이제는 그런 현상이 주기적으로 찾아오는 '수미산의 부름 소리'라고 이해하고 있지만, 이전에는 그 원인을 몰랐던 일종의 정신병적 증세였다. 그 부름에 이끌려 나는 이미 세 번씩이나 그 산을 순례하였기에 이제는 그것의 원인과 처방조차도 알 수 있게 되었다. 물론 처음보다는 그 환영의 강도가 좀 약해지긴 했지만, 그래도 그 부름 소리는 여전히 나를 거역할 수 없게 만들어 일 년에 한두 번씩 나로 하여금 묵직한 배낭을 둘러메게 만들었다. 그것이 내가 택할 수 있는 유일한 처방전이었다.

그 환상의 실체는 바로 구름 속에 솟아 있는 이상한 모양을 한 거대한 산이었다. 저녁 햇살에 찬연하게 빛나는 아름답고도 외로운 산이었다. 그리고 이어 뒤따르는 하나의 화두가 있었다. "수미산은 과연 이 사바세계에 실제로 존재하는가?"

그리고 만약 실존한다면 "나는 그곳을 정말 찾아갈 수 있는가?"였다.
내 젊음의 여울목에서, 그토록 나로 하여금 세상의 당연한 일상사에 등
돌리게 닦달했던 '히말라야의 환상'의 실체가 바로 '수미산의 부름'이었
을까? 하는 물음이 나로 하여금 수미산 삼매 속에서 내 삶을 헤어나지
못하게 했다.

설역고원을 가슴속에 품고 사는 마니아들이 어디 한두 명일까마는,
나 역시 그 부류에 한 다리 낄 기질이 있었던지, 당시 붉은 중국의 '죽의
장막'이 걷히자마자, 1993년 3월 눈이 채 녹기도 전에 나는 아무 준비도
없이 티베트로 달려와 꿈에서도 그리워하던 포탈라 궁전 아래서 시린
눈을 들어 감격에 겨워했다. 그리고 1995년 베이징의 중앙미술대학을
거쳐 드디어 티베트 대학으로 자리를 옮겨 1997년에는 라싸미술협회 초
청으로 수미산을 테마로 한 목판화 전시회를 열기도 했다. 그리고 그때

제작한 목판으로 1,080장의 오색 천에 찍어 타르초를 만들어서 그해 카일라스 산에다 거는 일종의 행위예술을 펼치기도 했다. 어찌 보면 그 모든 일련의 상황은 마치 꿈같이 흘러갔지만, 지금 돌이켜 생각하면 그 때가 다시는 돌아올 수 없는 내 생애 최고의 날들이었다.

그 누가 말했던가? "나그네는 길에서도 쉬지 않는다고…."

베이징 발 라싸 행 특급열차는 비록 신화 속으로 들어갈 기차에 어울리는 칙칙폭폭 소리도, 때때로 울리는 석탄 냄새 나는 목쉰 경적음도 없는 기차이지만, 긴 몸을 이끌고는 서역으로, 천축으로, 아니 시공을 뛰어넘어 신화와 전설이 숨 쉬는 불·보살의 세계로 들어가고 있었다.

수미산(須彌山)과
카일라스(Kailas)

티베트 서쪽으로 지도상에 카일라스(Kailas, 6,714)라고 표기된 산이 있다. 이 산은 네팔과 인도 그리고 티베트의 접경지대에 솟아 있는 아름답고 신비스런 산이다. 그 성스러운 산은 불교를 비롯한 4대 종교의 우주관이 탄생된 무대였고, 딴뜨라(Tantra) 사상이 잉태된 곳이었으며, 샤머니즘의 고향이기도 하고, 갠지스 강을 비롯한 4대 강의 발원지이기도 하다.

티베트에서는 이 산을 강 디세, 또는 강 린포체 등으로 부르고 있으며 문헌 속에 나타나는 수미산, 향산, 향취산, 쿤륜산, 천산, 계라사산 등의 많은 이름들이 모두 하나의 산을 모델로 해서 나타나는 것이라고 할 수 있다. 물론 이것은 나 자신 처음부터 내린 결론은 아니었다. 처음에는 가설로 시작하여 여러 방법으로 접근한 다음에 신중하게 내린 결론이었다.

물론 카일라스가 곧 수미산이라고 단정할 수는 없다. 문헌상의 수미

산의 세계는 이 지구상에 실재하지 않는 우리의 인식을 벗어난 세계일 수 있기 때문이다. 그러나 수미산설이 탄생하게 된 그 배경이 우리의 인식 안에 있는 카일라스에 기인하고 있다고 하면 놀랍지 않은가?

무엇보다도 여러 가지 언어로 기록된 자료와 구전의 신화를 종합하고 분석하면서 느꼈던 감정은 경이로움이었다. 단순히 눈과 얼음과 바위로 만들어진 하나의 산을 세계적인 종교와 사상들이 그 산에 뿌리를 두고 있다는 것을 강조하고 있다는 것과, 또한 그 신화 속의 산이 실제로 이 지구상의 한 지점에 솟아 있다는 사실이 놀라움을 금할 수 없게 만들었다.

카일라스는 단순히 눈과 얼음과 바위로 만들어진 산이지만 그러나 그 산은 원시시대를 벗어난 인간이 처음으로 영혼과 불멸이란 것을 자각하기 시작하면서 신화를 창조하게 된 모티브를 부여해 준 산이었다.

카일라스의 북면에 청량한 아침 햇살이 비치고 있다.

고대인들에게 그 산은 '신'이 살고 있는 집 그 자체로 여겨졌다. 그렇기에, 지금도 그 산은 아무나 참배할 수 있는 곳이 아니라고 한다. 너무나 멀리서, 고고하게 솟아 있기에 오직 오랫동안 좋은 '업(業, Karma)'을 쌓은 사람만이 다가갈 수 있고, 또 그 존재를 느낄 수 있는 그런 산이라는 것이다. 오직 가슴을 열고 그 초월적인 신의 에너지를 받을 준비가 된 사람만이 오를 수 있는 산일 것이다. 왜냐하면 그곳은 바로 니르바나의 입구이고 하늘에 오르는 하늘 사다리(天階)가 걸려 있는 곳이라 믿기 때문이다. 그렇기에 힌두교 신화처럼 쉬바신이 보낸 '순례의 사자'의 손을 잡고서만이 다가갈 수 있는 그런 곳일 것이다.

이미 사이버 세상에 들어와 있는 현대인들에게 옛 사람들의 패러다임이었던 곰팡이 냄새 나는 신화라는 허무맹랑한 소설책이 과연 어떤 메시지를 주느냐 하는 것은 개개인에 따라 다를 것이겠지만 '신화로의 회귀'는 어찌 보면 '뉴 에이지'를 들먹이지 않더라도, 우리 인류가 잃어버린 낙원, 샴발라(샹그릴라)에서 온 초대장일 것이다. 그리고 그것은 언젠가는 우리들이 풀어야 할 또 하나의 영원한 화두일 것이다.

수미산(須彌山)은 몇몇 불교사전 등에 나와 있는데 고대 인도인의 '수미산설(山說)'은 다음과 같이 요약할 수 있다.

이 세상, 즉 사바세계에는 그 중앙에 수메루산(蘇迷盧)이 사주(四洲) 세계 중앙의 금륜(金輪) 위에 우뚝 솟아 있는데, 그곳에서는 불보살이 생멸(生滅)을 나타내어 세계를 교화하며 중생을 인도하고 있다. 수미산은 범어로는 수메루(Sumeru-Parvatta)라고 한다. 우리가 살고 있는 사바세계 중앙에 불보살이 사는 수미산이 있고, 4주 중에 하나인 남염부주(南閻浮州)[1]에는 큰 호수 아뇩달지가 있어 그곳에서 4대 강이 발

---

1 남염부주는 남쪽에 '염부(閻浮, 잠부나무)'가 번창한 나라라는 뜻으로 우리가 사는 이 지구별을 가리킨다. 한역하면 '남섬부주(南贍部洲)' 또는 '염부제주(閻浮提州)'라고도 한다.

원하고 있다.

위의 구절들을 다시 정리해 보면 이 지구상 어딘가에 4대 강의 근원
인 아뇩달지 호수가 있고, 세상의 중심이라는 신화 속의 산인 수미산이
있다는 것이다.

이런 사실을 모르면 모를까, 그것을 알면서도 어찌 그곳을 찾아서 떠
나지 않을 수 있으리. 설사, 그곳이 뜬구름 속에 떠 있는 허상이라 할지
라도, 또는 그곳이 쌍무지개 너머에 있는 신기루일지라도 말이다.

자, 그러면 떠나자! '해동의 나그네' 되어 배낭 하나 달랑 메고 4대 강
의 근원인 아뇩달지와 우주의 중심이라는 수미산을 찾으러…

2. 청해(靑海) 대초원을 지나며

당(唐)과 토번(吐蕃)의 전쟁터
칭하이성(靑海省)

밤 9시 30분에 베이징 시짠(北京西站)에서 출발한 라싸행 열차는 당나라의 고도 시안(西安)을 거쳐 란저우(蘭州)에서 갈라져 서북쪽으로 향하면 돈황이나 우루무치 쪽의 옛 실크로드로 나가고, 곧장 서쪽으로 향하면 칭하이성의 시닝(西寧)에 도착한다. 바야흐로 '하늘열차'의 본격적인 괘도에 들어선 것이다.

시닝은 티베트 중국 대륙과 설역고원을 연결하는 관문이다. 1950년 인민해방군이 티베트를 점령한 이후 한반도 면적의 세 배가 넘는(72만 ㎢) 북부 지역이 티베트에서 분리됐다. 청해호를 둘러싸고 있는 칭하이성은 지금은 이슬람 색깔이 짙은 중국의 변방으로 변했기에 나그네들은 이곳이 근세까지도 티베트 땅이었던 것을 잘 모르고 지나가기 마련이다.

청해호는 해발 3,193m의 고원에 있는 중국 최대의 소금물 호수로, 호수 면적이 자그마치 4,340㎢, 동서 너비가 약 105km로 이곳 사람들은 몽골어로 푸른 바다란 뜻의 '쿠크노르'라 부르고, 티베트 사람들은 역시 같은 뜻의 '초 온뽀'라고 부른다.

청해호반 근처에는 7세기부터 1백여 년간 벌어졌던 당나라와 티베트의 전신인 토번(吐蕃) 왕조와의 격전지가 많은데, 국내 방송사의 고구려

중국 최대의 염호인
청해호

관련 연속극에 자주 등장하는 인물들이 고구려 멸망 뒤 바로 토번과의
전투에 투입되어 격전을 벌렸다는 사실이 흥미롭다. 예를 들면, 우리 역
사의 한으로 남아 있는 고구려의 멸망과 관계된 인물들인 당 태종과 당
고종 그리고 설인귀, 소정방, 이세적 같은 장수뿐만 아니라, 흑치상지
(黑齒常之) 같은 백제의 유민장수의 활약상이 특히 이채를 띠고 있다.

　설인귀(薛仁貴)는 668년에 고구려를 멸망시키는 데 주역이었고, 670
년에는 청해호반에서 벌어진 전투에 참전하였다. 그 외에도 티베트로
시집간 문성공주의 친부인 이도종(李道宗)은 바로 그 유명한 안시성 전
투에서 토성작전을 지휘했던 장본인으로, 일부 연속극에서는 고구려 군
에 사로잡혀 참수를 당하는 것으로 되어 있으나, 「구당서(舊唐書) 열전」
에 의하면 그는 뒤에 중신 간의 반역사건에 연루되어 모함을 받아 죽었
다고 되어 있다. 그 외에도 백제 멸망의 주역인 소정방(蘇定方)도 토번과
의 전투에서 패하는 등 청해 초원 일대에서의 토번의 위세는 단연 당나

라를 압도하고 있었다.

토번 왕조의
흥성

7세기 초 중앙 티베트 남부 얄룽 계곡의 한 지방호족에 불과했던 남리론짼이 오늘날의 라싸를 포함하는 중앙 티베트의 중심 지역을 수중에 넣고 많은 지방호족을 굴복시켜 동서 지방을 세력권에 넣음으로써 최강의 패자가 되었다. 그러나 그 후 남리론짼이 살해되는 바람에 그의 아들인 송짼감뽀(581~649)로 제33대 짼뽀(왕)의 보좌가 넘어가자 토번의 역사는 급물살을 타기 시작했다. 그가 13살에 등극하자마자 처음으로 한 일은 부왕을 살해한 정적인 귀족들을 모조리 숙청하고 몇 번에 걸친 중신들의 모반을 제압한 뒤 명재상 가르통첸과 손을 합하여 내정을 우선 공고히 했다. 나중에는 대학자로 성공한 톤미쌈보타가 내정을 관할하는 내상(內相)을 맡았고 가르통첸은 외상(外相)을 맡아 좌우에서 이 원대한 꿈을 품은 임금을 도와 선대로부터의 유업이었던 동북방 원정에 나섰다.

토번을 통일한 영웅
송짼감뽀

마침 현재의 동북부 캄지방, 즉 창도(昌都)에 있던 송뽀왕국에 재해가 생겨 이를 이용하여 어렵지 않게 드넓은 땅을 병합하게 되자 온 나라가

사기충천했다. 이어서 탕구라 산맥을 넘어 양자강 발원지 타타하를 건너 황하 발원지인 황하구곡(黃河九曲)과 청해호반의 토욕혼 왕국에 이르는 북방 원정을 감행함으로써 토번의 영토는 당나라와 국경을 마주하게 될 정도로 확장되었다.

토번군은 기마군단 특유의 번개 같은 기동력으로 설역고원과 쓰촨성 서남부, 그리고 후대 전성기에는 네팔, 인도 북부, 하서사진, 서역사진, 그리고 파미르 고원을 넘어 대·소발률국까지 종횡무진 누비고 다녔던 가공스런 군단이었다. 이런 전략을 가능하게 했던 것은 별도의 보급부대가 필요 없었기 때문이었다고 한다. 그들의 주식은 짬빠(볶은 미숫가루), 육포, 차 등 아주 운반이 간단한 것이어서 별도의 병참부대가 필요 없기에 진군 속도가 번거로운 밥을 해먹어야 하는 당군보다 빠를 수밖에 없었다. 세계전쟁사를 이야기할 때 거론되는 몽골군의 전략도 실은 이 토번에서 모방한 것이라고 한다.

욱일승천하는 토번과 당시 세계 최대의 제국이었던 당과의 충돌은 불가피했다. 그 싸움의 빌미는 당이 토번의 청혼을 거절한 것에서 비롯되었는데, 634년 토번의 사신이 당에 들어가 공주를 달라는 청혼을 하자 당 태종은 오랑캐의 무례한 요구라고 일단 거절은 했지만, 곧 사신을 보내 송짼감뽀의 즉위를 축하하게 했다. 당과 토번의 외교 관계가 시작된 것이다.

그리고 1년 후 당은 토번과 결속된 청해호반의 토욕혼을 공격해 당에 복속시켰다. 그러자 토욕혼은 친당으로 돌아서서 공주를 토번으로 시집보내는 일을 방해하였다.

이에 송짼감뽀가 출병하기에 이른다. 우선 동남방으로 쓰촨성 서남부의 당의 속국이었던 다미, 부국, 당항, 백난 등을 2년간의 친정으로 공략한 다음, 638년 재정비를 끝낸 토번군은 드디어 탕구라 산맥을 넘어 청해호반의 토욕혼, 곧 종카를 향해 출발했다. 당시 토욕혼은 이미 당의 속국이 되었기에 종카국을 치는 것은 바로 당에 대한 선전포고나 마찬가지였다.

청해 대초원을 점령한 토번군은 내친김에 쓰촨성 동남부에 위치한, 당의 검남절도사가 주둔하고 있는 송주(松州, 현 四川 松燔)를 향해 진격하여 15만의 대군으로 포위했다. 이에 송주도독 한위(韓威)가 조정에 구원병을 요청하자, 이대로 방치하면 조만간 실크로드의 길목인 양주(凉州, 현 甘肅省 武威)까지 위험에 처할 형세가 되었다고 판단한 당 태종은 이부상서 후군집을 총관에 임명하여 송주를 구하러 출병시켰다.

이때 명재상 가르통첸은 전선을 그대로 고착시키는 한편 당에 사절로 가서 화친을 제의로 청혼을 하는 외교술을 발휘했다. 체면상 토번에 대한 두려움 때문에 공격을 할 수도 없고 그렇다고 화친제의도 할 수 없는 처지인, 이른바 계륵(鷄肋)을 물고 있는 것 같은, 당 태종의 속내를 읽은 것이다. 더구나 당 태종은 동쪽의 고구려 원정에 전념하기 위해서라도 후방의 안정이 무엇보다 필요한 상황이었다. 그리하여 이 화공양면작전은 주효하여 결국 당 태종은 이 정중한(?) 청혼에 마지못한 척하며 문성공주를 토번으로 시집을 보냈기에 한동안은 평화가 찾아왔다.

그러나 당 태종과 송짼감뽀가 차례로 세상을 뜨고 당나라가 다시 대초원에 눈독을 들이자 전운이 드리우기 시작한다. 657년 가르통첸은 이에 출전의 나팔을 힘차게 분다. 어렵게 얻은 황금마장을 내어 줄 수가 없기 때문이었다. 광활한 목초지인 청해 대초원은 두 나라 사이뿐 아니라 실크로드의 어깨에 위치하기 때문에 전략적 차원에서도 반드시 차지하지 않으면 안 되는 곳이다. 만약 이곳이 적국으로 넘어가면 그 막대한 이익금을 포기해야 함은 물론이고 당으로서는 한 무제(漢武帝) 이후 천년 동안이나 지켜 왔던 서역 경영에 막대한 지장을 초래할 수 있기 때문이었다.

이런 두 나라의 중간에서 죽을 지경인 것은 청해 초원의 주인으로 종카라고 불리던 토욕혼 왕국이었다. 창(羌)이란 유목민족으로 대대로 독립적으로 수백 년 동안 초원에서 살고 있었는데 갑자기 토번이 팽창하면서 자기네 땅이 두 나라의 싸움터로 변해 버린 것이었다.

청해호반 서남의 드넓은 초원을 무대로 두 나라의 기병은 부딪혔다. 그러나 3백 년간 초원을 제패했던 이 초원 국가는 당군을 믿고 대항했으나 토번의 상대가 되지 못했기에 왕은 나라를 버리고 당나라 양주(凉州)로 도망을 가버렸다. 이에 토번은 종카의 국왕 뤄허보의 아우를 왕으로 앉히고 속국을 만들어 버린다.

설인귀(薛仁貴)의
패전

667년에 토번이 당의 속주인 창12주를 점령하자, 3년 후인 670년에 당 고종(高宗)은 고구려를 정벌한 여세를 몰아 회심의 일전을 위해 15만의 병력으로 설인귀(薛仁貴)를 원수로 삼아 토번 왕조 자체를 섬멸하도록 명령한다. 설인귀는 661년 서역 정벌에 나서 천산에서 세운 혁혁한 전공으로 백포(白袍)장군이란 별호가 생겼으며, "장군의 세 화살로 천산(天山)이 평정되었네."라는 노래까지 달고 다닐 정도로 당 최고의 맹장이었다. 그런 그가 668년에는 고구려를 정벌하고 이번에는 토번과의 전투에 투입된 것이었다.

이에 토번에서는 비록 명장 가르통첸은 없었지만 그의 둘째 아들인 가르첸룽이 부친에 이어 군 통수권을 맡아 나라의 존망을 걸고 대군을 이끌고 나왔다. 양군은 청해호반 남쪽의 대비천(大非川) 초원에서 맞붙었다. 대비천은 현재 청해 공화현(共和縣)에 흐르는 하천으로 청해호에서는 산맥을 넘어 남쪽에 위치해 있다. 전쟁터의 티끌이 가라앉자 승자와 패자가 가려졌다.

당나라의 일방적인 우세라는 예측과는 정반대로 당의 참담한 패배였다. 더구나 설인귀를 비롯한 주장들이 모두 생포되고 말았다. 세계 최대의 제국 당으로서는 수모에 가까운 참패였다. 명장들을 사로잡은 토번의 태도는 의외로 담대했다. 토번군의 총수 가르첸룽은 더 이상의 침공을 하지 말라는 훈계를 하고 그들을 살려 보냈다고 한다. 대당 천지가, 전 서역과 중앙아시아가 귀를 의심할 정도의 의외의 결과였다.

두 패장의 후일담을 더 추적해 보면, 토번과 중국의 사료에 의하면 소정방은 승풍령 전투 이전인 667년에 사망했고, 설인귀는 단신으로 조정에 돌아와 죄를 청했으나 이전의 전공이 참작되어 죽음은 면했지만 모든 봉직이 몰수되고 평민으로 백의종군하라는 처분을 받았다고 한다.

백제 유민 장수
흑치상지(黑齒常之)

이렇게 설인귀를 비롯한 당나라의 많은 용장들이 하나같이 토번의 신출귀몰한 기동력 앞에 패전을 거듭하고 있을 당시에 오직 백제 유민 장수 흑치상지(黑齒常之, 630~689)만은 패전을 하지 않았다고 당나라 역사는 높이 기록하고 있어서 우리의 관심을 끌게 한다.

대비천 전투에서 대제국의 체면을 구긴 당 고종은 9년의 절치부심 끝에 678년 재상 이경현(李敬玄)을 대총관으로 삼아 잃어버린 땅의 수복과 대비천의 치욕을 갚기 위해 18만의 병력을 청해 초원으로 보내 설욕전을 펼쳤으나 결과는 역시 당의 패배로 끝난다. 이때에도 토번의 장수는 역시 가르첸룽 형제였는데, 이 전쟁을 역사는 승풍령(承風嶺)전투라고 부른다. 이 전투에서 『당서(唐書)』는 특별히 백제 유민 장수인 흑치상지를 '고려인'이라 칭하며 주목하고 있다.

주장 이경현이 도망을 해버리자 10여 만의 군사들은 병장기와 양초를 모두 버리고 지리멸렬 퇴각해 버렸는데, 오직 '고려인 흑치상지'만이 질서정연하게 퇴각했다.

천하무적의 가르첸룽 장군이 이끄는 토번군은 당의 대군을 이 골짜기로 유인하여 포위망을 좁혀 왔기에 당의 쟁쟁한 장군들은 우왕좌왕하기 급급했다. 그러나 이때 흑치상지(黑齒常之)가 야밤에 5백 명의 결사대를 이끌고 포위망을 뚫어 대총관과 수뇌부를 구해내어 질서정연하게 후퇴하였다고 한다.

또한 흑치상지는 2년 뒤 벌어진 청해호반 동남쪽의 양비천 전투에서도 3만여 명이 주둔한 토번 진영을 야간에 3천여 명의 군사로 급습하여 적을 혼란에 빠트린 전공을 세워 하원군경략대사, 즉 청해호반 일대의 사령관으로 부임하여 지금의 시닝(西寧)에서 다시 토번군과 대치하게 된다. 이곳에는 백제와 고구려의 유민들도 상당수 있었다고 기록은 전한다.

그럼 흑치상지란 인물은 누구인가? 먼저 『삼국사기』 열전 4 「흑치상지전」을 보자.

흑치상지는 백제 서부 사람으로 키가 일곱 척이 넘었고 날쌔고 용감하며 지략이 있었다. 백제의 달솔이 되어 풍달군 군장을 겸하였다. 군장은 당나라의 자사와 같다고 한다.
소정방이 백제를 평정할 때에 상지(常之)가 그의 부하와 함께 항복하였다.
그런데 소정방이 늙은 [의자]왕을 가두고 군사를 풀어 크게 노략질하자 상지가 두려워하여 좌우의 우두머리 10여 인과 함께 달아났다. 그리고 잡혔다가 도망한 사람들을 불러 모아 임존산에 의지하여 스스로 굳게 지키매, 열흘이 채 안 지나서 합세하는 사람이 3만이나 되었다. 용삭 연간에 당 고종이 사신을 보내 항복을 권유하자, 이에 상지는 유인궤에게 항복하였다.

이후 흑치상지는 당나라 장수로서 새로운 인생을 살게 된다.

한편 신·구 『당서』에 의하면 흑치상지는 토번과의 전쟁이 소강상태로 들어가자 남경에서 일어난 반란을 평정하고, 58세 때인 687년에는 연연도대총관이 되어, 이다조 등과 함께 돌궐을 쳐서 격파하였다. 그렇지만, 흑치상지는 2년 뒤인 689년, 반역죄로 모함을 받아 개죽음을 당하였다. 그의 죽음에 대한 사서의 기록은 이렇다.

이 때 중랑장 보벽이 끝까지 돌궐을 추격하여 공을 세우려 하자 조서를 내리어 상지와 함께 치게 하였다. 그러나 보벽은 혼자 진격하다가 오랑캐에게 패하여 전군이 함락되었다. 보벽은 옥리에게 넘겨져 목이 베어졌고, 상지도 연루되어 그간의 전공이 삭제되었다. 마침 주흥 등이 그가 응양장군 조회절의 반란에 참여하였다고 모함하여 옥에 갇혔다가 689년 교수형을 당하였다.

흑치상지가 그렇게 반역자로 낙인 찍힌 채 무심한 세월은 흐르고 또 흘렀다. 그러나 '검은 이빨의 장수'의 중음신은 구천의 하늘만을 떠돌기가 억울했던지, 마침내 그의 혼백은 자신의 결백을 입증할 만한 내용이 적힌 묘지명을 낙양의 북쪽산인 망산 기슭에서 세상에 드러나게 하였다. 1천3백여 년 만이었다. 1986년에 발견된 흑치상지 부자의 묘지명에 의하면,

만물은 정강(政綱)을 꺼리는 법이요, 행실이 높으면 중상을 받게 마련

이다. (중략)

영욕(榮辱)은 반드시 있는 법이고 죽고 사는 것이 명이다.

라는 구절로, 그가 사후에 아들의 노력으로 사면되어 명예를 회복한 사실이 드러나고 있다. 그리하여 불패의 신화를 남긴 흑치상지는 식읍 3천 호를 소유하는 연국공(燕國公)에 봉해졌고 우무위위대장군 신무도경략대사로 추증되었다고 한다.

옛날에는 망산(邙山), 즉 우리가 알고 있는 북망산은 저승의 다른 말로 쓰기도 했지만, 사실 이 망산은 일반인들은 묻힐 수 없는, 당송 시대의 일종의 국립묘지였던 곳이다. 이곳에는 흑치상지 부자뿐만 아니라 백제의 마지막 왕인 의자왕과 그의 아들 부여융과 기타 망국의 한을 품고 죽어간 수많은 백제의 유민들이 묻힌 곳이기에 후세에 '북쪽의 망산'은 저승을 의미하는 이미지로 굳어졌다.

어쩌다가 이역만리에서 조국 백제를 멸망시킨 원수나라를 위해 분골쇄신하다 끝내는 반역죄로 모함을 받아 죽음을 당한 청해 초원의 영웅인 '검은 이빨의 장군'을 생각하니 문득 토끼 사냥이 끝나면 사냥개를 삶는다는 토사구팽(兎死狗烹)이란 고사성어가 생각난다. 한(漢)나라를 세우기 위해 분골쇄신한 한신(韓信)이 역적으로 몰려 한 고조(高祖)의 손에 포박되면서 남긴 말이다.

토번군의
장안 입성

680년 흑치상지가 싸웠던 양비천 전투 이후로도 당군은 도하, 인지가하 전투에서도 연전연패하여 청해 초원의 지배권을 완전히 내주고 말

았다. 그러다가 710년에는 14살의 금성(金城)공주를 토번의 7살짜리 왕 치데죽짼에게 시집을 보냄으로써 두 나라는 화해를 모색하기 시작하여 당 현종(玄宗)은 713년에 황하 발원지인 하서구곡 일대를 공주의 지참금 으로 토번에 하사하기도 하였다.

이만큼 토번과 당은 서로 호시탐탐 상대의 허점을 노리는 견원지간 이면서도 겉으로는 처남매부의 인척관계를 강조하는 이율배반적 관계 였다.

그래서 실크로드의 길목은 두 나라 간의 이권이 걸린 문제로 언제나 전운이 감돌았다.

그러다가 730년에 이르러 평화회담차 사신이 왕래하고, 734년에는 적령(赤嶺) 니마다와리(日月山)를 경계로 선을 긋고 그곳에 맹세를 의미 하는 해와 달을 새겨 넣은 당번분계비(唐蕃分界碑)를 세우면서 일시적인 평화가 찾아왔다. 그러나 이 상태는 당 현종 때 안녹산의 난이 발발하면서 자동적으로 깨어졌다.

754년에는 티베트의 '전륜성왕'이라는 불리는 치송데짼이 제38대 짼뽀로 즉위했다. 불교를 국교로 정한 것 이외에도 토번제국을 가장 강력했던 나라로 만든 임금이기에 붙여진 이름이었다.

763년 10월에 토번군은 당의 서북지구를 침공하여 청해 초원을 거쳐 중원으로 진격하여 세계 최대의 도시 장안(長安)에 입성했다. 그런 다음 동정 원수(東征元帥) 다짜뤼공은 통신용 비둘기 전서구를 통해 다음과 같은 승전보를 띄운다.

아군의 공격에 당의 군신이 모두 도주했기에 장안성에 들어와 옹왕의 손자이며 금성공주의 조카 되는 광무왕 이승굉을 제위에 오르게 하고 문무백관도 새로 정했습니다. 아울러 창고를 열어 많은 보물들과 각종 기술자들을 폐하에게 헌납하고자 본국으로 실어 나르게 했습니다. (중략) 그리고 현재는 적의 대규모 공격에 대비하여 아군은 장안성에서 철수하여 위·성·회주에 병력의 일부를 남겨 놓고 본대는 양주(凉州)·감주(甘州)·숙주(肅州)를 점령하고 사주(沙州)로 향하는 중입니다.

라싸의 포탈라 궁전 앞에 있는 당나라 수도 장안성을 점령한 토번의 다짜뤼공 장군의 기념비

이렇듯 당시 토번의 위세는 하늘을 찌를 정도였다. 이미 한(漢) 대부터 힘들게 개척한 전략적 요충지인 서역의 대부분이 토번으로 편입되었지만 이제 치송 대에 이르러 실크로드의 길목인 하서사군과 수도 장안마저 점령되었던 것이다. 이는 어느 역사가라도 예측하지 못할 정도의 상황이었다. 아무리 당이 거듭되는 안사의 난으로 어려운 처지에 있었더라도 이것은 역사적 사건임에는 틀림없었다. 장안을 점령하고 개선한 다짜뤼공은 후에 라싸에 돌아가 큰 포상을 받고 전공비까지 세워져 그 이름을 천추에 남기는 영광을 얻었다. 이 비석은 현재도 포탈라 궁전 앞 광장에 서서 그 옛날의 영광을 전해주고 있다.

비문의 내용은 전문이 알려지지 않고 있지만 대략 본인과 그 후손들에게 주는 특권을 기록한 것이라 하는데, 아직도 중요한 글자들은 판독을 할 수 있을 정도로 보존이 양호하지만, 군데군데 근래에 생긴 총알자국이 남아 있는 채, 아무런 안내판도 없이 방치되어 있다시피 서 있는 상태다.

783년에는 당과 토번은 두 번째 평화조약을 체결한다. 이른바 '청수동맹(淸水同盟)'으로 현 감숙성 청수현에 다음과 같은 비석을 세웠다.

이제 두 나라가 지켜야 할 경계를 정하노니 황하 북쪽으로는 신천군(新泉軍)에서 대사막까지, 남쪽으로는 하란산의 낙타령까지로 한다. 경주(涇州)에서 서쪽으로 탄쟁협(彈箏峽)까지, 농주(隴州)에서 서쪽으로 청수(淸水)까지, 봉주(鳳州)에서 서쪽으로 동곡(同谷)까지, 검남서산(劍南西山) 대도하(大渡河)의 동쪽은 당나라의 땅으로 하며 토번에서 지키고 있는 여러 만족(만족: 蘭, 渭, 原, 會, 西州) 땅에서 임조(臨洮), 동쪽으로 성주(成州), 검남 서쪽 경계, 대도하 서남쪽은 토번의 땅으로 정한다.

그리고 조약문에서 명시된 곳이 아닌 곳은 토번의 병마가 있는 곳은 토번이, 당군이 있는 곳은 당이 지키되 서로 경계를 넘지 말아야 한다. 만약 병마가 없던 곳을 먼저 점거하면 마땅히 성을 쌓고 곡식을 뿌려야 한다. 이 경계를 사이로 동쪽은 당의 영토로 하며 서쪽은 토번의 영토로 한다. 이 경계의 양쪽에는 앞으로 더 이상의 전쟁과 적대적인 침범과 영토의 강탈이 없을 것이니, 당에서는 한인들이 행복하게 살 것이며 뵈릭들은 강쩬(설역)의 땅에서 행복을 누리고 살 것이다.

복잡해 보이는 내용이지만 두 나라 땅 경계의 기준선이 현 쓰촨성 중앙에 있는 대도하(大渡河)라는 사실만 파악하여 지도를 보면 쉽게 눈에 들어온다. 지도를 보면 알 수 있듯이 전성기 때 토번의 영토는 지금의 티베트의 약 4배나 되는 광대한 영역에 해당된다.

3. 장안에서 라싸로 이르는 길
당번고도(唐蕃古道)

당번고도
(唐蕃古道)

　　당번고도라고 하는 다소 생소한 용어는 당나라의 도읍지였던 장안성 (長安城), 즉 현재 섬서성(陝西省)의 시안(西安)으로부터 티베트의 옛 이름인 토번(吐蕃)왕국의 수도, 라싸(拉薩)까지 약 3,000km에 이르는 옛길을 말한다.

　　일반적으로 '당번고도'는 641년 당 태종(唐太宗)의 딸인 문성공주(文成公主)가 토번왕국으로 시집간 이후 개통되었다고 알려져 있지만, 사실은 당과 토번이 흥성하던 7세기에서부터 9세기까지 2백 년간 빈번했던 루트였다. 그 동안 공식적인 사신들이 142차례나 왕래하였을 정도로 중요한 교역로로서 군사, 문화, 종교, 무역 등 다방면의 역할을 한 또 다른 '실크로드'의 하나였다. 또한 이 길은 라싸에서 머물지 않고 나아가 대설산 히말라야 산맥을 넘어 인도, 즉 천축(天竺) 그리고 서역까지 이어지는 국제적인 루트였다.

　　또한 이 길에는 위대한 구법승, 혜초(慧超,704~780?)보다 약 한 세기 전에 티베트를 거쳐 바로 중천국 인도를 들락거렸던 혜륜(慧輪)·혜업(慧業)·현각(玄恪)·현태(玄太) 등 4명의 구법승들의 체취가 서려 있는 곳이기에 더욱 의미가 있다. 그들은 해로나 실크로드를 경유하는 기존의 행로를 이용하지 않았다.

당번고도 길목의 격전지
석보성

필자는 2006년 10월 'KBS 역사기행'의 〈2부작 당번고도를 가다〉란
프로의 자문 역과 리포터를 겸해 이 루트를 답사하기 위해 촬영팀과 함
께 시안(西安), 즉 옛 장안에서부터 라싸에 이르는 길을 주파하였다. 우
리는 문성공주의 행적을 좇는 것 이외에도 당번고도 상의 옛 전쟁터를
찾는 일에도 많은 부분을 할애하였는데, 주로 그곳은 청해 초원에 몰려
있었다. 대개 옛 전쟁터에서는 묘한 허무감을 느낄 수 있지만, 그중 석
보성과 승풍령 그리고 대비천이 특히 인상적이었다. 전자는 수십만의
군사들이 피를 흘려가며 공방전을 벌였던 치열함으로, 후자는 우리 역
사와 관련된 인물이 등장함으로 그 의미를 찾을 수 있는 곳이었다.

특히 그곳들은 앞 장에서 이야기한 바와 같이, 고구려 관련 연속극에 자주 등장하는 몇몇 인물들이 주역으로 등장하기에 더욱 이채로웠다. 예를 들면 고구려를 멸망시키는 데 큰 공을 세운 설인귀가 패해 포로가 되었고, 그 외에도 백제 멸망의 주역인 소정방 역시 패하였지만, 다만 흑치상지나 고선지 같은 백제와 고구려의 유민 장수들이 그런대로 토번을 상대로 큰 공을 세웠다는 식의 역사의 후일담 등을 곱씹어 보면 역사의 아이러니를 느끼게 한다. 이는 한때 당나라를 위협했던 대제국이었던 토번이 현대에 이르러 중국에 합병되어 있는 현 상황을 보면 더욱 그러한 생각이 머리를 떠나지 않게 된다.

문성(文成)공주의
국혼(國婚)

문성공주의 발자국을 따라 장안성을 떠나 머나먼 길에 오르기 전에 먼저, 당시 국제 정세를 잠시 돌아볼 필요가 있다. 문성공주가 토번으로 시집간 배경에는 당시 두 나라의 명분과 실리를 챙기기 위한 정략적인 목적이 있었다. 이른바 화친혼이다.

당나라를 반석에 올려놓은 당 태종 이세민은 당시 수나라 때부터의 숙원과제인 동쪽의 고구려 침공을 준비하고 있던 터라, 전략적 이유로 후방인 토번과 서역 제국을 견제할 목적으로 그 길목의 요충지인 청해 호반의 토욕혼이란 유목국가를 손에 넣었다. 그러자 토번군은 대군을 보내 토욕혼을 공략하고 실크로드의 길목까지 위협하게 되었다. 그래서 당 태종이 화친을 목적으로 문성공주를 시집보내기에 이른다.

이 내용은 토번 왕조의 흥성편에서 이미 기술한 바 있으니 여기서는 문성공주의 국혼을 살펴보고자 한다.

문성공주는 당 태종의 딸이라고 알려져 있지만, 사실은 그녀는 진짜

공주가 아니고 설안(雪雁)이라는
이름을 가진, 당 태종의 4촌 동생
인 강하왕(江夏王) 이도종(李道宗)
의 딸이었다. 당 태종은 친딸이
무려 21명이나 되었지만, 조카 설
안을 양녀로 삼아 이역만리로 보
낸 것이다. 이도종이란 인물은 우
리에게도 낯설지 않은 인물이다.
바로 고구려 전투에 참전하여 요

문성공주

동성을 함락시키고, 그 유명한 안시성 전투에서 토성작전을 지휘했던
장본인이기 때문이다.

　송짼감뽀 대왕이 명재상인 가르통첸을 구혼사절로 당나라에 보내 문
성공주를 맞이해 오게 한 일화가 전해지는데, 가르통첸은 난제가 주어
질 때마다 대왕이 준 3개의 비밀쪽지가 든 쌈지를 꺼내 그때그때 위기
를 모면했다 한다. 그렇게 당 태종의 어려운 숙제를 모두 슬기롭게 푼

당 태종을 알현하고 있는
토번의 명재상 가르통첸

다음 여러 나라의 왕자들과 여섯 차례에 걸친 공개경쟁을 치른다. 마지
막 관문은 수많은 신붓감 속에서 얼굴도 모르는 공주에게 민간의 전통
대로 혼인을 약속하는 의식용 오채전(五彩箭) 화살을 맞히는 일이었는
데, 이 경기에서도 이겨 마침내 당 태종의 결혼 승낙을 받아 냈다 한다.

당 정관 15년(641년) 당시 17살이었던 '눈 기러기'라는 이름의 설안 소
저는 문성공주라는 이름으로 변해 장안성을 떠난다. 당시 이도종은 오
늘날의 문공부 장관격인 예부상서라는 직책에 있었는데, 당 태종은 문
성공주를 라싸까지 보낼 후행(後行)으로 친부이며 조정의 중신인 그를
지명하여 많은 혼수품과 함께 25명의 시녀와 악사, 기술자들 그리고 불
상까지 함께 보냈다. 비록 친딸은 아니지만 모양새는 국혼인 셈이었다.

발길을 재촉한 문성공주는 당시 당과 설역의 경계선이었던 일월산
(日月山, 3,520m)에 올라 장안 쪽을 바라보고 참았던 눈물을 쏟아내며 통
곡을 했다고 한다. 현재 일월산 근처에는 문성공주와 관련된 유적이 많

다. 원래 산이 붉은 색을 띤다고 하여 적령(赤嶺)이라고 불렸지만, 공주
가 고향과 부모를 잊겠다는 의지의 표현으로 거울 일월보경(日月寶鏡)을
고개에다 던져 깨버렸다는 일화로 이름이 일월산으로 바뀌었다고 한다.
월정에 있는 문성공주의 기념비에는 공주의 혼인에 대한 내용이 자세히
기록되어 있다.

냇물이 거꾸로 흘렀다는
도창하(倒淌河)

또한 일월산을 떠나 서쪽으로 가다 보면 한 냇물을 만날 수 있는데, 그 이름이 도창하(倒淌河)이다. 공주가 하도 섧게 울었기에 냇물이 거꾸로 흘렀다고 해서 붙여진 이름이라 하니 나그네로 하여금 처연함을 느끼게 한다.

여기서 짚고 넘어가야할 문제가 하나 있다. 문성공주의 국혼은 일반적으로 송짼감뽀와 문성공주를 천상의 배필로 묘사하고 있다.

그러나 티베트 역사서에서는 문성공주가 송짼감뽀의 아들인 쿵송쿵짼 왕하고 결혼을 하고 3년 후에 쿵송쿵짼이 사망하자 송짼감뽀가 다시 등극을 하게 된다. 그래서 문성공주는 죽은 남편의 3년상을 치른 후에 토번의 풍습에 따라 송짼감뽀와 재혼을 했다고 나타나 있다. 이 같은 내용들은 티베트와 중국의 시각이 달라서 완전하게 정립된 것은 아니라고 하는데 문성공주에 대해서는 여러 가지 설화가 전해지고 있어서 서술자에 따라 시각이 다른 점이 많으므로 독자의 이해를 바란다.

금성(金城)공주의 국혼

당번고도 상의 두 번째 화친혼의 피해자는 금성(金城)공주였다. 문성공주보다 70년 뒤인 710년에 14살의 금성공주가 7살짜리 37대 토번 왕 치데죽짼에게 시집오는 사건이 생겼다. 금성공주는 당 고종과 측천무후의 아들 장회태자의 손녀이자 종친 옹왕(雍王) 이수례(李守禮)의 딸로 중종(中宗)이 양녀로 삼아 공주로 만들어 역시 국익을 위해 이역만리로 시집을 보냈다.

이때 중종은 섬서성 흥평현까지 나아가 배웅했는데, 이 때문에 당서 지리지는 흥평현을 금성현(金城縣)으로 개칭했다고 전하고 있다. 당시에

좌효위대장 양거가 금성공주를 배행해 오자 온 나라가 공주를 반겼다. 이에 송짼감뽀와 치송데짼, 그리고 금성공주의 덕을 기리는 노래를 지어 불렀다.

복은 수미산처럼 높고 성자의 자비는 바다같이 너르네.
송짼 임금의 승하는 붉은 해가 서산에 진 것과 같지만
다행히 치송 임금이 출현하니 둥근 달이 동산에 오르는 것과 같네.
이로써 정법이 만개하니 뭇 중생들이 환희에 젖는구나.
금성공주는 굳이 고통을 겪지 않아도 되는 신분이련만
길에서 당한 어려움은 이루 헤아리기 어렵네.
이는 스스로 세상에 정법을 구현하려 함이니
모두 천생에 지은 지혜의 거울을 비추는 것과 같다네.

이어 등극한 당 현종(玄宗)은 713년에 황하 발원지인 하서구곡(河西九曲) 일대를 공주의 지참금으로 토번에 하사하였다. 739년에 금성공주가 사망하기까지 공주는 두 나라의 화친과 교역을 위해 힘을 쏟았다. 이러한 공주의 노력으로 734년에는 일월산(日月山)에 당번분계비(唐蕃分界碑)를 세우면서 국경을 확정하게 되어 일시적인 평화가 찾아왔다.

금성공주는 문성공주가 건립한 라모체 사원이 황폐해지자 이를 보수하고 투르낭에 옮겨 놓았던 불상을 다시 라모체로 가져다 봉안하는 등 토번의 불교를 융성시켰다고도 전한다.

황하(黃河)의
발원지

수개월 동안 먼 길을 재촉하여 문성공주 일행이 신랑감 송짼 왕을 만

문성공주와 송짼감뽀 왕의 혼인도

난 곳은 황하의 발원지인 성숙해(星宿海)란 호숫가로 마뚜어(馬多)란 황하의 첫 마을 근처이다. 그곳은 황하 발원지를 찾아가는 사람들에겐 베이스캠프 같은 곳으로 청해호에서 하늘철마와 갈라져 남쪽으로 공화(公和)를 거쳐 약 5백여km 떨어져 있는 해발 4200m의 마을이다.

　당시 송짼감뽀는 역시 수개월 전에 라싸를 출발하여 그곳에 도착하여 백해행관(柏海行關)이라는 임시행궁을 지어 놓고 공주를 맞았다고 하는데, 이때의 광경을 당과 토번의 역사서는 자세하게 기록하고 있다. 이곳에서 문성공주의 생부인 이도종은 딸을 임금에게 넘기고 당나라로 돌아갔다고 하는데, 『당서』에는 이때 송짼이 이도종을 장인어른의 예로 대했다고 강조하고 있지만, 티베트 역사서에는 그냥 예부상서라는 호송직책의 외교사절에 대한 예우 차원으로만 적고 있다. 당시는 문성공주가 '가짜 공주'라는 사실을 몰랐다고 여겨지는 대목이다.

　　두 나라가 무려 7년 동안의 줄다리기 끝에 성사시킨 첫날밤의 장소
가 과연 현재 지명으로는 어디쯤일까? 하는 의문을 품고 자료와 현지인
들의 증언을 토대로 하여 그곳을 찾아 나섰다. 그 키워드가 '백해행관'의
흰색, 즉 티베트어로 '까르뽀'라는 현지명을 찾는 일이었는데, 정말 그
런 곳이 있었다. 그곳은 현재 칭하이성 마뚜어현(瑪多縣) 소재 황하 발원
지인 어링호반(愕陵湖畔)의 까르쩨 사원이다.

　　이 사원은 하늘과 맞닿을 듯한 어링호 호숫가 평원에 서 있다. 까르
쩨란 흰색이라는 뜻으로 수많은 마니석과 불탑이 흰색 타르초의 펄럭임
속에 묻혀 있었다.

　　이곳에서 신랑인 송짼감뽀 왕을 만난 문성공주는 산에 올라 많은 양
의 향을 피워 두 사람의 혼례를 하늘에 알리고 성대한 연회를 치렀다고
한다. 그로부터 이곳은 성지가 되어 수많은 마니석이 쌓여지게 되었다.

　　우리는 다시 차를 몰아 뒷산에 올랐다. 산 정상은 고도계가 4,455m

로 가쁜 호흡을 가다듬고 바라보니, 그곳에 야크뿔 모양의 검고 거대한 표지석이 세찬 바람 속에 서 있었는데, 거기에는 황하원두(黃河源頭)라는 글씨가 선명하였다. 더구나 그 주위에는 수많은 기원의 깃발인 오색의 타르초가 세찬 바람에 펄럭이고 있어서 신화적인 신비스러움을 풍기고 있었다. 그곳에서 내려다본 광경을 어찌 말과 글로 표현할 수 있으랴마는, 파란 하늘 아래로 내려다보이는 호수를 바라보는 필자의 감회는 남다를 수밖에 없었다. 그 이유는 물론 이번 탐사의 목적 달성이라는 성취감도 있었지만, 개인적으로도 이미 양자강과 메콩강의 발원지를 답사했기에 설역고원 강쩬에서 발원한 '3대 강'의 발원지를 모두 주파한 셈이어서 더욱 그러하였다. 아! 정말 여기서부터 대황하가 시작된단 말인가?

입에서 애송시 이태백의 〈장진주(將進酒)〉가 자연적으로 흘러나왔다.

그대 보지 못하였는가?
황하의 물이 하늘에서 내려와, 세차게 흘러 바다에 이르고는
다시는 돌아오지 못하는 것을...
(君不見 黃河之水天上來 奔流到海不復廻)

그곳에서 내려다보는 호수는 비장함이 느껴질 정도로 푸르렀다. 성숙해(星宿海)란 이름 그대로 밤이면 정말 별들이 자고 갈 것 같은 신화 속의 호수였다. 저 멀리 두 남매의 슬픈 전설이 서려 있는 바옌카라 산맥의 능선이 아스라하다. 1978년 중국 정부는 바옌카라(巴顏喀拉, 5,442m) 산맥 꺼즈거야(各姿各雅) 산 5개의 샘에서 황하가 발원한다고 확정지었다.

그곳에서 발원한 황하는 별이 내려와 잠든다는 성숙해 습지를 지나 자매호인 자링호와 이곳 어링호로 흘러든다. 일반적으로 길이 5,464km

별이 내려와 잠든다는
성숙해(星宿海)

의 대황하의 발원지를 성숙해라고 부르는데, 실은 이는 하나의 호수의 이름이 아니고 크고 작은 많은 호수들을 통칭하여 부르는 이름이다. 그리고 그 중심에 어링과 쟈링이라는 아름다운 쌍둥이 호수가 있다. 두 호수에는 언제부터인가 슬픈 전설이 전해 내려온다. 바로 성숙해를 품고 있는 쿤룬 산맥의 지류인 바옌카라의 어원에서 유래한다.

옛날 그곳에는 바옌랑만이라는 용감하고 힘센 목동이 살고 있었다. 그는 춤과 노래 그리고 피리를 잘 불어서 모든 사람들에게 인기가 있었는데, 새들조차 그 소리에 끌려 그 곁을 떠나지 않을 정도였다고 한다. 이런 멋쟁이 바옌을 하늘의 옥황상제의 시녀인 카라아만 선녀가 흠모하여 둘은 사랑하게 되었고, 어링과 쟈링이라는 이름의 예쁜 두 딸을 낳았다. 그러나 신분의 차이를 뛰어넘는 이런 사랑은 비극으로 끝나게 마련인지, 옥황상제는 하늘장수로 하여금 카라 선녀를 붙잡아와 그와 헤어질 것을 강요했지만, 차라리 죽음을 택한 선녀는 설산이 되었는데, 바옌

목동도 이루지 못할 사랑을 죽음으로 받아들여 나란히 선 설산으로 변해 버렸다고 한다.

한편 어린 두 딸은 이웃 사람들의 보살핌으로 아름다운 여인으로 성장하여 후에 부모를 찾아 나섰지만, 어디에서도 부모를 찾을 수 없었다. 이런 애처로운 두 딸을 보다 못한 선녀가 꿈에 나타나 태양이 떠오르는 동쪽으로 가면서 수많은 밭에 물을 주는 보시행을 하면 가족이 다시 만나 같이 살 수 있다고 하였다. 그리하여 이 두 딸은 지금도 선행을 멈추지 않고 있다는 것이다.

그러니까 황하의 발원지를 품고 있는 바옌카라 산맥이 바로 두 부모이고 두 딸이 흘린 눈물이 고여 어링호와 쟈링호가 되어 황하로 흘러내리면서 모든 중생들에게 생명수가 되고 있다는 슬프고도 아름다운 전설인 것이다.

황하의 발원지 어링호에서 신랑인 송짼감뽀 임금을 만나 첫날밤을 치른 문성공주는 장안에서부터 신부를 배행해 온 친아버지 이도종 일행과 작별하고, 낭군을 따라 토번왕국의 수도인 라싸를 향해 남쪽 방향으

하나로 흐르던 강이 이곳부터 3대 강으로 나뉘어져 흘러가는 통천하

삼강원자연보호구 아래
황하, 장강, 란창(메콩)
강이라는 표지석이 있
다.

로 길을 재촉하였다. 그 길은 거대한 산맥을 넘고 수많은 강을 건너야하
는 험로행 그 자체였다.

그 첫 번째 난관이 통천하를 가로지르는 나루터인데, 현재는 현대식
다리가 놓여 있어서 사람과 차량의 통행에 지장이 없으나, 옛날 이곳은
『서유기(西遊記)』에서 삼장법사 일행이 거북이 등을 타고 건넜다는 일화
가 있을 정도로 험한 곳이었다. 하나로 흐르던 강이 이곳부터 3대 강으
로 나뉘어져 흘러가는 것을 상징하듯이 현재 그 나루터에는 삼강원 자
연보호구라는 거대한 조형물 아래에 황하, 장강, 란창(메콩)강이라고 새
긴 자연석 표지물이 서 있고 그 아래로 거센 탁류가 흘러가고 있었다.

옥수(玉樹)에서 보낸
꿈같은 세월

장안에서 라싸까지의 8천 리 행로 중에서 문성공주의 행적이 가장 선
명한 곳은 옥수이다. 고산지대라 옥같이 귀한 나무가 자라는 곳이라는

뜻을 가진 이 도시는 현재도 청해성과 사천성 그리고 티베트를 잇는 교통의 요충지로 옥수티베트족 자치주의 중심지이지만, 옛날부터 '당번고도' 상에 중요한 역참(驛站)이었다.

공주의 라싸 입성이 4월 15일인 것을 감안하면 공주 일행이 옥수에 도착했을 때는 이미 겨울이 다가오고 있어서 더 이상 여행을 계속할 수 없었을 것이기에 문성공주는 이곳에서 적어도 3개월 이상을 머문 것으로 보인다.

이곳에 전해지고 있는 공주의 행적, 즉 원주민을 상대로 한 대민봉사활동은 눈부셨다. 선진문물의 교육, 직조술, 춤과 음악의 보급, 식량과 약재의 재배술 등을 현지인들에게 전수해 주었다. 물론 중국문화의 우수성을 강조하기 위해 뒷날 고의적인 각색도 포함되었을 것이지만, 온통 그녀에 의해 현지의 모든 문화가 처음으로 생겼다는 식이다.

민간에는 당시의 민요가 다음과 같이 구전되어 내려오고 있는 것을 보아도 공주의 영향력을 엿볼 수 있는 대목이다.

"에이야, 저 구불구불 길을 올라가면 참깨 꽃이 양산처럼 피어 있네.
공주의 행차가 이곳을 지나가네. 찬란한 햇빛이 산을 비추네.
에이야, 나의 누이여! 찬란한 햇빛이 관산을 비추네."

문성공주가 옥수에서 베푼 많은 일 중에서 현재 가장 돋보이는 활동은 중국 불교의 전래이다. 그녀는 장안을 출발할 때 많은 불경과 '조오'라는 이름의 석가불상을 가지고 출발할 정도로 독실한 불자였기에, 옥수로 오는 도중에도 틈만 나면 길가의 바위에다 불상을 새기게 했다는 것이다.

그중 옥수 인근의 늑파구(勒巴溝)에는 현재도 수많은 타르초와 마니

석(瑪尼石)들이 계곡을 가득 메우고 있어서 그녀의 불심을 읽을 수 있게
해주고 있다. 그리고 또한 문성공주 사당이라고 전해지는 사원 안에는
공주가 데리고 온 석공으로 하여금 새기게 했다는 거대한 마애불상이
온전한 형태로 전해지고 있어서 본토인들의 경배의 대상이 되고 있다.

경전을 새긴 마니석들

그리고 이 지방 최고의 명소로 지나가는 나그네의 발길을 잡아끄는 니나 사원이 있다. 이 사원은 경전의 글귀를 새긴 돌인 마니석을 무려 2억 5천만여 개나 쌓아 만든 사원인 것이다. 거대한 성곽같이 장방형으로 마니석을 쌓기 시작해서 산처럼 만들어 가는 것이다. 지금도 기원을 담은 마니석을 하나하나 조각해서 끊임없이 쌓아 가고 있는 모습을 볼 수 있어 보는 이로 하여금 경이로움을 느끼게 한다.

공주가 한철을 보낸 옥수에서의 시간은 공주 개인적으로는 일생을 통해 가장 꿈같은 시간이었을 것이다. 왜냐하면 과부노릇 40여 년을 뺀 3년이란 짧은 결혼생활 중에서 큰 왕비인 맹비(孟妃)와 네팔 출신의 부리쿠티 왕비 같은 서슬 퍼런 4명의 손위시앗들 속에서 눈치를 보지 않고 오롯이 남편인 송짼감뽀와 함께 신혼을 즐길 수 있었으니까…

2부

설역고원 티베트

1. 쿤룬 산맥을 넘어 강쩬(설역고원)으로

하늘로 달리는 철마는 시닝에서 칭하이 성의 제2도시 거얼무(格爾木) 를 지나 검붉은 사토로 된 계곡을 힘들게 거슬러 올라가 쿤룬산 고개에 도착하였다. 고개라 하지만, 여기서부터는 드넓은 광야의 고산지대라 나무 한 그루 없는 대평원이 펼쳐지는 곳이다. 마치 우주에 버려진 혹성 같은 곳이고 이육사(李陸史)의 시가 떠오르는 그런 곳이었다.

까마득한 날에 하늘이 처음 열리고 어데 닭 우는 소리 들렸으랴.
모든 산맥들이 바다를 연모해 휘달릴 때도
차마 이곳을 범하던 못하였으리라
끊임없는 광음을 부지런한 계절이 피어선 지고
큰 강물이 비로소 길을 열었다.
지금 눈 내리고 매화 향기 홀로 아득하니
내 여기 가난한 노래의 씨를 뿌려라.
다시 천고의 뒤에 백마 타고 오는 초인이 있어
이 광야에서 목 놓아 부르게 하리라.

티베트 고원은 육사의 시 구절처럼 오랜 시간이 지나 산맥이 형성되 고 바다를 향해 휘달릴 때도 태초의 신비를 간직한 채 황무지로 남아 있 는 것이다. 그 막막한 땅에 강물이 길을 열고 흐르는 것은 까마득한 세

본래 하늘의 천마였는데 말썽을 부려 지상으로 내려왔다는 전설의 야생 동물인 '걍'이보인다.

월 동안 그야말로 '부지런히' 계절이 피고 짐으로 해서 이루어진 지구별의 실핏줄이리라.

그곳은 정말 그렇게 "천고의 뒤에 백마 타고 오는 초인이 있어 목 놓아 부르게 하리라"처럼 목 놓아 소리치고 싶은 곳이다.

설역고원은 천지가 개벽되고 광야에는 아무것도 존재하지 않는 시간 너머에 존재하고 있는 것 같은, 남북극에 이은 지구별 '제3극'의 땅이라 불린다. 그만큼 특이한 땅이다. 이 '제3극'이란 낯선 단어는 남극, 북극에 이은 또 다른 극지(極地)라는 뜻으로 공기는 희박하고 땅은 광활한 불모지여서 인간의 생존, 아니 식물조차도 생존하기 어렵다는 뜻이 포함되어 있다. 지역상으로는 북서로는 쿤룬과 카라코람, 남으로는 히말라야, 동으로는 횡단 산맥 같은 대산맥에 둘러싸여 있는 광대한 고원지대이다. 이를 중국에서는 칭하이와 시짱(西藏) 자치구, 즉 티베트를 합친 중국식의 명칭인 칭짱고원(靑藏高原)으로 부르고 있다.

4백만 년 전에 있었던 히말라야의 조산작용에 의해 형성된 이 고원은 동서로 3천여km, 남북으로 1천2백km나 되는 넓이로 펼쳐 있는데, 평균 고도가 동남부가 3천m, 서북부가 5천m 정도 되어 전체적으로 서북부가 높은 편이다.

이 광활하고 황폐한 땅에도 비교적 낮고 기후가 온화하며 물과 풀이 풍부한 곳에는 유목민이 모여 사는데, 지금은 티베트족을 비롯하여 회족, 몽골족, 창족, 한족들이 섞여 살고 있지만 원래 이 땅의 원주민은 '창(羌)' 또는 '뵈릭'이라고 부르는 티베트 민족이다. '창'이란 말이 재미있다. 양(羊)과 사람(人)의 합성어로, 양치는 사람이란 뜻을 가진 전형적인 유목민족을 말한다.

두 번째 날의 저녁이 될 즈음에 열차는 멀리 광활한 황무지를 건너 동남쪽에 보이는 대황하(黃河)의 발원지이며 쿤룬 산맥의 동북쪽 지류인 야라다이 산(5,215m)의 봉우리를 보면서 달린다. 이윽고 그것마저 핏빛 노을이 삼켜버리고 바람 부는 광야에는 어둠의 장막이 덮쳐 온다. 마치 '삶도 죽음도 아닌 그 사이'라는 '바르도(Bardo, 中陰)' 같은 어둠이 밀려 온다. 모태의 자궁 같은 그 속으로 기차는 빨려 들어가는데 어디서 귀에 익은 노랫소리가 들려왔다.

그 누가 태고의 숨결을 품었는가?
그 누가 천년의 기원을 남겼는가?

아직도 남아 있는 찬미의 뜻은 지키기 어렵고,

아직도 변하지 않는 지고의 뜻은 헤아리기 어렵네.

아~ 아 나는 보았네. 덩이덩이의 산들과 강물을.

아~ 아 나는 보았네. 산과 강이 어울려 연이어 이어 있음도 보았네.

야~라~쑤~어 그곳은 바로 칭짱 고원이라네.

승객들이 모두 고산병 초기 증세에 지쳐 떨어진 차내에서 반복적인 바퀴 소리에 섞여서 들려오는 〈칭짱 고원〉이란 노래였는데, 비록 가사는 중국어였지만, 티베트 여가수가 멀리 있는 양떼들을 부르는 것과 같은 목가(牧歌) 특유의 대단한 고음이 잘 표현되어서 30여 년 전부터 티베트와 중국 대륙에서 폭넓게 유행하는 노래였다. 나그네는 귀에 익은 그 노래를 따라 흥얼거리다가 서서히 죽음과도 같은 잠 속으로 빨려 들어갔다.

하늘철마가 한참이나 산을 올라 탕구라(唐古拉) 고개에 도착한다. 쿤

●
칭짱 고원의 양들

륜 산맥에 이어 두 번째 대산맥으로 주봉은 6,621m나 된다. 드디어 티
베트 본토에 도착한 것이다. 주위에는 온통 기원의 오색 깃발 타르초가
세찬 바람에 펄럭이면서 해동의 나
그네를 반기고 있었다.

이곳 탕구라는 설역고원의 화심
(花芯)으로 설련화의 꽃술에 해당되
는 곳이다. 북으로는 쿤룬 산맥에서
남으로는 히말라야 사이의 거대한
대륙의 한가운데인 것이다. 말이 고
갯마루이지 오히려 광야에 가까운
느낌이 드는 곳이다.

눈 속에 피는 꽃 서
장 설련화—얼음조
각이 붙어 있다.

　서장(西藏) 설련화(雪蓮花)는 뵈(티베트) 민족의 상징적인 꽃이다. 해발
4,500m 이상에서만 자라는 이 고산식물은 7월에 아름다운 꽃을 피우
는데, 많은 흰털로 뒤덮여 있어 멀리서 보면 토끼처럼 보이기에 눈토끼
(雪兎子)라는 애칭을 갖고 있다. 길고 많은 털로 인해 대낮에는 태양빛을
많이 받아들여 주위의 땅까지 데워 추운 밤을 대비하고, 1m나 되는 긴
뿌리로 많은 수분과 영양분을 빨아들일 수 있어 혹독한 환경에 잘 적응
하고 있다. 그런 강인한 생명력은 '뵈릭'(티베트 민족)과 여러 모로 비슷한
느낌을 준다. 그렇기에 상징적인 꽃이 된 것인가? 전설에는 오색찬란한
설련화도 있다고 하는데, 나라에 큰 경사가 있을 때만 핀다고 한다.

　따시델레! (안녕!)
　고원에 핀 오색 설련화(雪蓮花) 강쩬(雪域)이여!
　'옴 마니 반메 훔'
　(그대 가슴에 연꽃 같은 진리의 보석 꽃이 피어나기를…)

2. 티베트의 심장, 라싸

만다라의 도시
라싸(拉薩)

세계의 지붕답게 라싸의 하늘은 푸르렀다. 마치 잉크를 풀어 놓은 것 같은 하늘 아래 신비의 도시 라싸는 고즈넉하게 졸고 있었다.

라싸는 티베트어 지명으로 성지를 의미한다. 그러나 티베트불교에 의하면 '라(Lha)'는 천신(天神)을, '싸'는 땅을 의미한다. 그래서 라싸는 '신의 땅' 또는 '천신의 땅'이란 뜻이 된다. 고대 문서에는 '라'는 산양의 뜻도 있어 '산양의 땅'이라는 뜻도 나타난다.

분지의 한가운데에 붉은 언덕이라는 뜻의 마르뽀리가 솟아 있고, 그 산 위에는 웅장한 포탈라 궁이 자리 잡고 있다. 이곳을 중심으로 북쪽으로 단라 산맥이 동서로 뻗어 있고 남쪽은 온골리 산맥이 동서로 굽이친 가운데 남북 8㎞, 동서 60㎞의 장방형의 분지를 이루고 있다. 그 가운데를 끼추 강이 흐르고 있는데, 이 천년 도읍지는 다른 지역보다는 다소 낮은 해발 3,650m에 자리 잡고 있어서 비교적 온화한 기후에 속한다. 그렇기에 거리에는 가로수도 제법 있고 나무가 우거진 공원 같은 숲도 있다.

포탈라를 중심으로 동쪽에는 조캉과 라모체 사원이, 그리고 그 주위의 팔각형 거리에는 광장과 상가가 늘어서 있다. 서쪽으로는 달라이라마의 여름궁전이었던 노블링카가 있다. 꽃과 숲이 귀한 이곳에서의 유

포탈라 궁전과 짙푸른
하늘

일한 휴식공원으로 매년 여름 쇼뙨제(雪頓祭)라는 유서 깊은 가면연극축
제가 열리고 있다. 1751년 7대 달라이라마에 의해 조성된 이 궁전은 역
대 달라이라마들의 여름 휴양처로 쓰여 오다가 중국화 이후에는 시민공
원으로 개조되었다.

　무릇 한 나라의 수도는 그 나라의 국운과 흥망성쇠를 같이하게 마련
이어서 이곳 라싸도 천혜의 지형적 조건으로 오랜 동안 외세의 침입 없
이 독자적 문화를 보존해 왔다. 외세로서 라싸에 처음 진입한 세력은 몽
골이었는데, 한때 정치적 지배는 받았지만 사캬파의 고승 팍파의 영향
력으로 원(元)나라 황실을 감화시켜 도리어 티베트불교는 원 제국의 국
교가 되어 전 세계로 퍼져 나가는 어부지리를 얻었다.
　두 번째로는 근대에 와서 영국과 인도의 연합군에 의해 잠시 점령을
당한 적이 있었고 세 번째가 바로 인민해방군에 의한 것인데, 이때에는

엄청난 시련을 맞았고 그 상태는 지금까지 계속되고 있다.

　그러나 라싸가 받은 최대의 피해는 위의 세 번의 외침 때가 아니었다. 바로 1966년부터 시작된 사구(四舊)−오래된 '사상, 풍속, 문화, 습관'−를 타파하자는 이른바 문화혁명의 여파였다. 이때 라싸뿐 아니라 전 설역고원의 고대 유적이 초토화되었다. 홍위병이라는 붉은 완장을 찬 광기어린 손들에 의해 전 국토의 문화유적, 특히 사원의 90%가 잿더미로 변해 버린 것이다. '문화혁명'이란 광풍은 그 후 개혁개방 논리에 밀려 중국공산당 스스로 "역사와 인민들에게 지은 중대한 과오였다."고 선언하였고, 근래에는 대부분의 유적들이 복구되고 있는 상황이다. 하지만 역사적 유물들의 진정한 가치는 그곳에 묻어 있는 시간이 빚어낸 푸른 이끼와 곰삭은 냄새일진데, "그럼, 그것들은 어찌 복구될 것인가?"

【참조】

꼬라(Kora− 탑이나 사원 또는 성지를 기도하며 도는 순례)

원(圓)이라는 뜻인 범어의 꼬라(Kora)는 '성지돌이'에 해당된다. '꼬라'는 낭꼬라(Inner Kora), 파꼬라(M. Kora), 링꼬라(Out Kora) 등의 3가지로 분류된다.

라싸는 포탈라 뽀당과 조캉·라모체 사원을 중심으로 만다라(曼荼羅) 형식으로 배열되어 있다. 포탈라 궁이나 법당 등의 사원 내부만을 기도하면서 한 바퀴 도는 것을 낭꼬라' 또는 '낭꼴'이라 하고, 중간 원으로 바깥담을 끼고 도는 것을 '파꼬라', 가장 큰 원으로 포탈라와 조캉, 라모체를 포함하여 라싸 전체를 크게 도는 것을 '링꼬라'라고 한다.

라싸는 그렇게 꼬라를 돌기 위해 설계되었다. 바로 만다라를 땅 위에 실현한 종교적인 분위기의 도시인 셈이다. '꼬라'라는 순례는 정화론에서 기인한다. 이를테면 카일라스를 한 바퀴 돌면 현생의 죄업이 소멸되고 108번을 돌게 되면 해탈에 이를 수 있다는 논리 같은 것이다.

범선 모양인 포탈라 궁전

아!
포탈라 궁전이여

　라싸 시내 어디에서도 보이는 마르뽀리 언덕 위에 솟아 있는 백악의
성 포탈라 궁전은 당당하다. 짙푸른 하늘에 닿아 있는 백궁과 홍궁의 색
채적인 조화로움은 환상적이다.

　포탈라가 자리 잡고 있는 산을 보통 홍산(紅山)이라고 부르는데 티베
트불교에서는 이 산을 제2의 보타산이라 칭한다. 포탈라의 원음은 뽀따
라인데 '뽀따'는 범어로 배를, '라'는 항구를 뜻한다고 한다. 또한 관음보
살이 상주하는 보타락가산(普陀洛伽山)의 이름에서 명명되었다고 하는
데, 왜냐하면 이 성의 원래 주인인 역대 달라이라마들이 바로 관음보살
의 화신이라고 일컬어지기 때문이다. 그래서인지는 몰라도 이 성은 전
체적으로 범선의 모양을 하고 있다. 마치 미래의 어느 날, 천지가 다시

포탈라 궁전. 아래 하얀
부분은 정부 청사로 쓰
던 백궁이고 위쪽 홍궁
은 사원 및 달라이라마
의 집무실

개벽할 때 피안의 니르바나(涅槃)로 떠날 준비를 끝낸 상태에서 그 때를
기다리고 있는 모습이랄까…

　포탈라의 창건은 토번왕국 당시 송짼감뽀 왕에 의하여 수도를 라싸
로 옮기고, 그 산 중턱에 현재 송짼과 문성공주와 네팔 공주 등의 소상
이 들어 있는 법왕동(法王洞)을 중심으로 궁전이 세워지기 시작했다. 그
러나 8세기 후반에 벼락으로 인한 대화재가 있었고, 이후 왕국의 분열
로 훼손되어 현재로는 그 당시의 면모를 알 수 없는 상태이다. 현재의
포탈라는 5대 달라이라마인 나왕 롭쌍갸초(1617~1682)에 의해서 오늘의
모습으로 다시 태어나게 된 것이다.

　포탈라는 외관상 정부청사로 쓰였던 아래 부분의 백궁(白宮)과 사원
으로 쓰였던 위의 홍궁(紅宮)으로 나뉘는데, 총 13층으로 높이 117m, 동

서 360m나 되는 웅장한 건물이다. 그 안에는 미로 같은 통로에 연결된 크고 작은 방만도 1천 개를 넘는다고 하며, 지하에는 전쟁 시 사용하는 우물, 식량창고, 무기고 등이 있다고 한다. 일설에는 유사시에 사용될 피난용 지하터널까지 있다고 한다.

이제 신비의 궁전으로 들어가 보자. 금방이라도 죽음의 야마대왕이 튀어나올 것만 같은 껌껌한 미로 같은 회랑을 따라가면 수많은 방마다 제불보살의 황금상들과 파드마삼바바·밀라래빠·역대 달라이라마·쫑카파·송짼감뽀의 소상(塑像)들이 금은보석 등 칠보로 호화롭게 치장되어 있다. 어느 것이나 '까닥'이라는 수많은 비단 예포(禮布) 속에 묻혀 있음을 보게 된다.

문득 '이 척박한 고원에서 이런 엄청난 재화가 어떻게 생겨난 것일까' 하는 의문이 일어날 만큼 호사스럽다. 옥상 근처에서는 역대 달라이라마의 영탑들이 순례객들을 압도하는데, 거대함과 호화로움을 느끼게 하기 때문이다. 그 영탑들 안에는 5대에서 13대까지 역대 달라이라마의 육신이 금으로 장식되어 있다고 한다. 특히 마지막으로 1933년에 입적한 13대 달라이라마 툽텐갸초(1876~1933)의 탑은 보석류는 빼고라도 황금만 590kg이나 들었다고 하니 놀라움을 금할 수 없다.

궁전 옥상으로 올라가면 눈 아래로 라싸 시내 전체가 시원스럽게 내려다보이고, 그곳에 서 있는 거대한 황금 당번(幢幡)과 마니통(摩尼筒) 및 각종의 장엄구 등이 푸른 하늘 아래 빛나고 있는 것도 보이기 시작한다.

이곳 옥상에 14대 달라이라마의 거처가 있다. 안으로 들어가면 기도실, 집무실, 명상실, 침실, 접견실 등이 있고, 그곳에는 성하께서 쓰던 집기들이 그대로 진열되어 있다.

이곳은 달라이라마가 주로 겨울철에 사용하던 겨울궁전인데 역대 달

포탈라 궁전의 옥상(위)과
궁전 내부의 11면 관세음
보살상(왼쪽)

라이라마들은 어두컴컴하고 썰렁한 포탈라보다는 아름다운 정원이 있는 여름궁전인 노블링카에서 지내는 시간이 많았다고 한다.

포탈라 서쪽의 끼추 강 옆으로 자리한 노블링카에는 달라이라마가 망명하기 전에 사용하던 물품들이 진열되어 있는데, 그 중 제니스 라디오와 쌍안경이 눈길을 끈다. 그것은 예전에 영화화되었던 하인리히 하

러(H. Harrer)의 〈티베트에서의 7년〉에서 묘사된, 어린 달라이라마가 옥상에서 수시로 시내를 내려다보았다던 것이었는데, 빈방에 덩그러니 놓여 있어 '주인 없음'이라는 말이 다시금 다가오게 만들었다. 지금은 타국에서 이곳을 그리워하고 있을 달라이라마 성하는 생전에 다시 돌아와 그가 이전에 사용했던 물건들을 만져볼 수 있을까?

현 14대 달라이라마 성하는 티베트 4대 종파 중에서 겔룩파의 수장으로 1951년 중국에 의한 점령과 1959년 망명 이전까지는 종교뿐만 아니라 정치면에서도 티베트를 통치하였지만, 현재는 인도 다람살라에서 망명정부를 이끌면서 전 세계를 상대로 티베트불교를 전하며 평화운동을 하고 계시다는 실은 널리 알려져 있기에 사족이 될 것이다.

토번왕국의 영웅
송짼감뽀

　이 천년 도읍지를 이야기할 때 제일 먼저 꼽아야 할 사람은 바로 송짼감뽀(松贊干布, 581~650) 대왕이다. 7세기 중반 토번(吐蕃)왕국을 세계역사의 중앙무대에 진출시킨 이 대왕은 문무 양면에서 커다란 업적을 이룩한 불세출의 영주였다. 원래 토번 왕조의 뿌리는 얄룽 계곡에 있었는데, 넓어진 나라에 새로운 기운을 불어넣고자 그는 옛 도읍지를 떠나 신흥제국에 걸맞은 넓은 곳으로 천도를 하게 되었으니 그곳이 바로 지금의 라싸이다. 당시의 이곳은 호수가 많은 곳이었는데 그는 그 호수들을 메워서 수도를 건설했다고 한다.

　송짼 대왕은 부락이나 씨족단위로 흩어져 살던 민족을 통일하고 영토를 넓혀 나가 당시 최대의 국력을 자랑하던 당나라와 국경을 맞대고, 외교적인 수완을 발휘해 당과 네팔의 공주와 정략결혼을 하는 등 나라를 안정시킨다. 또한 안으로는 문치에 힘을 쏟아 티베트 문자를 만들고 법령을 제정하고, 불교를 장려하여 사원들을 세워서 전란으로 거칠어진 민심을 안정시키는 등의 치적을 쌓아 왕조를 반석 위에 올려놓았다. 그로부터 라싸는 전 설역고원의 정치·종교·문화·교역의 중심지가 되었

삼예 사원 흥불맹서
비에 새겨진 티베트
문자

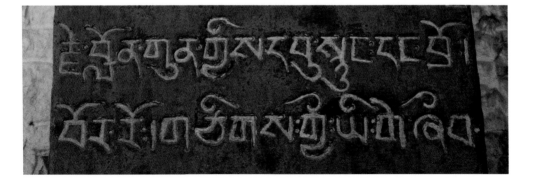

다. 특히 두 공주, 네팔의 부리쿠티와 당나라의 문성공주의 영향으로 기존 전통종교인 뵌뽀교를 밀어내고 불교를 왕실에 뿌리내려서 설역고원을 불교 왕국화하는 초석을 마련하였다.

천년 왕조의 초석은 나라 글의 창제에서 시작했다. 법령의 필요를 절실하게 느낀 대왕은 톤미쌈보타를 비롯한 16인의 건강하고 총명한 청년들을 인도로 보내 인도의 문자들을 배우게 한 뒤 티베트 문자를 만들게 안배하였다. 후에 그들이 고생 끝에 돌아와서 50자로 된 인도의 범어(梵語), 즉 산스크리트(Sanscrits)에서 자음 24자를 따고, 다시 범어에 없는 6자를 새로 만들어, '까·카·가·아'로 시작하는 자음 30자와 '이·우·에·오'의 모음 4자를 합하여 그들의 말을 적을 수 있게 했다.

또한 글자체는 경전과 법률용의 고딕체와 실용 행초서체로 나누어 만들었다. 그리고 그 글자로 조상의 땅 융부라캉 궁전에 비밀리에 보관되어 내려왔던 '녠부쌍바' 불경을 먼저 번역하게 하여 그동안 궁금했던 그 물건들의 비밀을 풀었다.

다음에는 왕과 중신들이 솔선하여 나라 글을 배워 실용화했으며 널리 퍼지게 만들었다. 이 나라 글의 창제는 송짼의 여러 업적, 즉 왕국을 안정시키고, 천도를 하고, 국토를 넓히고, 외국 문물을 들여오고, 선진 종교를 들여오는 것 중에서 가장 윗자리에 두어야 하는 불멸의 업적에 속하는 일이라고 후세 사가들은 평가하고 있다.

우리는 수없이 보아 왔다. 세계 역사상 자기 문자와 문화가 없는 나라가 무력의 힘만으로 일시에 일어났다가 사라져 간 사례를…

가까운 중국의 예만 보아도 그렇다. 몽골족의 원나라, 여진족의 금나라, 만주족의 청나라가 비록 일시에 강력한 무력으로 중원에 입성했지만 결국 남은 것은 아무것도 없었다. 민족의 와해라는 어이없는 결과만 재촉했을 뿐이다. 문화가 없었던 민족이 겪어야 했던 사필귀정의 결과

였다. 역설적 역사관으로 보면 중국이란 나라는 이민족에 의해 잡아먹
힐수록 더욱 몸집이 커진 불가사의한 일면을 갖고 있다.

　이는 그들이 오랑캐라고 부르며 멸시했던 사방의 이민족들(南蠻, 北
狄, 東夷, 西戎)이 대개는 문자가 없었던 사실이 중화민족으로서는 큰 행
운이었던 셈이다. 점령했지만 결국은 점령당한 결과를 초래했기 때문에
그들은 모두 중화의 일원으로 편입되어 역사에서 사라져 버리고 만 것
이다. 물론 역사에서 만약이란 가정을 세울 수는 없지만, 만약 티베트
에 문자가 없었다면 그 결과는 원·청나라의 역사를 답습하지 않았으리
라는 보장은 없었을 것이다. 이런 면에서 7세기란 비교적 이른 시기에
나라 글을 정책적으로 만들어 실용화시킨 송짼 대왕의 업적은 무엇보다
우뚝하다.

5대 달라이라마
나왕 롭쌍갸초

　송짼 대왕 이래 200년
동안 한때 당나라 수도인
장안까지 점령하며 위세
를 떨쳤던 대토번 제국은
842년 제42대 짼뽀를 끝
으로 내부분열로 사분오
열되며 긴 분열의 시기를
맞게 된다.

　400년이란 세월을 바깥
으로는 눈 한번 돌릴 여유
도 없이 군소 왕국으로 갈

라져 싸우고 또 싸웠다. 그러다가 1239년에는 몽골군의 침입으로 한때 조공국으로 전락해야 하는 굴욕적인 상황까지도 맞게 되었다.

　그렇게 수백 년의 분열시대가 흐른 뒤 포탈라는 제2의 창건주를 만나게 되어 비로소 오늘의 모습으로 다시 태어나게 된다. 바로 5대 달라이라마 나왕 롭쌍갸초(1617~1682)에 의해서다. 그는 토번 왕조의 고향인 얄룽 계곡 출신으로 승려로서뿐만 아니라 대단한 지략가로 티베트 고원을 다시 통일하는 위업을 이룩한 인물이다. 당시의 정세는 몽골의 개입으로 복잡다단하였는데, 그는 심복인 쏘남랍텐의 도움으로, 몽골의 꾸스칸이 권력 투쟁에서 승리하자 비밀리에 손을 잡고 군대를 끌어들여 당시 시가체 지방의 실력자였던 데시짱빠칸, 일명 깔마덴콘 왕뽀를 사로잡아 처형하고 중앙 티베트까지 진격하며 13개 종(宗)의 중요 요새를 모조리 격파했다. 그리고 짱빠칸의 지원을 받던 최대 종단 까규깔마파를 비롯한 초낭, 디굼 등의 군소 종파의 영지를 몰수하고 무장 해제시켜 버리고는 몽골의 지지 아래 1642년에 5대 달라이라마를 법왕으로 하는 '법왕제'라는 특이한 정교일치제도를 출범시킨다.

　오랜 전쟁에 시달려 온 민초들이야 현생의 고통이 소멸되고 내세까지도 보장된다는 구고구난(救苦救難)의 자비의 화신 짼래직(관음보살)이 살아 있는 몸으로 세상에 나타나 전쟁 없는 평화로운 세상을 만들어 줄 임금 노릇까지 해주겠다니 그 얼마나 환희했을 것인가. 이로써 수백 년 동안 끌어왔던 씨족·종파별 분열 시대가 끝나고 마침내 겔룩파에 의한 천하통일 시대가 오게 된 것이다. 토번 왕조의 마지막 짼뽀 랑다르마 이후 약 800년만의 일대 사건이었다. 비록 스스로의 힘에 의한 것은 아닐지라도 다시 수백 년간 이어갈 통일국가가 된 것이다.
　그 다음으로 5대 달라이라마가 한 일은, 임금의 권위를 나타내는 상징물로서의 뽀당, 즉 궁전과 관음보살의 주석처라는 경전의 내용에 어울리는 사원을 동시에 겸비할 수 있는 궁전을 짓는 사업에 착수한 것이다. 그래서 송짼감뽀가 터를 잡았던 마르뽀리에 백궁을 완성한 다음 1659년에는 그가 거주하던 대풍 사원(哲蚌寺)의 간댄뽀당을 떠나 이사를 했다. 이 불세출의 영걸인 5대 달라이라마는 직접 역사서 「티베트 왕신기(王臣記)」를 저술할 정도의 학자로도 유명하지만 외교수완도 뛰어나 자기를 법왕에 즉위시켜 준 몽골 대신에 당시 막 태어난 청나라와 손을 잡기 위해서 북경을 방문함으로써 원나라 이후의 관례대로 봉호와 보시를 받는 선린관계를 유지했다.

롭상갸초는 그렇게 눈부신 활약으로 설역통일의 위업을 달성하고 1682년 열반에 든다. 그런데 랍텐의 뒤를 이어 섭정이 된 쌍걔갸초는 '동굴에서 폐관수행 중'이란 설명으로 그의 죽음을 12년 동안이나 감춘 채, 백궁 위에 다시 관음성지 포탈라를 상징하는 홍궁 공사를 강행하여 마침내 1695년 준공식 자리에서 그의 죽음을 천하에 공표하고, 달라이라마 5세의 유체를 안치한 화려한 영묘탑(靈廟塔)을 공개하여 극적인 효과를 연출했다.

티베트불교의 총본산
조캉 사원(大昭寺)

종교적인 측면에서 보자면, 전 세계에 산재되어 있는 티베트 불교도의 믿음의 고향은 장엄한 포탈라 궁전이 아니고 오히려 조캉 사원이라고 할 수 있다. 신심 깊은 티베트 민족이 이생에서의 단 하나의 소원이 있다면, 가능하다면 성지 중의 성지인 강 린포체, 즉 카일라스 산을 한 번 순례하는 것이다. 그러나 그곳은 너무도 멀고 험난한 고행길이기에 조캉 사원의 참배로 대신하고자 한다. 그들의 목적은 우선 사원을 둘러싸고 있는 팔각가의 환상로(環狀路)를 꼬라 하는 것으로 혹 이승에서 지었을지도 모를 업(業)을 정화한 다음에 깨끗해진 몸과 마음으로 안으로 들어가 영험하다는 설화가 가득한 조오 석가불상 앞에 오체투지로 엎드리는 데 있다고 할 수 있다.

티베트 사람들은 원래 투르낭이란 이름이었던 대소사(大昭寺)를 조캉이라 부르기보다 '조오라캉'이라 부르기를 더 좋아한다. 티베트어로 '조오'는 불상이라는 보통명사이고 '라'는 신, 그리고 '캉'은 집이기에 '라캉'은 법당을 의미한다. 그러니까 '조오+라캉'이 되어 "조오 불상의 법당"이란 뜻이고, 이를 다시 줄여서 조캉으로 정착된 것이다. 그러니까 흔히 부르는 대소사는 중국식으로 음역화하는 과정에서 붙여진 이름이라는 것을 알 수 있다.

그러면 여기서 조캉과 조오 불상의 유래를 더듬어 올라가 보자. 조캉

라싸의 중심지 조캉 사원 앞 광장

조캉 사원

사원은 송짼감뽀 왕 때인 647년에 처음 지어졌다.

야사에 의하면 토번왕국이 라싸로 천도한 초기에 각지에서 재앙이 끊이지 않았다. 천문과 음양오행에 밝은 문성공주는 그 원인이 이곳의 풍수에 있다는 사실을 알아냈다. 라싸는 그 형세가 나찰녀가 드러누운 모습인데 홍산(紅山) 남동쪽에 있는 연못은 그녀의 심장에 해당하고 강물은 그녀의 피에 해당되는 것이었다.

문성공주는 그 연못에 사원을 지으면 재난을 막을 수 있다고 송짼 왕에게 건의했다. 그래서 음양오행설에 근거하여 산양들로 하여금 흙을 날라서 연못을 메우고 그곳에 사원을 지었다. 조캉 사원을 건립할 때 산양이 흙을 나르는 장면이 사원 안쪽에 그려져 있는데 그래서 라싸는 산양의 땅이라는 뜻으로도 나타난다.

그러나 역사서에는 통일왕국을 이룩한 송짼이 이웃 네팔에서 부리쿠티(赤尊) 공주를 맞아들여 그녀의 마음을 귀의할 원찰(願刹)로서 지금의

나찰녀가 누워 있는 모습의 지형도. 심장 부분이 조캉 사원에 해당된다.

조캉 사원 자리에 있는 호수를 메워 네팔이 있는 서쪽을 향해 투르낭(후에 조캉)이란 사원을 세우고 그녀가 가지고 온 등신대의 금동 약쇼바불(禪定佛)을 안치하였다고 한다.

또한 송짼은 당나라와의 화친조건으로 당나라의 문성공주를 맞아들여 조캉에서 북쪽으로 길 하나 건너에 당나라가 있는 동쪽을 향해 대문을 낸 라모체(小昭寺) 사원을 건립하여 역시 그녀가 가지고 온 불상을 안치하였다. 그 불상은 12세 때의 세존의 모습을 형상화한 조오 석가모니 불상인데, 인도에서 당으로 건너왔다는 설화가 얽혀 있는 영험 있다고 전해지는 불상이다.

그런데 문제는 라모체 사원에 있던 조오 불상이 어떻게 조캉 사원에 있느냐? 하는 것이다. 그 한 가지는 외적의 침입 시 약탈을 두려워하여 두 불상을 바꿔 놓았다는 설과 또 하나는 문성의 뒤를 이은 금성(金城) 공주가 조캉 사원의 지위를 부각시키기 위해 바꿔 놓았다는 설이 있지만 분명히 조캉은 처음 네팔 공주에 의해 건립되었고, 문성공주가 가지고 온 12세 조오 불상은 처음에는 그녀를 위해 세운 라모체 사원에 안치

문성공주가 모셔온
조오 석가모니불

되었다가 조캉으로 옮겨진 것이다. 1966년 문화혁명 당시 라모체는 홍위병에 의해 대부분 파괴되었으나 다행히 조캉과 12세 석가 불상은 화를 면하여 지금까지 전 티베트 민중들의 경배의 대상이 되고 있다.

조캉 사원은 밖에서 보면 서쪽으로 난 정문을 중심으로 환상로를 따라 빙둘러져 성벽 같은 인상을 주고 있는 3층으로 된 팔각형의 거대한 건물이다. 길 건너편은 역시 같은 높이의 건물들이 늘어서 있어 그 가운데는 순례하는 꼬라 도로로 이용되고 있다. 이 순례로를 수많은 인파들이 그저 앞사람 뒷모습만 바라보며 거대한 원무를 그리듯이 빙글빙글 돌고 또 돈다. 그런 요란스런 광경은 늘 이 광장을 살아 있는 생명력으로 가득 차게 만든다.

설역고원 강쩬(티베트)의 심장인 이 사원의 백미는 역시 자연석이 깔려 있는 정문 앞이다. 1300여 년의 불심이 살아 숨 쉬는 이곳은 그 긴 세월 속에서 수많은 순례객의 오체투지에 의해 닳고 닳아서 반들거려 마치 우리 중생들의 전생의 업이 내비치는 '검은 돌거울' 같은 '업경(業

鏡)처럼 보인다. 그 업경 바위 위에서 오늘도 참배객들이 땀을 흘리며 오체투지를 계속하고 있다.

조캉 사원에서 열리는 유명한 법회는 정초에 열리는 '묀람' 축제와 4월 15일에 열리는 부처님 오신날 '싸가다와' 축제를 꼽을 수 있다. 이외에도 4월에는 성도일과 열반일이 모두 모여 있어 한 달간은 온통 축제 분위기에 들뜨게 된다. 정초에 열리는 '묀람'은 기원의 뜻으로, 국태민안과 법왕의 장수 그리고 농사의 풍요를 기원하는 법회이다. 이는 정초부터 21일간 계속되는데, 황교파의 시조 때부터 시작된 법회로 달라이라마가 포탈라에 주석할 때만 해도 성대하게 거행되었다. 이 법회는 법왕이 먼저 직접 조캉 사원을 한 바퀴 꼬라를 도는 것으로 시작하게 되며, 라싸의 삼대 불교사원에 있는 전 승려가 참가하는 대규모의 축제였다고 한다.

조캉을 참배하려거든 새벽예불에 맞추어 가는 것이 좋다. 어둠이 채 가시기 전 광장을 가로질러 두터운 장막을 제치고 안으로 들어가 보라. 거기 또 다른 차원의 세계가 기다리고 있을 것이다. 한동안은 실내의 어둠과 자욱한 향과 촛불 연기 때문에 아무것도 보이지 않겠지만, 눈을 크게 뜨고 있다 보면 전면에 수백 개의 소유촛불[酥油燭]이, 사바세계의 무명을 밝힐 만큼 밝게 보일 것이다. 그때서야 어둠속에서 사천왕이, 팔부신장이, 죽음의 대왕 염라가 당장 덤벼들듯 서 있는 것도 보일 것이다.
회랑을 돌아가면 그곳에 온갖 모습의 불상과 역대 조사상과 밀교의 존상들이 무심히 앉아 해동의 나그네를 맞이한다. 다시 회랑을 돌아 사원의 중심부에 이르면, 거기에 조캉의 주불인 12세 조오 불상이 화려함의 극치를 이룬 치장을 하고 삼계의 무명을 꿰뚫어 보는 듯한 눈빛으로 선정에 잠겨 있는 것을 볼 수 있다.

이윽고 티베트불교의 총본산, 조캉의 황금 당번에 아침 햇살이 비치기 시작한다. 멈춰버린 이 법륜상이 다시 돌게 될 날은 과연 언제일까?

겔룩파의 6대 사원
대풍 사원(哲蚌寺)

티베트불교권의 그 많은 사원 중에서 대표되는 거대한 사원으로는 포탈라 궁전이나 왕실의 직영 원찰(願刹)인 조캉 사원을 제외하고 '6대 사원'을 꼽는 것이 일반적이다.

겔룩파는 거대한 사원을 티베트 전역에 건립했는데, 그 중에서 중요한 사원들은 다음과 같다.

라싸에는 교조 쫑카파에 의해 창건된 간댄 사원(甘丹寺)과 그의 상수 제자에 의해 세워진 대풍 사원(哲蚌寺), 세라 사원(色拉寺)이 있고, 시가

겔룩파 6대 사원 중에 하나인 대풍 사원

체의 타쉬룬포 사원 이외에 칭하이성 시닝(西寧)의 타얼사, 그리고 깐수성 샤허(夏河)의 라부랑스 사원들이다. 이 사원들은 대개 겔룩파의 종합 수도장, 즉 총림(叢林)들로 수행과 종교와 문화활동, 그리고 승려교육에 목적이 있는 교육기관으로서의 특성을 가지고 있다. 이들 6대 사원은 사원마다 그 성격이 조금씩 다르지만 대체적으로 같은 맥락을 띠고 있다. 우선 라싸에서는 대풍 사원으로 옮겨 보도록 한다.

라싸 시내에서 서북쪽으로 4km 지점, 험준한 바위산에 둘러싸인 완만한 원추형의 경사면에 티베트 최대의 사원이자 전통 교육기관이 있는 대풍 사원이 자리 잡고 있다. 대풍 사원은 언덕을 따라 위로 하얀 벽의 건축물이 가득 들어차 있어 마치 멀리서 보면 "쌀을 쌓아 놓은 것[積米]" 같다 하여 붙여진 이름이라 한다.

1416년 쫑카파의 제자 잠양초제에 의해 창건된 이 사원은 붉은 벽의 거대한 중앙 법당과 흰 벽의 수많은 건물 군으로 나누어 흩어져 있다. 왼쪽으로 언덕길을 오르자 그곳에 간댄뽀당(宮殿)이 나타난다. 1530년 2대 달라이라마에 의해 세워진 이 궁전은 5대 달라이라마가 포탈라 궁전을 중건하여 거처를 옮기기 전까지, 2대에서 5대까지의 달라이라마의 거처로 사용되었던 유서 깊은 곳이다.

길을 따라 올라가다 드넓은 광장이 나타나고 검은 돌로 잘 포장된 광장을 통과하면 3층의 거대한 중앙법당으로 들어서게 된다. 다른 건물이 백색인 데 반해 유독 법당만은 붉은 색과 황금지붕으로 구별된다. 법당으로 들어가면 183개나 되는 붉고 굵은 기둥이 솟아 있는 가운데, 사이사이 거대한 불보살의 화려한 소상이 모셔져 있고, 벽에는 수많은 걸개용 불화인 '탕카'가 걸려 있다. 미로 같은 길을 따라 2층, 3층으로 올라가면 거대한 미륵불이 미소를 지으며 순례자들을 내려다본다.

대풍 사원 미륵불

대법당을 나와 오른쪽 길로 접어들어 내려오다 보면 중심 건물과 요사채들이 나타나는데, 이곳은 승려들의 출신지별로 배정된 3개의 불교학당이 있는 곳이다. 우리나라 사찰의 전통교육인 불교전문강원에 해당되는 곳이다. 가장 큰 로셀링 학당을 비롯하여 고망과 데양 학당에 예전에는 7천여 명 승려가 모여 기초 과정인 교학부 공부를 했다고 한다.

문화혁명 당시 이 유서 깊은 사원은 많은 박해를 받아 전당은 파괴되고 승려는 강제로 환속을 강요받았으나 근래에는 다시 출가가 허용되어 지금은 4개 학당에 약 400여 명의 승려가 전통 방식대로의 수행을 계속하고 있다.

오늘은 전 국민이 '쇼', 즉 일종의 요구르트를 먹는 쇼뙨제(雪頓祭)의 개막일이어서 넓은 가람은 인산인해였다. 2대 달라이라마 때부터의 전통으로, 노블링카 공원에서의 전통 놀이마당 이전에 개막식은 이곳에서 하게 된다. 전 라싸의 시민이 운집하여 그동안 말아 놓았던 탕카를 꺼내 산꼭대기의 괘불대에 거는 날이다. 50m나 되는 커다란 탱화를 하늘 높이 달아 놓고 자신의 소망을 기원하고 마시고 노는 행복한 날이다. 온 천하에 관음보살의 자비가 가득한 날이다.

세라 사원
-티베트 승려의 교과과정

라싸에서 또 하나의 거대한 사원으로 티베트 6대 사원 중에 하나인 세라 사원은 싸락눈이라는 의미로 사원을 짓는 동안에 계속해서 싸락눈이 내려서라기도 하고 사원 주위에 들장미가 많아서 붙여진 이름이라기도 한다. 세라 사원은 본당인 '쪽첸대전'과 불경 연구를 위한 3개의 큰 학원으로 구성되어 있는데, 전성기에는 승려가 5천 명이 넘었으나 현재는 500여 명만이 수행하고 있다. 이 사원의 특징은 대법당 안쪽에 있는 작은 법당에 말머리 형상의 마두명왕보살이 있다. 마두명왕은 관음보살의 화신으로 쉬지 않고 달리는 말과 같이 중생을 구제하려는 관음보살의 대자비심을 상징한다. 주로 축생들을 교화하여 이롭게 한다고 한다.

오후가 되면 본당 옆에 있는 토론의 정원에서는 승려들의 소리가 요란하다.

이 학당의 학습방법 중에서 우리와 다른 것이 있어 이채로웠는데, 그것이 바로 토론수업이다. 우리의 논강법(論講法)이 책상머리에서 점잖게 앉아 토론하는 것에 반해 이곳의 논강은 마치 싸움을 연상케 하는 격렬한 기세로 진행되는 특징이 있다. 이것은 '최라(辨經)'라고 하는 교리문답인데, 간략히 묘사하면 다음과 같다.

나무 밑에 앉거나 서서 온몸으로 진리에 대해 토론한다. 상좌에 앉은 승려에게 염주를 팔에 두르고 왼발을 들었다 놓으며 손바닥을 치면서 큰 소리로 질문을 퍼부우면, 이에 상대방이 즉석에서 답변을 하는 것이다. 만약 답변을 제대로 하지 못하면 가르쳐 주면서 토론을 한다.

손뼉치기 동작은 진리와 교리의 충돌을 상징하는 것이라고 하는데, 그 기세가 격렬하고 소리 또한 커서 마치 장난을 치거나 싸움을 하는 듯

최라-교리문답

하다. 그것도 한두 명이 하는 것이 아니라 수백 명이 한꺼번에 하는 것이니 마치 전쟁터 같은 요란한 분위기다. 이와 같이 수업하는 티베트 승려의 교과과정을 정리해 보자.

【티베트 승려의 교과과정】

과목으로는 인명(因明)·반야(般若)·중관(中觀)·계율(戒律)·구사론(俱舍論) 등의 경·율·론 삼장(三藏)과 의례(儀禮)가 있는데 사원과 종파에 따라 과목과 교과 과정이 다를 수 있다. 일반적으로 겔룩파에서는 기초 논리학과 인명과 반야가 7년, 중관학 4년, 구사론 2년, 계율 2년, 밀교 2년으로 총 17년간 공부하여 학위를 취득하지만 상황에 따라서 단축되거나 연장되기도 한다. 그리고 학위를 취득한 후 다시 선택적으로 시륜학(時輪學), 의학, 밀교학, 제전학(祭典) 등을 공부하여 최종 학위인 박사에 해당하는 게셰(Geshe) 학위를 취득한다.

게셰 학위에는 도람빠, 링쩨, 촐람빠, 하람빠의 네 가지 종류가 있는

데, 최고의 후보자는 공개적인 집회장소에서 발표되고, 학장이 사재를 내어 만든 상과 함께 축하의 예포인 까닥을 목에 걸어준다. 5월에 하람빠와 촐람빠의 후보들은 달라이라마의 보좌관으로부터 노블링카에서 열리는 토론시험에 참가하라는 전언을 받게 되는데, 이때 토론은 아침부터 시작되어 저녁까지 계속된다.

후보자들이 토론을 벌이는 차례를 정하기 위해 제비뽑기가 행해진다. 첫 번째는 두 번째와 두 번째는 세 번째와 토론을 벌이게 되어 동일한 사람과 토론을 벌이지 않도록 순서는 계속적으로 조정되며, 다섯 과목 각각에 대해 이런 방법으로 토론을 벌이게 되어 총 5~6일 정도가 걸린다. 이 결과를 토론 보조관들이 상의하여 임시로 등수를 정하게 된다.

새해 셋째 날 하람빠와 촐람빠의 게셰 후보자들은 달라이라마 앞에서 토론을 벌인다. 물론 노블브링카에서의 시험결과도 중요하지만 새해의 뫼람 축제에서 행해지는 토론이 등수 결정에 더욱 중요하다. 게셰 학위는 음력 1월 24일인 정월대기원의 마지막 날에 받는데, 달라이라마가 라싸에 있을 경우에는 조캉의 2층에서 행사기간에 머물 때 수여된다.

만다라를 지상에 구현한
삼예 사원

티베트불교가 태어난 의미 있는 그 사원을 가기 위해서는 예전에는 반드시 나룻배를 타고 얄룽장뽀 강을 건너야 했지만, 요즘은 쩨탕 위로 다리가 놓아져 차를 타고 갈 수가 있다.

얄룽장뽀 강은 우주적인 성산 카일라스 산에서 발원하여 2,090km를 흐르다가 히말라야를 넘어 인도로 흘러들어가 브라마푸트라라는 이름으로 바뀌고 갠지스 본류와 만나 뱅골만으로 들어가는 강이다. 그러니

우주의 진리를 표현
한 만다라도 형상대
로 건축한 삼예 사원

까 티베트의 역사를 묵묵히 바라보았던, 말 그대로 대하드라마의 산실
이고 설역고원의 젖줄로 뭇 중생을 먹여 살리는 모천이다.

　삼예 사원의 전경을 보기 위해서 앞산으로 올라갔다. 이 언덕은 흔히
타크마르의 헤포리라고 부르는데, 이 사원의 터를 잡은 창건주 파드마
삼바바(구루린포체)가 지진제(地鎭祭)를 지냈던 곳이다. 얄룽창뽀 북쪽 기
슭의 넓고 평탄한 분지에 자리 잡은 사원은 하늘이 8조각 연꽃으로 땅
은 8가지 길상을 갖추고 있다는 설화가 전해 내려오는 곳이다.

　이윽고 가람 전체가 한눈에 들어오는 정상에 섰다. 거기서 내려다본
것은 단지 하나의 사원이 아니라 입체적 만다라(Mandala)였다. 만다라는
깨달음의 세계를 도형화한 그림으로 우주의 진리를 표현한 것이다. 만
다라의 기본도는 원에서 출발한다. 수수께끼 같은 침묵의 세계인 우주
의 신비 속으로 들어가는 열쇠로 인식된 만다라의 둥근 원 속에는 기호

화한 형이상학적 내용들이 가득 차 있다.

　지금 내려다보고 있는 것은 법신불(法身佛)인 비로자나불을 주불로
하는 대일여래(大日如來) 비로자나불의 만다라였다. 그 만다라를 지상에
구현해 놓은 인공 조형물이었다. 사원의 경내는 둥근 원형으로, 높은 담
장으로 둘러싸여 있고 그 중앙에 위체 대전(大殿)을 중심으로 정확한 방
위에 맞추어 4대문을 배치하고 있다. 이 원은 수미산을 중심으로 한 '8
대 산'과 그 사이 '8대 해'에 둘러싸여 있는 사바세계(娑婆世界), 즉 우주
를 의미한다.

　그러니까 이 사원은 우주도의 남섬부주를 상징하고 있는 것이다. 이

수미산의 중심을 상징한 삼예 사원의 위체 대전(大殿)

를 의미하듯 이 동그란 가람의 경내에는 그 중심에 수미산을 상징하는 3층의 위체 대전이 자리 잡았고, 그를 중심으로 동서로는 일광전과 월광전을 비롯한 8대전이, 사방으로는 4천왕과 4대주를 상징하는 청·홍·백·남색의 4색 탑이 각기 포진하고 있는 형태이다. 이런 만다라도를 삼예는 지상에다 구현해 놓은 것이다. 기록에 의하면 창건 당시는 108좌의 스투파(stūpa)가 있었다고 전하지만 지금은 거의 남아 있지 않다.

삼예 사원에는 최초라는 수식어가 많이 붙는다. 자 그럼 우리 다시 토번의 역사서 『청사(靑史)』 속으로 들어가 그 최초의 의미를 찾아보도록 하자.

송쩬감뽀 대왕 때에 문성공주와 네팔의 부리쿠티 공주를 왕비로 맞이하여, 조캉과 라모체 등의 사원을 건립하면서 왕실을 중심으로 불교 신앙이 뿌리를 내리게 된다. 그러나 티베트불교가 토착종교인 뵌교의 세력을 축출하고 오늘날과 같이 확고한 기틀을 다지고 발전하게 된 것

은 치송데짼(755~797 재위) 왕이 등장하
면서부터이다.

토번왕국을 대제국으로 만든 38대 치
송데짼 왕은 인간의 심성을 순화시킬
참된 덕목을 찾아내 세상을 정화시키
고 싶었다. 그렇기에 그는 인도에서 전
래된 불교에 관심을 갖다가 마침내 나
라의 기풍을 진작시키는 데도, 또 자신
의 심신의 안정을 찾기 위해서도 불교
가 좋다는 결론을 내린다. 더구나 만년

치송데짼 왕

에는 사랑하는 어린 페마사이 공주의 죽음을 겪으면서 더욱 깊이 불교
적 이상세계에 심취하게 되었다.

당시 불교는 토착 종교인 뵌뽀교와의 갈등으로 그 세력이 미미해서
겨우 명맥을 유지해 오고 있던 때였다. 그럴 때 그는 중신들의 반대를
무릅쓰고 불교를 국교로 채택함으로써 거국적인 불교 진흥의 길을 내딛
는다.

치송데짼을 도와 설역고원을 불국토로 만든 두 명의 인도인 스승
이 있는데, 바로 인도불교의 중심지인 나란다 대학의 학승이자 고승
산타락시타(Santarakshita, 寂護)와 구루린포체로 불리는 파드마삼바바
(Padmasambhava, 蓮華生)이다. 먼저 이 땅에 발을 들여놓은 이는 산타락시
타였는데, 그는 국왕에게 불교의 요체를 설했지만 주위의 반대가 심하
여 돌아갈 수밖에 없었다. 그러나 왕의 초청으로 다시 돌아왔는데, 그가
돌아왔을 때는 밀교 고승인 파드마삼바바와 함께였다.

파드마삼바바가 어떻게 주위 사람들과 토착 귀신들을 굴복시키고 삼

티베트 사자의 서를 저술한 최고의 고승 파드마삼바바. 눈을 부릅뜨고 말하는 것은 마음의 혜안을 보라는 가르침

예 사원의 건설을 진행시켰는지에 대해서는 정사뿐만 아니라 수많은 야사로써 지금도 생생하게 살아 숨 쉬고 있다. 그가 뵌뽀교 사제와 벌인 싸움은 거의 '마법의 시합'같이 보일 정도로 현란하게 묘사되고 있다.

역사는 연꽃 속에서 태어난 걸출한 파드마삼바바의 행장을 이렇게 기록했다.

그가 시절인연이 되었음을 깨닫고 히말라야를 넘어 설역고원으로 올라와 처음 치송데짼을 대면하는 광경은 거창하다.

왕의 초청을 받아들인 파드마삼바바는, 네팔에서 많은 악마를 굴복시키고 물의 기적을 일으킨 뒤 마침내 라싸 근교의 중카르까지 마중 나온 치송데짼을 만났다. 수많은 인파가 모여들고 음악과 가면춤을 동반한 환영행렬이 라싸까지 이어졌다.

파드마삼바바가 왕을 처음 대면했을 때 그는 왕에게 절을 하지 않고

다만 한 게송(偈頌)을 읊었다고 한다.

　　헤아릴 수 없이 오랜 세월 속에서 복덕(福德)과 지혜(智慧)를 쌓은,
　　나는 연꽃 속에서 태어난 붓다라네.
　　무한히 심오한 교법(敎法)을 터득하고 삼장(三藏)을 배워 통달한,
　　나는 연꽃 속에서 태어난 성스러운 '다르마[法]'라네.

　그 건망지고도 무례한 모습에 신하들이 칼을 빼어들며 흥분하자, 파
드마삼바바는 손가락으로 그들을 가리켰다. 그러자 그 끝에서 불꽃이
일어 왕의 옷을 태웠고 천둥과 지진이 뒤따랐다. 그리하여 왕과 대신들
과 그 자리에 있던 모든 사람들이 파드마삼바바 앞에 엎드렸다.
　이렇게 파드마삼바바는 기선을 제압하며 설역으로 입성했다. 역사는
연꽃 속에서 태어난 걸출한 파드마삼바바의 행장을 이렇게 기록했다.

　티베트력(歷)으로 8월 초하루에 파드마삼바바는 삼예를 방문했다. 왕

파드마삼바바의
악령정화도

은 삼예 근처에 있는 궁전까지 그를 호위하여 황금의자에 앉게 하고 의례적인 공물을 바쳤다. 이에 파드마삼바바는 자신이 티베트에서 하게 될 일을 예언했다. 그는 용들의 호의를 얻기 위하여 호수에 보물을 던지고 전국의 신과 여신과 악령들을 조금씩 제압해 나갔으며 많은 기적을 행했다. 8월 8일 대역사가 시작되었으며 파드마삼바바는 부지를 정화하고 가르침을 펴 악령들을 달랬다.

파드마삼바바는 구루린포체 또는 연꽃 속에서 태어났다고 해서 연화생(蓮華生)이라고도 하며, 아미타불의 화신이라고도 한다. 이 밀교 성자는 여러 스승들을 찾아다니며 깊은 수행으로 불사의 경지를 성취하고 후에는 완전한 성취를 이루었다고 하는데, 인적사항은 그리 명확하지 않다. 그는 지금으로부터 1천 2백여 년 전 토번 제38대 치송데짼의 초청으로 설역고원으로 들어와 불교를 전하고 티베트 최초의 삼예 사원을 창건하고 동굴 속으로 들어가 은거하면서 때를 기다리게 된다.

파드마삼바바는 동굴 속에서 수많은 저서를 저술하였으나, 당시 사람들이 이해하기는 어려운 까닭에 그 책들을 세상에 내놓지 않고 여러 동굴 속에 감추어 놓고, 때가 되면 그가 지정한 환생자들이 그 책들을 찾아내어 세상에 내놓게 안배를 하였다.

이렇게 시작된 삶과 죽음을 연결한 보물찾기는 계속되고 있는데, 그렇게 해서 찾아낸 책 중 하나가 그 유명한 죽음 뒤의 영혼의 세계를 밝힌 「티베트 사자(死者)의 서」이다.

「사자의 서」의 원명은 「바르도 퇴돌」인데 죽음의 순간에 단 한 번 듣는 것만으로도 영원한 해탈에 이른다는 티베트 최고의 경전으로 인간의 사후에 49일 동안 영혼이 겪게 되는 여러 현상과 환생까지의 과정을 설명하고 있다. 삶, 죽음, 환생, 그리고 영원한 대자유에 이르는 생의 근본 진리를 분명하고 단호한 어조로 설파하는 내용으로 되어 있는 놀라운 경전이다.

파드마삼바바는 티베트불교 4대 종파 중에서 홍모파, 즉 닝마파의 종조로서 수많은 제자들을 수행의 길로 이끌어 위대한 성취자들을 탄생시켰으며, 티베트 최고의 고승으로 추앙받는 인물이다.

원래 이곳 삼예 사원이 있는 근처는 치송데짼의 부왕인 치데죽짼의 겨울왕궁이 있었던 곳으로 치송데짼이 태어난 곳이기도 했다. 드디어 공사가 시작되었다. 설계도는 고대 인도의 파라 왕조 시대 마갈타국의 오단타푸리(Odantapuri) 사원을 모델로 그려졌고, 서역의 호탄 출신 대목장(大木匠)을 비롯한 중앙아시아의 기술자들을 불러 모아 12년간의 공사 끝에 779년, 마침내 이 웅장한 3층짜리 대사원이 준공되었다. 왕은 그 기념으로 불상의 개안법회(開眼)를 개최하였다.

중앙의 석가모니불을 위시하여 좌우로 불보살들이 안치된 앞에서 인도의 두 스승과 5명의 왕비와 3명의 왕자, 그리고 정무 9대신과 각급관원들과 귀족 장자나 지방수령 등 수천 명이 참가하였다. 이 자리에서 치송데짼 왕은 '숭불조칙(崇佛詔勅)'을 내려 조정대신들에게 서명하게 하였

고, 그것을 비석으로 만들어 조칙과 함께 영구히 보존토록 하였다. 1천
2백여 년이 지난 지금까지도 그 흥불맹서비(興佛盟誓碑)는 법당 오른쪽
에 서서 그날의 광경을 말해 주고 있다.

> 라싸와 타크마르의 사원에 삼보(三寶)의 법기(法器)를 구비하여
> 불법을 신봉하는 일이 영원토록 그치지 않기를,
> 또한 용구의 보급도 줄어들지 않기를 바라노라.
> 앞으로 대대손손 모든 왕들은 이와 같이 서약하여야 하며
> 그리고 이 서약이 지켜지도록
> 출세간과 세간의 모든 신들께서 굽어 살펴 주시기를….

이어서 열린 수계식(受戒式)에는 12명의 인도 고승이 초대되어 금강
계단에서 비구계(比丘戒)를 설하고 쌍시(桑西)와 바셀낭(巴賽囊) 등 귀족

●
숭불조칙(崇佛詔勅)
이 새겨진 흥불맹서
비(興佛盟誓碑)

자제 7명을 정식으로 승려로 만들었다. 그리고 귀족 자제를 선발하여 범어를 배우게 함으로써 번역승을 양성하는 등 일련의 불교 진흥책을 발표했다. 말하자면 티베트에 최초의 종단이 생긴 것이며 불교가 정식으로 국교가 된 것이다.

삼예 사원의
논쟁

삼예 사원이 완공된 지 15년이 지난 후에 티베트 불교사상 가장 유명한 사건 중의 하나가 이곳을 무대로 벌어지는데, 이른바 794년에 벌어진 그 유명한 '삼예 사원의 논쟁'이다.

인도불교가 뿌리를 내릴 당시에는, 이미 당으로부터도 오래전에 문성·금성 공주를 따라 중국불교가 들어와서 현조(玄照)를 비롯한 몇몇 승려들이 왕래를 하면서 중국불교를 설파했다.

그중 삼예의 논쟁으로 유명한 마하연 선사는 781년 이후 라싸에 들어온 승려이다. 마하연은 선종의 돈수(頓修)의 가르침을 전파하며 왕성한 포교를 하여 왕후 도싸장춥을 신자로 만들어 791년에 출가시켰을 정도로 중국불교 세력을 구축해 나갔다.

그런데 선종(禪宗)계 중국 승려들의 눈에 비친 인도 후기불교, 즉 밀교(密敎)는 해괴한 종교로 보였고, 반대로 인도불교도의 눈에도 중국 선불교는 인도에는 없는 이단적인 것이었다.

이에 조야에서 서로 반대 이론이 거세게 일어나자 치송데짼 왕은 중국계 선승 마하연(摩訶衍)과 인도불교계가 논리싸움을 벌여 우열을 가리는 방법을 생각해 내었다.

그리하여 인도불교 측에서는 산타락시타의 제자이며 중관학계(中觀學界) 불교의 대학승인 나란다 대학의 까말라실라(Kamalasila)가 인도로부

삼예의 논쟁도. 좌측이 마하연 선사, 우측이 까말라실라

터 초청되었다. 삼예 사원의 논쟁은 792~4년 사이에 중국의 마하연 선사와 까말라실라가 일대 격론을 벌인 것으로 유명하다.

그 중요한 내용 중 하나는 성불에 대한 견해에 있어서 돈오(頓悟)를 강조하여 선정만으로도 마음을 깨달으면 그대로 윤회의 속박으로부터 벗어나 성불한다는 파격적인 이론의 중국불교와 자비로운 마음으로 보살행을 행함과 동시에 점진적인 수행방편을 통해서 해탈과 깨달음을 추구하는 인도불교가 부딪치게 된 것이었다.

왕과 신하 그리고 양쪽의 신도들 앞에서 며칠 동안 격렬한 대논쟁을 벌였다. 결과는 인도불교의 승리였다. 이에 결과에 승복하고 마하연은 전통에 따라 상대방의 머리에 꽃다발을 얹어 주고는 그해 다시 돈황으로 돌아갔다고 한다.

삼예의 논쟁은 후일 티베트불교의 흐름을 결정짓는 중대한 사건이었다. 이 논쟁은 중국 선불교와 인도불교가 각자의 교리적 입장을 극명하게 보여주는 중대한 논쟁이기도 하였다. 이후 중국 선종의 가르침은 이설로 간주되어 정책적으로 더이상 티베트불교에 수용될 여지가 없었다. 그 결과 티베트불교는 중국 선종의 영향에서 벗어나 선업을 닦아 가며 보리심을 중시하는 인도 나란다 대학 불교의 흐름을 계승하여 논리적으로 체계화된 불교로 발전하게 된다.

그때의 광경과 문답의 내용은 까말라실라의 저서인 『곰림(Gom rim)』에 있으며, 한국어 번역서로는 『까말라실라의 수습차제연구』 또는 『까말라실라의 수행의 단계』로 나와 있는데, 대승불교 수행의 요점을 교리적으로 심도 있게 다루고 있다.

3. 태초의 땅, 얄룽 계곡으로

티베트 민족의 발생지
쩨탕

삼예 사원에서 동쪽으로 가다가 거대한 얄룽장뽀 강을 건너면 쩨탕이 나타난다. 바로 얄룽 계곡 입구에 있는 티베트 민족, 즉 뵈릭의 원초적 고향이다.

쩨탕은 설역에서 서너 번째로 큰 도시이지만, 시가지 자체에는 흥미를 끌 볼거리가 별로 없다. 그러나 근교에는 '최초'라는 수식어가 들어가는 유적지가 많다. 먼저 티베트 민족 최초의 탄생지가 있고, 최초의 불교 가람 탄둑 사원(昌朱寺)이 있으며, 샤머니즘적 종교인 뵌뽀교의 사원과 설역 최초의 궁전인 움부라캉이 있다. 또한 토번 왕조의 역대 왕들의 무덤이 수십 기 산재해 있어 마치 우리나라의 경주같이 역사적인 유적들이 즐비한 도시인 것이다.

그럼 지금부터 해동의 나그네를 따라 티베트 민족의 신화와 역사 속으로 들어가서 이 척박한 설역고원에 피어났던 신비의 안개 속으로 들어가 보도록 하자.

티베트 민족의 원숭이 신화
- 손오공의 탄생은 토번의 설화가 모체

'쩨탕'이란 "원숭이가 뛰어노는 곳"이란 뜻이다. 금방은 이해가 안 되는 말이다. 도대체 나무도 자라지 못하는 척박한 고원에서 무슨 원숭이가 뛰어논다는 말인가? 이 황당한 화두를 풀 열쇠는 시가지에 연이어 솟아 있는 앞산인 강뽀리로 올라가 보아야 한다. 쩨탕은 고도 3,550m이고 강뽀리는 4,130m이어서 표고차는 500m 정도밖에 되지 않으나 급경사이기에 만만한 길이 아니다. 더구나 고도 적응이 되지 않은 이들은 조심해야 할 길이다. 가파른 산길을 4km 정도 기어 올라가 숨이 턱에 찰 즈음에야 시야가 트이며 멀리 드넓은 평야가 펼쳐진다. 그 너머로는 마치 거대한 뱀처럼 굽어진 얄룽장뽀 강이 바라다 보인다.

그 산의 정상 부근에 몇 개의 조그만 동굴이 있는데 바로 뵈릭의 조상이 태어난 신화가 얽혀 있는 원숭이 동굴[獼猴洞]이다. 인류의 역사가 시작되었다는 것이 그리 실감나지 않는 그저 평범한 동굴이었다.

세계 역사상의 대개의 민족과 마찬가지로 뵈릭의 새벽은 신화로 시작된다. 그러나 먼 옛날부터 구전되어 내려온 그 신화는 가볍게 볼 수 없는 의미심장한 내용을 담고 있어서 우리들로 하여금 흥미를 끌게 한다. 그들은 다음과 같이 말하고 있다.

우리 조상은 원숭이, 즉 유인원(類人猿)이었는데 털이 점차로 빠지고 꼬리가 짧아지면서 사람이 되었다.

그럼 「티베트 왕통기(王統記)」를 비롯한 사서들과 구전문학의 기록들, 그리고 고대 벽화가 보여 주는 의미심장한 세계 속으로 들어가 보도록 하자. 태곳적에는 이곳의 기후가 숲이 우거졌을 정도로 온화했었다"는 가설을 염두에 두고 시작해 보자는 것이다.

창세기(創世記)로 돌아가 보면, 이 부분은 세계의 여타 민족과 시작을 같이한다. 히말라야가 바닷속이었던 때보다 더 태초에는 온 세상이 모두 암흑의 혼돈(混沌)이었다고 하면서 다음과 같이 전설은 이어진다.

티베트 민족의 탄생
신화를 나타낸 탕카

영겁의 시간이 흐른 뒤 찬란한 광명의 빛이 나타나자 뒤엉켜 있던 덩
어리가 차차로 5원소(五元素)로 구분되면서 육지와 바다와 하늘이 생
기기 시작했다. 다시 무수한 시간이 흐르면서 대륙과 바다가 자리를
몇 차례 바꾼 뒤에 세상의 중앙에 거대한 땅이 솟아오르기 시작했다.
남섬부주(南贍部洲)라는 이름의 대륙이었다. (중략)

그리고는 서서히 아름다운 산과 계곡, 맑은 물과 울창한 숲, 비옥한
평야가 형성되기 시작했다. 마지막 대홍수가 지나간 뒤 이윽고 대륙에
는 다시 생명체가 생겨나기 시작했다.

태초에 설역고원은 유정무정의 생명체들이 평화롭게 공존하며 사는
유토피아였다. 그러나 아직 인간이 나타나기 이전이었으므로 이 파라
다이스는 여러 종류의 정령(精靈)들의 차지였다. 거대한 산과 깊고 넓은
호수, 그리고 큰 바위와 거대한 나무 등에 깃들어 있던 정령들이 이 젊
은 대륙의 주인 노릇을 하고 있었다.

오랜 광음이 지난 뒤 드디어 때가 무르익었음을 안 남해 바닷가 보타락가산(寶陀洛伽山)의 관음보살은 원래 신이었던 원숭이에게 계율을 주어 그를 세상에 보내 중생을 이롭게 하기로 안배하였다. 그리하여 그 원숭이는 멀고 먼 설역고원 얄룽 계곡의 한 동굴로 가 수행하게 되었다. 이 유인원은 돌연변이적인 변종의 생김새였다. 일설에 이 원숭이는 마지막 대홍수 때 관음보살의 안배에 의해 조개처럼 생긴 오색 알 속에 들어가 살아남은 종족의 후예라고도 전한다.

그렇게 시간이 흘렀다. 어느 날 그곳에 바위의 정령인 나찰녀(羅刹女)가 나타나 도를 닦고 있는 원숭이 '토'를 보고 홀딱 반해 결합하기를 원했다. 그러나 계행(戒行)이 철저한 그는 거들떠보지도 않았다. 이에 안달이 난 나찰녀가 말하기를 "그러면 나는 자결을 할 수밖에 없다. 왜냐하면 나는 이번 생에 마귀에게 시집가도록 정해졌는데, 만약 그렇게 되면 마귀의 자손을 낳아 수많은 생명을 죽일 수밖에 없다. 그러니까 그렇게 되지 않으려면 나와 결혼을 해야 한다"라며 윽박질렀다. 이에 진퇴양난에 빠진 그는 관음보살에게 달려가 조언을 요청했고, 보살은 이에 인연에 따르라고 하였다.

그래서 둘은 결합을 하게 되어 서로 다른 성격과 외모를 가진 여섯 명의 자식을 낳았다고 한다. 이들 부부는 자식들을 애지중지 키웠고, 어느 정도 자라자 자식들에게 자립심을 키워 주기 위해서 산 넘고 물 건너 과일이 많고 숲이 우거진 센추아라는 곳으로 데리고 가 분가시키면서 여러 가지 생존법을 일러주었다. 이들은 점차로 장성하여 짝을 지어 서로 결합하며 자식들을 낳기 시작하였다. 그리고 부모한테서 배운 방법대로 먹을 수 있는 음식과 생존에 필요한 방법들을 자손들에게 가르쳤다. 그리하여 후손들이 번성하기 시작했는데 그들의 숫자가 500에 이르게 되자 숲 속의 자연적인 식량으로는 감당할 수 없게 되었다.

3년 만에 이 원조 원숭이 부부가 가서 보니 자손들의 배고픔이 말이 아니었다. 이에 그들은 관음보살에게 달려가 도움을 요청하여 '오곡종자'를 수미산(須彌山)에서 얻어와 얄룽 계곡의 사라촌이라는 곳에 심어 수렵만으로는 모자라는 식량을 충당하게 했다. 그렇게 대대로 이어 내려온 후예들은 점차로 털도 줄어들고 꼬리가 짧아지면서 일어나 걸으며 사람처럼 변하기 시작해서 세월이 더 흐른 뒤에는 마침내 사람이 되었다. 그들은 옷을 만들어 입고 채집·수렵 생활을 하면서 불도 지피고 소와 말을 길들이고 간단한 농사기구도 개발하여 농사, 채집, 수렵생활을 겸하면서 식량을 마련하여 자손을 번창시켜 나갔다. 그들이 바로 뵈릭의 조상인 6부족이다.

이 전설은 7세기 송짼감뽀 때 쓰였다는 「국왕유교(國王遺敎)」라는 문헌을 비롯하여 수많은 사서에 기록되어 있는 것을 현대문으로 다시 요약한 것이다. 이 설화는 한눈에도 우리에게 익숙한 것임을 알 수 있다. 그리고 많은 부분이 불교적으로 각색되었다는 사실도 쉽게 간파할 수 있다. 그렇기에 이 부분을 감안하여 위 설화를 들여다보면, 바로 '유인원 진화론'이란 거창한 화두가 깔려 있음을 쉽게 알 수 있다.

어찌 놀랍지 않은가? 생물학이 근대에 이르러 겨우 밝혀낸 인류의 '진화론적 기원설(起源說)'을 티베트인들은 이미 오래전부터 전설로서 후대에 전하고 있는 사실이 말이다. 이 내용은 역사적인 기록물뿐만 아니라 달라이라마의 궁전인 포탈라와 여름궁전인 노블링카에도 벽화로 남아 있어서 보충적 자료를 제공하고 있다.

자, 각설하고 그럼 우리도 원숭이한테서 물려받은 '신의 흉내'라는 습성대로 이번에는 이 초과학적 설화를 도마 위에 올려놓고 예의 과학적 잣대로 요리를 해보기로 하자. 그럼 먼저 "원숭이가 놀 수 있을 정도로 숲이 우거졌다"는 것에서부터 시작해 보자.

쩨탕 지방은 해발 3,500m의 식물한계선에 위치하기에 들에는 곡식들과 작은 나무들이 조금은 자랄 수 있지만, 산위에는 나무가 한 그루도 없는 것이 사실이다. 그러나 여기서 동쪽으로 200km 떨어진 얄룽장뽀 하류의 링즈 지방에는 울창한 원시 숲과 50m나 되는 백송류(柏松類)가 즐비하다. 물론 그곳은 해발 3천m 정도로 고도가 낮고 근처에 히말라야의 남자바와 봉(7,782m)과 대하 얄룽장뽀가 만나는 대협곡이 있어서 물이 풍부하다는 지형적 특색을 감안하더라도 5백 리밖에 떨어지지 않은 두 지방의 식물분포가 이렇게 큰 차이가 나는 것이다.

그렇다면 앞에서 밝혔듯이 히말라야가 융기하기 시작하던 옛날이나 고원의 사막화가 진행되기 이전에는 쩨탕에도 원숭이가 살 수 있는 숲이 있었다는 가능성은 충분하다. 위 설화의 후반부에, 먹을거리의 부족으로 원조 원숭이의 후예들이 집단으로 이주한 사실이 바로 일기변화에 따른 생태계 변화를 시사하고 있다. 지금도 설역고원 지하에 매장되어 있는 무진장한 석유나 석탄이 그것을 증명할 수 있다. 그러니까 이 전설의 무대 배경의 설정은 그리 무리한 일이 아닌 것이다.

다음으로 '변종 원숭이' 운운도 의미심장하다. 현재도 원숭이 종류는 많다. 지능이 높은 영장류의 유인원류(類人猿類)에서부터 진화가 퇴화되고 있는 원숭이까지 실로 다양하다. 변종이라는 것은 현대용어로 스스로 '유전자 변이'를 했다는 말이다. 유전과학적 용어를 빌린다면 이들은 일찍이 유인원과 사람 사이에 진화의 분기점이 되었던 종(種)인 드리오피데쿠스(Dryopithecus)에서 오스트랄로피테쿠스(猿人)로 들어선 단계를 말하는 것으로 보인다. 그러므로 우리의 주인공 '토' 원숭이와 그 후예들은 환경을 극복하고 개선할 기질이 있는 창조적이고 진취적인 유인원이었을 것이기에 "수없는 윤회, 즉 '진화'를 되풀이하면서 스스로 유전자변이를 하여 마침내 사람이 되었을 것이다"라는 가설은 터무니없는 것이 아닐 수도 있는 것이다.

　다시 말하면 위 설화는 허구적인 신화가 아니고 과거에는 생물학의 첨단이론이었던 '진화론'을 설화 형태로 설명하고 있다고도 볼 수 있는 것이다. 실제로 고고학적 발굴에 의하면, 설역고원에 고인류가 살았던 흔적들이 속속 발굴되고 있다. 현재 발굴된 선사유적은 구석기, 타제석기(打製石器)가 16곳, 세석기(細石器)가 39곳, 신석기가 6곳으로 비교적 풍부하다. 결론적으로 본다면 링즈 지역의 고인류 화석과 고척추동물 화석은 위의 전설을 고고학적으로 뒷받침하고 있다고도 할 수 있는 것이다.

　필자가 조금 요약하였지만, 사실 위 설화는 두 가지 종교적 요소가 혼재되어 있음을 알 수 있다. 예를 들어 보면 정령이나 바위마녀 등은 뵌뽀교의 줄기인 애니미즘, 토테미즘에 뿌리를 두고 있으며, 나머지 부분, 즉 창세기의 도입부, 대홍수 속의 알, 남섬부주, 보타락가산, 관음보살, 수미산 등은 인도적이며 불교의 전문 용어들이 사용된 예들이다. 그러나 무엇보다 위 설화에서 전편을 흐르는 주제는 바로 진화론이라는 것은 분명하다. 그냥 진화론으로는 무언가 좀 부족하기에 다시 필자의 개인적인 견해로 해석하자면 '윤회론적 진화론'이란 낯선 단어의 범주에 해당된다 하겠다.

　원숭이가 전설의 주인공으로 등장하는 예는 인도를 비롯한 동양권에 고르게 퍼져 있다. 인도에는 대서사시 「라마야나(Ramayana)」에 등장하는 원숭이 장군인 하누만이 우선 연상된다. 이 원숭이는 힌두교 삼신(三神) 중의 하나로 비슈누 신의 화신인 라마를 지키는 수호신이다. 라마의 아내로 절세미인인 시타가 마왕 라바나에게 스리랑카로 납치되어 갔기에, 하누만은 라마를 도와서 시타를 구하기 위해 분투하는 충직하고 용맹한 장군으로 악을 파괴하고 고난을 물리치는 역할을 한다.

지금도 인도 도처에 있는 하누만 사원에서 사랑과 존경을 한 몸에 받고 있다. 그러니까 인도에서 원숭이는 신과 인간의 중간에 서 있는 반신(半神)의 존재로, 그의 모습은 얼굴은 원숭이이고 몸은 사람으로 묘사되고 있다.

원숭이 신 하누만

명(明) 대에 오승은(吳承恩)에 의해 만들어진 『서유기(西遊記)』는 실크로드를 따라 불교가 전파된 역사적 루트와 현장(玄奘, 602~664) 법사라는 실존인물과 설역의 전래 설화를 혼합하여 만들어낸 탁월한 문학작품이다. 여기서 주인공인 손오공(孫悟空)을 떠올려 볼 수 있다. 티베트의 원조 원숭이 '토'처럼 손오공은 스스로 오랜 시간 수행을 하여 신통력을 얻어 용궁까지 가서 천하무적의 무기인 여의봉을 손에 넣는다. 또한 조각구름을 자유자재로 타고 다니며 하늘나라에 올라가 천도복숭아까지 훔쳐 먹고는 불사신이 되어 스스로를 '제천대성'이라 칭하며 천계의 질서를 엉망으로 만든다. 그래서 그 죄를 물으러 온 하늘의 신장들까지 물리친 초능력의 소유자로서 신선과 같은 반열의 원숭이이다.

손오공은 도교(道敎)의 세계인 옥황상제가 주재하는 하늘은 마음대로 헤집고 다녔지만 끝내는 불교의 관음보살의 손바닥 안에 사로잡혀 바위굴 속에 갇히게 된다. 나중에 인연이 되어 주문(呪文)을 외우면 조여드는 안전장치인 '머리 테'를 두른 채로 삼장법사를 수행하여 머나먼 인도로 불경을 구하러 떠난다. 물론 이 손오공의 생김새도 얼굴만 원숭이인

인도의 하누만 장군과 마찬가지의 모습으로 묘사되고 있다. 삼척동자도 다 아는 이 스토리를 여기서 다시 복습하는 것은, 인도의 하누만과 중국의 손오공과 티베트의 원조 원숭이인 '토'를 비교해 보자는 데 있다.

우선 앞의 둘의 공통점은, 모습은 의인화하여 묘사되고 있지만 실제로는 신과 인간의 중간인 반신(半神)의 신분이고 초능력도 인간보다 신에 가까울 정도로 대단하다. 그러니까 인간 이하가 아니라 인간 이상의 신분으로 묘사되고 있으며 둘 다 신의 대리인인 주인을 섬기며 악의 화신과 대적하고 있다.

그렇지만 '토'는 다르다. 그는 반신의 신분이 아니라 인간과 동물 사이에서 신이나 누구를 섬기거나 의지하지 않고 스스로 자기 의지를 지켜가며 수행을 함으로써 유인원이라는 태생적 한계를 극복하여 인간처럼 되려고 '흉내'를 내었던 당당한 캐릭터를 갖고 있다.

그는 유인원에 만족하지 않고 반원반인으로, 나아가 자비심을 구실로 요괴와 결혼을 하고 자식을 낳고 그 후예들을 사람으로 변하게 했다. '토'가 그런 원대한 의지가 있었느냐는 것은 별도의 문제이다. 마치 우리의 환웅(桓雄) 할배가 후손들을 인간으로 만들기 위해 웅녀(熊女)와 동침했느냐 하는 것과 같은 문제이니까 말이다. 여러 번 되풀이하는 이야기지만 신화나 전설은 그 메시지가 중요한 것이지 그 과정이나 방법이 합리적이냐 아니냐 하는 것은 중요하지 않다고 생각하기 때문이다.

유인원의 본성 중 하나는 '흉내'를 잘 낸다는 것인데, 이는 우리 인류의 특징이기도 하다. 미래공상소설의 주인공으로 손오공 같은 '반인반원'형의 우주인이 단골로 등장함은 우리에게 시사하는 바가 많다. 바로 "유인원은 인간의 흉내를 내기 좋아하고, 인간은 신의 흉내를 내기 좋아한다"라는 등식이 성립되기 때문이니까.

이렇듯 범아시아권의 원숭이 설화는 원시신앙이나 관음사상을 배경으로 자생적으로 생겨나, 때로는 서로 영향을 주고받으면서 구비문학으로, 나아가 개국신화로 발전되어 내려왔다. 처음에는 시기적으로 앞선 인도의 원숭이 토템 사상이 티베트의 기원설화에 영향을 주고, 다시 옛 토번의 영토였던 지방을 중심으로 손오공이란 원숭이를 탄생시켰다고 여겨진다.

말하자면 티베트 민족의 시조인 '토' 설화에서 모티브를 잡아 패러디하여 만들어진 작품이라고 할 수 있다. 이 명제의 결론에 도달하기 위해 필자는 여러 권의『서유기』를 읽어야만 했는데, 재확인을 위해서 중국어로 된 판본까지 참을성 있게 통독한 결과 많은 부분이 일치함을 확인할 수 있었다.

오공이 바위에서 태어났다는 것은 토 원숭이와 바위정령이 결합하여 여섯 명의 자식을 생산한 사실을 의미하고 있는 것을 비롯하여, 화과산이나 수렴동이란 무대도 강뽀리의 동굴과의 연관성을 암시하고 있는 것 등도 동일한 모티브에 해당되므로 둘의 연관성을 확인시켜 주는 것이라 하겠다.

이『서유기』의 무대는 지금의 쓰촨성(四川省) 서부와 실크로드의 서역과 천축지방이라는 방대한 지역이다. 이중에서 인도 본토를 제외한 나머지 지방은 모두 한때는 옛 토번 제국의 영토였던 곳이다. 그렇기에 설역의 시조설화였던 '토' 설화는 당연히 영토 구석구석까지 전파되었을 것이고 토번 제국이 몰락한 뒤에도 옛 영토에 고루 퍼진 티베트불교가 그 바통을 이어받아 범아시아에 고루 영향을 미쳤다고 볼 수 있다. 그러니까『서유기』에서 손오공의 이야기는 뵈릭 또는 티베트 민족의 시조설화인 '유인원 진화설'을 모방한, 요즘말로 패러디한 작품이 틀림없다고 여겨진다.

토번 역대 왕릉이 있는
총게마을

쩨탕에서 서남방 30km 지점에 또 하나의 역사의 고향인 총게마을은 나지막한 산을 배경으로 자리 잡고 있다. 그곳은 바로 토번 왕조를 일으킨 역대 왕들의 영원한 안식처가 무리지어 있는 곳이다.

토번 왕조의 전신인 얄룽 왕조는 하늘에서 내려온 천신의 후예답게 첫 임금 네티쩬뽀에서 7대까지는 사후에 하늘과 연결된 신성한 끈인 '무탁'을 타고 하늘로 올라가 지상에 묘지를 남기지 않았지만, 최초의 반역 사건이 생긴 8대 티굼쩬뽀 이후에는 그 '무탁'이 끊어졌기에 그 이후의 역대 임금들은 조상의 땅 총게마을 주위에 그 유체가 묻히게 되었다.

그리고 왕궁 또한 신화 속의 윰부라캉에서 이곳 청와달자 성(靑瓦達 孜城)으로 옮겨져 7세기 송짼감뽀에 의해 라싸로 천도하기 이전까지 수

백 년 동안 왕국의 수도가 되었다. 그러니까 이곳 얄룽 계곡을 끼고 펼쳐진 총게의 평야는 초기 토번 왕조의 넋과 얼이 스며 있는 영혼의 고향인 셈이다.

이탈리아의 유명한 티베트학 학자 투치(G. Tucci)의 저서『티베트 왕릉 고찰』에 의하면, 현재 총게 평야에는 지금까지 확인된 바로 13기의 역대 짼뽀의 능묘가 산재해 있다고 한다. 역사적 비중 때문인지 그중에는 역시 송짼감뽀의 것이 가장 거대하다. 이 불세출의 영웅은 이미 여러 차례 이야기한 바 있으니, 여기서는 역사에 기록된 그의 최후의 날로 타임머신을 타고 들어가 보기로 하자.

650년 여름, 설역고원을 통일한 일대의 영걸이었던, 제33대 임금 송짼감뽀(松贊干布, 581~650)가 서거하자 온 나라는 슬픔에 잠겼다. 임종을 예감한 이 영웅은 대통을 이을 어린 손자 망론망짼과 다섯 왕비들 그리고 중신들을 불러 모아놓고 후사를 당부한다.

천지신명의 보호와 제신들의 도움으로 왕국의 기틀을 다지고 공예, 교법, 전적 등을 장려하여 국운이 창성하게 되었으니 지금 죽어도 여한이 없지만 다만 왕손이 아직 나이가 어려 나라의 사직을 지켜 내지 못할까 걱정될 뿐이다. 부디 제신들은 그를 진력 보좌하여 우리들이 이룬 대업을 그르치는 일이 없이 후세에 전하게 하여 나를 실망시키는 일이 없도록 하라.

이에 제신들은 용맹한 임금의 모습에 비통한 눈물을 삼키고 있을 때, 재상 가르통첸이 눈물을 닦고 말하기를 "우리들은 이후에 왕손을 보좌하여 분골쇄신으로 사직을 튼튼하게 지켜 짼뽀께서 이루신 대업을 천추만대에 이르도록 할 것을 서약하겠습니다"라고 맹세하였다.

거대한 송짼감뽀 왕릉

이 말을 들은 짼뽀는 안심이 되는지 고개를 끄덕이고 조상들이 기다리는 천계로 떠나갔다. 평생을 임금을 도와 나라를 일으켰던 명재상 가르통첸과 톤미삼보타 등은 송짼의 13세 손자를 보위에 오르게 하고 장례 준비에 들어갔다.

옛 조상의 땅 총게 계곡의 길지에다 거대한 능묘를 조성하면서 당나라를 비롯하여 각국에 부고장을 띄웠다. 성대한 준비가 끝난 것은 다음 해 가을이 되어서였다. 당나라 고종은 처남 나라의 예우로서 우무후(右武候)장군 선우(鮮于)를 비롯하여 대규모 조문사절을 보내 왔고, 네팔과 기타 토번 치하의 서역(西域)의 군소국들도 많은 조문객을 보내 왔다.

능묘는 토번의 당시 국력과 송짼의 지위에 어울리게 거대하게 만들어졌다. 왕릉은 돌과 흙을 쌓아 만든 정방형 봉토형으로, 멀리서 보면 마치 산과 같아 주위의 구릉과 어우러져 장관을 이룬다. 길이는 약 140m 높이는 13.4m로, 전체로는 정방형 내부에 5개의 묘실이 나누어져 있고, 대문은 서남방으로 내었다. 묘실 가운데 방에는 보석과 황금으로 치장된 짼뽀의 관을 모셨고, 그 머리 위의 중앙에는 불상을, 머리 부분에는 산호(珊瑚)로 만든 8부 크기의 광명신(光明神)상을 모셨다.

그리고 좌측 방에는 평소 입고 전쟁터를 누볐던 갑옷을, 우측 방에는 황금으로 만든 말과 기사를 부장(附葬)하고, 아래로는 70근의 진주를 놓아두었다. 그밖에 네 개의 방에도 당·네팔·페르시아·천축·서역 등지에서 보내온 진귀한 보석·비단·공예품·도자기 등을 넣었고, 주위에는 백여 마리 말도 같이 순장(殉葬)했다. 장례는 3개월간 계속되었는데 그 기간 중에 온 나라의 사람들은 모두 머리를 짧게 자르고 얼굴에는 검은 회칠을 하고 검은 옷을 입고 애통해 하면서 보냈다. 드디어 길일로 정해진 최후의 날이 되자 묘실의 문을 닫고 도굴을 방지하기 위해 많은 기관(機關)을 설치하고 그 위에 흙을 덮기 시작했다.

이 광경을 지켜보던 어린 새 임금과 다섯 명의 왕비는 통곡하기 시작했다. 단장의 아픔이 배어 나오는 울음이었다. 이에 따라 하늘도 땅도 따라 울었다. 이런 가운데 주군을 도와 티베트 문자를 만든 유명한 문장가 톤미삼보타는 조사를 읽어 내려갔다.

여의보주(如意寶珠)가 연못 속에 빠졌으니 누구에게 마음을 줄 것인가?
몸의 머리가 떨어졌으니 헛된 몸을 무엇에 쓸 것인가?
성스러운 얄라삼뽀 산 꼭대기에서 태양은 허공으로 떨어졌고 밝은 보름달도 구름에 가렸으니 짼뽀의 용안을 이제 다시는 볼 수 없구나.
영명한 이름은 시방세계를 덮었고 천계의 신령도 찬탄하여 마지않았는데, 이제 신하와 백성을 두고 떠나셨으니 우리들은 누구를 의지하고 살 것인가?

심금을 후벼 파는 명문의 조사가 끝나자 토번 왕조의 수호신인 석사자(石獅子)가 눈물을 흘리고 온 나라 백성들도 함께 우는데, 그중에서도 막내 왕비 문성공주의 울음소리가 가장 애처로웠다. 나라와 임금들의 정략적 희생물이 되어 이역만리 낯선 설역고원으로 시집온 지 불과 3년, 그동안 호랑이 같은 시앗들 눈치 보며 살았는데, 이제 남편마저 먼저 가고 30살이 채 안 된 청상과부가 되었으니 이후의 긴 세상살이를 누구를 믿고 살란 말인가? 이런 자기 설움이 섞인 울음이기 때문이었다.

생과부가 된 문성공주의 애달픈 울음소리가 들릴 듯한 천년 왕국의 폐허! 설역고원 일대를 풍미했던 한 영웅의 무덤 위로 땅거미가 빠르게 기어오르고 있었다. 그리고 몇 마리 까마귀도 울며 지나가고 있었다. 아! 그들은 모두 어디로 갔단 말인가?

근래에 이루어진 문화재연구소의 조사에 의하면, 총계 계곡에는 송짼감뽀의 능묘 외에도 13기의 토번 시대의 고분군이 있지만 주인이 밝혀진 것은 9기에 불과하고 나머지 20여 기는 그 주인을 알 수 없다 한다. 그 이유로는 우선 천여 년이란 세월이 주요 원인이겠지만, 그보다도 왕조 마지막 임금 랑다르마가 피살되고 왕국이 내란 상태에 빠져 있을 때 일어난 농노들의 반란이 직접적인 원인이었다고 한다. 877년에 일어난 농노들의 반란군은 랑다르마의 손자 패쿠쩬을 살해하고 총계마을을 점령했는데, 이때 역대 쩬뽀의 능묘를 모두 파헤치고 그 부장품을 약탈했다고 한다.

현재 남아 있는 역대 왕들의 능묘 중에서 송쩬감뽀 다음으로 유명한 고분은 바로 제37대 치데죽쩬(赤德竹贊)의 능묘와 그 무덤을 지키는 두 마리의 돌사자이다. 특히 이 돌사자는 토번의 영광을 대변하는 상징물로 알려져 티베트를 소개하는 모든 매스컴에 심벌로 등장하면서 대내외적으로 유명하다. 더구나 요즘같이 조국 강토가 이민족에게 주권을 빼앗긴 상황에 있는 때에는, 이 돌사자가 대변하고 있는 토번의 전성기의 모습은 또 다른 상징적 의미가 있다.

돌사자는 송쩬의 능묘의 건너편 '무라리' 산기슭에 있다. 이미 여러 번 와 본 곳이기에 곧바로 그곳으로 향했다.

한참 만에 오른 곳은 인공 피라미드의 위가 잘려나간 것 같은 사각형의 넓은 평지였다. 이곳이 인공적인 봉분(封墳)이라는 사실을 알 수 있게 해 주는 것은, 그 능묘의 전면으로 한 단계 얕은 인공적인 평지가 있고 거기에 돌사자가 양쪽으로 세워져 있어서였다. 그나마 오른쪽 것은 심하게 조각 나 있어서 사자라는 형체만 분간할 정도이다.

이 사자들은 토번 왕조의 마지막 왕인 랑다르마가 피살된 뒤 877년에 농민반란군이 총계를 점령하여 역대 왕들의 능묘를 도굴할 때 이 돌사자도 반쯤 부서졌는데, 얼마 후 스스로 다시 일어나 제자리에 앉았다는 전설을 갖고 있는 돌사자이다.

몇 년 만에 보는 그 돌사자는 역시 신령스러워 보였다. 비록 한 쌍이었던 다른 한 마리는 부서져 버렸고 자신도 오른쪽 다리가 절단된 상태이지만, 역사의 고향 총계 평야를 등지고 오로지 주인이 잠들어 있는 능묘만 두 눈을 부릅뜨고 바라보고 앉아 있는데, 그 기상이 범상치 않았다. 크기가 사람 키만 하여서 그리 거대하지는 않지만, 마치 누군가 주인의 능묘를 조금이라도 훼손하면 당장이라도 일어나 공격할 것 같은 기상을 하고 있다. 나라에 큰일이 생길 때마다 눈물을 흘린다는 전설이 생길 만큼 영험 있는 기품을 지니고 있다.

그럼 이런 충복을 거느린 이 능

37대 치데죽짼의 능묘를 지키는 돌사자

묘의 주인들은 과연 어떤 인물일까?

　그들은 바로 토번왕국의 토대를 닦은 송짼감뽀 왕의 4대손인 37대 치데죽짼(赤德竹贊, 재위기간 704~754)과 그 아들 38대 치송데짼(赤松德贊, 재위기간 754~797) 그리고 40대 치데송짼(赤德松贊, 재위기간 803~815)으로 티베트의 전륜성왕(轉輪聖王)이라 불리는 조손삼대법왕(祖孫三代法王)이었다.

　비록 백 년 전, 송짼 할아버지 시대에 불교가 설역고원에 전파되었다고는 하나 이는 왕실 내부에서만 일부 신봉되었고, 더구나 토착종교인 뵌뽀교의 견제로 그 세력이 미미하여 국민들에게는 아직 불법이 스며들지 못하고 있을 때였다. 그럴 때 치데죽짼이 금성공주를 맞이하여 그녀의 영향으로 불교를 다시 보급시켰고, 이 일을 다시 아들 치송데짼이 맡아 명실 공히 불교를 국교로 자리 잡게 했다. 뿐만 아니라 그의 외치(外治)도 눈부셨다.

　763년에는 당나라 수도 장안을 점령했고 돈황을 비롯한 서역의 대부분과 파미르 고원을 넘어 소발률(小勃律, 현 파키스탄의 길기트)까지 토번의 속국으로 만들어 실크로드의 요충지를 거의 장악했을 정도의 대제국으로 만들었다. 티베트 역사상 최고의 황금기를 구가했던, 중앙아시아에 빛나던 큰 별이었다. 797년에 치송데짼이 서거하자 온 나라는 그를 이곳 '추레주나'에 모시고 비석을 세워 이 위대한 짼뽀를 기렸다.

　아! 짼뽀, 치송데짼! 업적은 높고 넓고, 또한 천신의 화신이니, 어떤 임금이라도 그와 비교할 수 없네. 지혜와 예지는 총명하고 전공도 혁혁하네.
　멀리는 아라비아까지 닿았고 가까이는 농산(隴山)의 골짜기에 이르기까지 복종하지 않은 나라가 없었네. 강역은 광활하고 끝이 보이지 않으니 '토번 쨴뽀'의 부강과 번영은 한이 없어라.

임금의 마음은 보리심을 발하고 쨴뽀의 가슴은 넓은 기상 품었네.

(중략)

만백성이 일컬어 대각천신(大覺天神)의 화신이라 칭송하네.

아마도 당연하리라, 그 찬란했던 주인들의 영광을 곁에서 보아 온 돌사자가 지금 조국의 현실을 보고 할 수 있는 것은 그저 피눈물을 흘리는 것뿐. 석양의 잔광이 비추는 돌사자의 뺨에는 정말로 피눈물 자국이 검게 남아 있었다.

4. 용녀(龍女)의 설화 어린 성호(聖湖) 얌드록초

　유서 깊은 총게마을을 뒤로하고 티베트 4대 성스러운 호수 중 하나인 얌드록초로 향했다. 호수로 가는 길에는 캄바라(4,998m)라는 높은 고개를 넘어야 하는데 처음 맞는 큰 고개답게 캄바라는 가팔랐다. 차가 한참을 꼬부랑 고갯길을 달려 마루턱에 오르니, 돌탑 사이로 기원의 오색 깃발 타르초가 거센 바람에 휘날리고, 신화 속의 얌드록초는 고개 아래에 길게 누워 있었다. 그것은 마치 그 물속에 거대한 용왕이 도사리고 있는

티베트 4대 성호 중 하나인 얌드록초

티 베 트

남초

라싸

사가

시가체

얄룽장뽀강

펠쿠초

간체

총

라체

사캬

띵리

시샤팡마(8012)

얌드록초

초오유(8201)

니얄람

쪼모랑마(8848)

로체(8516)

마칼루(8463)

카트만두

장무

시 킴

부 탄

야통

네 팔

나투라

강톡

팀푸

인 도

듯 보였다. 호수 너머로는 닝친캉샹 봉(7,191m) 설산이 하얀 고깔을 뒤
집어 쓴 모습을 하고 하늘에 닿아 있었다.

간체 지역 지도

　흔히 뵈릭들은 설역의 '4대 성호(聖湖)'로 남초, 마팜윰초(마나사로바),
라모라초, 그리고 눈 아래의 얌드록초를 꼽는다. 다른 3개의 호수가 모
두 라싸에서 멀리 떨어진 외진 곳에 위치해 있는 데 비해 얌드록초는 중
앙 티베트의 국도 변에 있어 예부터 순례객들의 발길이 빈번하다. 해발
4,442m에 있는 얌드록초는 벽옥호(碧玉湖), 즉 푸른 옥색의 호수라는 뜻

으로 표지석에는 중국어 발음으로 양쭤융춰(羊卓雍错)라고 표기돼 있다.

얌드록 호수는 여러 신화와 전설이 생겨나면서 신성시되는 호수로 민초들의 가슴에 자리를 잡게 되었다. 그 중 가장 유명한 신화가 하늘에서 내려온, 얄룽 왕조 최초의 임금, 네티짼뽀의 부인인 용녀(龍女) 랑무무의 전설이다. 여기서 잠시 이야기를 앞장 윰부라캉 편으로 다시 돌려보자.

원조 유인원 부부의 자손들은 점차 사람으로 변하면서 6부족에서 퍼져 나가 12부족으로 번성했고, 얄룽 계곡을 중심으로 분산되어 부족연합 형태로 살아가고 있었다. 그렇지만 나날이 커져 가는 부족들을 통솔할 강력한 통솔자가 필요하다는 인식이 싹트기 시작했다. 이른바 봉건왕조의 출현이 무르익은 것이다.

당시는 이미 센랍 미우체라는 걸출한 인물에 의해 원시 샤머니즘이 '뵌뽀교'라는 이름으로 종교화되면서 서부 샹슝 지방을 중심으로 티베트 고원 곳곳으로 퍼져 나갈 때였다. 나중에 티베트 민족의 이름이 된 이 '뵌뽀'라는 단어의 의미는 '외운다(念誦)'라는 뜻인데, 그들이 항상 주문을 외우는 습관에서 기인했다고 한다. 세습제로 이어 내려온 뵌뽀교의 사제들은 개인의 길흉화복이나 관혼상제 같은 중요한 통과의례의 의식을 대행하기도 하고, 직접 한 마을의 장로, 촌장이나 부족연합체의 부족장 노릇까지 겸하면서 마을 단위의 '대동굿' 같은 제사를 지내는 역할도 하고 있었다. 이른바 제정일치(祭政一致) 체제의 정점을 이룬 우두머리들이었다.

B.C 237년경 드디어 모두가 기다리던 임금이 하늘에서 땅으로 내려오는 경사스러운 일이 생겼다. 어쩌면 설역 역사상 가장 축복받은 날이었을 것이다. 그날은 12개 마을의 부족장과 뵌뽀의 사제들이 모두 모여 부족들의 앞날의 번영을 위해 마을의 수호산신이 사는 얄라샴뽀의 천제

단(天祭壇)에서 '하늘굿'을 지내는 날이었다. 이미 부족장들의 수장인 라씬과 무씬을 비롯한 여러 장로들의 꿈속에 예언된 것이었기에 그날의 제사는 특별히 성대했다.

그리고 다음날 꿈을 꾼 장로들이 산 위로 올라갔다. 그런데 그곳에 생김새가 이상하게 생긴 어린아이가 있는 것이 아닌가? 이에 6개 부족의 대표인 제사장은 간밤의 꿈 이야기를 하면서 그 이상한 아이가 바로 하늘이 보내준 임금일 것이라는 의견을 제시했다. 이에 부락민들이 모두 찬동하여 그 아이를 어깨 가마에 태워 부락으로 내려왔다. 그리고는 부족회의를 열어서 그를 임금으로 추대하기로 결정하고 새 임금의 이름을 네티짼뽀라 지었는데, 이 뜻은 바로 '어깨 가마로 왕좌에 오른 임금'이란 의미였다.

뵌뽀교의 여러 경전은 그를 색계(色界)의 13계 천신의 7형제 중 가운데 아들인 광명신(光明神)으로 신격화시켜 천손의 후예로서 족보를 마련해 주었다. 「돈황출토본 토번역사고문서」는 이 천신의 인간세계로의 강림에 대해 이런 헌사를 바쳤다.

일곱 층의 하늘 가운데, 위아래로 세 명씩의 천신과 함께 살다가,
일곱 개의 왕관을 쓰고 있다가, 님은 하늘의 꼭대기에서 내려왔네.
일곱째 하느님의 아들인 님은 대지를 지키는 수호자로서 내려왔네.
대지의 살갗을 지키는 빗물로서 내려왔네.
그는 모든 산이 머리를 숙이는 위대하고 성스러운 산으로 내려왔네.
모든 나무들도, 푸른 물결이 찰랑대는 샘물도, 큰 바위도

마치 그를 경배하듯 모두 같이 내려왔네.

그때에 백학(白鶴)도 경배했네.

설역 6부족의 임금으로 내려왔네.

님이 하늘 아래로 처음 내려왔을 때, 이 땅의 임금으로 내려왔네.

산들은 높고 대지는 순결한 하늘의 중심, 대지의 핵, 땅의 심장인,

만년설로 울타리를 친 모든 강들의 고향인 곳으로…

대지는 그렇게 훌륭했네. 사내들은 슬기롭고 용감하게 태어나고,

말들이 그처럼 빨리 달릴 수 있는 땅을 그가 와서 선택할 정도로…

백학에게조차 경배를 받는, 님의 옷에 빛이 나는

우리들의 임금은 누구에게도 평등하게 경배되었네.

님으로부터는 제왕의 의상과 위엄스런 모습과 위대함과 고상함이 모두 나오네.

모든 나무 중에서 소나무가 가장 크고, 모든 가람 중에서 얄룽장뽀가 가장 영원한 것처럼

얄라삼뽀 산은 가장 위대하도다.

그러나 하늘에서 내려온 이 비범한 아이는 3년 동안 말을 하지 않았다. 그러다가 문득 어느 하루에 모든 부족장을 모아 놓고 의젓하고 유창하게 말문을 열어 궁전을 지을 것을 지시했다. 이에 임금이 입을 연 것에 감격한 12장로와 백성들은 즉각 공사를 벌여 설역에서는 일찍이 보지 못한 웅장한 왕궁을 짓기 시작했다.

이렇게 하여 역사상 첫 번째 궁전인 윰부라캉(雍布拉康)은 얄룽 계곡의 사슴 뒷다리 같은 언덕에 솟아나게 되었고, 이를 비롯하여 토번 왕조는 42대를 거치며 흥망성쇠를 되풀이하면서 천여 년 동안 천신의 후예로서 신성한 권위를 가지고 설역고원의 주인 노릇을 하게 되었다.

설역 최초의 궁전인
융부라캉

　　임금의 나이가 13살이 되자 온 나라가 배필을 맞이하는 일에 요란을
떨었지만 정작 본인은 장가갈 의사를 보이지 않았다. 다만 기다리라고
할 뿐이었다. 그러던 어느 날 임금이 말하기를 때와 장소를 지정하면서
그곳에 가서 나의 신부를 데려오라고 지시했다. 이에 수석장로가 사신
이 되어 큰 산을 넘으니 임금 말대로 물빛이 마치 터키석처럼 푸르고 투
명한 넓은 호수가 나타났다. 사신들은 거기서 정체를 알 수 없는 남루한
옷을 입은 한 처녀를 만났는데 그녀는 약간 이상한 듯했다. 그러나 임
금이 말한 여인이 분명해 보이는지라 이에 사신들이 자초지종을 설명한
후, 그 처녀를 데리고 융부라캉으로 돌아와 목욕단장을 시켰다. 그러자
뜻밖에도 그녀는 절세미인이었고 또한 총명했다. 그리하여 두 선남선녀
는 온 나라의 축복 속에 가약을 맺게 되었다.

　　그녀가 바로 얌드록초의 용왕의 딸, 랑무무였는데, 신들의 뜻에 의해
호숫가에 나와 사신을 기다리고 있다가 천신의 자손과 짝을 맺어 나라
의 어머니가 된 것이었다. 이에 온 나라가 노래를 지어 함께 부르며 이

성스럽고 신비로운 결혼을 축하했다.

> 푸른 하늘은 천신들의 거처, 천신의 아들이 세상에 내려오니 이는 인
> 간의 길상이네.
> 넓고 푸른 호수는 용왕의 궁전, 용녀가 인간계에 임하니 이 또한 만
> 민의 복덕일세.

아, 하늘의 아들과 물의 요정의 맺어짐이라…. 어디서 익히 들은 줄
거리다. 바로 우리 가야국 수로(首路)왕과 야유타국 공주의 결혼이나,
고구려 주몽(朱蒙)의 부모인, 해모수와 하백(河伯)의 딸 유화(柳花)의 스
캔들이나, 신라 박혁거세와 그 배필이었던 용의 겨드랑이에서 태어난
알영녀(閼英女)의 모티브와 너무나 흡사하지 않은가?

대개의 모든 민족의 개국신화는 북방 유목민족은 천강설(天降說)로,
남방 농경민족은 난생설(卵生說)로 구분되는 것이 일반적이다. 수로왕
신화는 하늘에서 내려온 알에서 태어나 토착민족의 임금이 되고 다시
외국에서 배를 타고 온 여인을 만나 결합하여 자식을 생산하여 왕조의
기틀을 잡는 구조를 가진 것인데, 이는 농경문화와 해양문화, 토착문화
와 외래문화란 두 이질적인 집단이 결합한 사례에 해당된다. 그리고 주
몽의 신화는 천손인 해모수가 수신의 딸 유화와 밀회한 사건에, 다시 햇
빛으로 유화를 잉태시켜 알을 낳아 주몽을 탄생시킨 중복적인 모티브로
구성되어 있는데, 이는 하늘과 물이 만나 농경민족의 상징인 알로 다시
화하는, 북방과 남방문화의 특징이 합쳐진 이중적인 상징성을 지닌 것
이다. 반대로 남방 계열의 신라의 경우는 알에서 태어난 사내가 물에서
태어난 여인과 결합하는 모티브로 외래민족과 토착민족의 토템이 결합
하는 구조를 하고 있다.

이런 맥락으로 보면 위의 네티짼뽀의 결혼은 천신족과 수신족, 나아

가 외래문화와 토착문화의 결합이라는 상징성을 갖고 있다. 그리고 두 나라 사이의 공통점, 즉 그들의 선조가 닭의 부리 같은 것을 달고 나왔다든지, 손발에 물갈퀴를 달고 있었다가 나중에 떨어졌다는 것이나 또한 이들 개국시조들의 나이가 대개 13살이라는 것, 그리고 6부족이라는 숫자 같은 것 등도 의미를 부여할 수 있겠다.

그리고 이때 제사장으로서 중요한 역할을 한 '무'라는 성씨를 가진 사제가 우리 한민족의 '무(巫)'와 음이 같고 의미 또한 같다는 것도 대단히 흥미롭다고 하겠다. 한편 중국에서는 이 무(巫)를 '우(巫, wu)'라고 발음하지만 큰 나무 밑에서 사람이 춤을 추는 글자의 자원(字源)적인 의미, 즉 샤먼으로서의 무당(巫堂)이란 뜻을 공통적으로 쓰고 있는 것도 같이 생각해 볼 문제이다.

아무튼 공간적으로 까마득하게 떨어져 있던 두 문화권이 이렇게 같은 모티브를 갖고 있다는 것은 흥미로운 일이 아닐 수 없다. 전설과 신화는 모두 황당무계한 이야기로 일관된다는 인식의 틀만 전환하여 이런 설화를 재음미해 보면 오히려 그 속에서 의외의 수확을 맛볼 수 있는 것이다. 그 맛이 바로 우리들로 하여금 비록 신화가 까마득한 옛날의 패러다임일지라도 아직도 완전히 폐기처분할 수 없게 하는 이유인지도 모르겠다.

5. 걍체의 상징 펠코르체데와
십만불탑(十萬佛塔)

해발 7,191m인 닝친캉
샹 봉과 카로라 빙하

용녀의 설화 어린 신비의 호숫가를 떠나 한참이나 달려서 고개를 넘어가니 해발 7,191m인 거대한 닝친캉샹 봉과 산정을 가득 덮고 있는 카로라 빙하가 눈앞에 나타났다. 거대한 빙하 아래로는 하얀 실 뱀 같은 빙하 녹은 물이 그림같이 흘러내리고 있었다. 예전에는 산 아래까지 빙하가 덮여 있엇는데, 안타깝게도 지구 온난화로 매년 빙하가 줄어들고 있다는 것이다.

펠코르체데 사원

　다시 출발해서 80km 정도 가니 유서 깊은 고도 갼체에 도착할 수 있었다. 갼체의 백미는 시가지에 우뚝 솟아 있는 고성인 쫑산(宗山) 위에 올라 시내를 내려다보는 것이지만, 우선 시내를 가로질러 펠코르체데 (PelkorChode, 白居寺) 사원으로 달려갔다.

　이 사원은 1414년에 원나라를 등에 업고 티베트를 주무르던 사캬파에 의해서 10년 동안 건립되었는데, 그 뒤를 이어 까규파, 겔룩파가 중수하였다. 특이한 것은 커다란 대법당 내부에 티베트 3대 종파인 사캬파, 까규파, 겔룩파의 작은 법당들이 3군데로 각각 나뉘어 배치되어 있는데, 주도권을 잡기 위해 싸움을 벌였던 종파들이 이곳에서는 평화롭게 공존하고 있다는 사실이다.

　주 법당인 초첸라캉 안에는 황동의 미륵불상을 비롯하여 거대한 보살상들이 고색창연한 아름다움을 지니고 빙 둘러져 있다. 이곳은 보살상과 탕카와 벽화들이 예술적으로 뛰어날 뿐만 아니라, 3대 종파의 역

초첸라캉 안의 고색창
연한 보살상(위 왼쪽)
과 천수관세음보살 벽
화(위 오른쪽)
아래는 아름답게 조성
된 불상

대 고승들의 소상도 있어서 각 종파의 특징을 한눈에 비교해 볼 수 있
다. 그리고 경장과 각종 문헌들도 많이 쌓여 있어 불교뿐만 아니라 민속
문화 연구에도 귀중한 자료가 많다고 한다.

티베트 불교미술의 특징은 인도, 네팔, 중국 등 각 나라의 다양한 문
화가 혼재되어 있는데, 9세기 이후부터는 인도 후기밀교의 영향이 커지
게 되어 남녀합체 존상들도 나타나게 된다. 그리고 다양한 종파들이 역
대 조사들을 숭앙하여 그들의 위대함을 도상으로 표현하고, 각기 선호
하는 존격들을 묘사하여 티베트의 불교미술을 풍부하고 다양하게 발전
시키는데, 복잡하고 세분화된 존상들의 세계를 정리하고 교리의 내용을
설명하는 표현 방식을 많이 사용한다. 탕카에 나타나는 도상은 경전과
의궤(儀軌)에 기초하여 엄밀히 규정되었으며 이를 후세에 그대로 전하기
위해 다양한 도상집들이 간행되었다.

이 사원의 벽화들은 티베트미술사의 양대 산맥의 하나인 '멘리화파(畫派)' 또는 '멘당파'라고 불리는 유파의 작품들로 15세기 전후부터 지금까지 설역고원을 풍미하던 예술사조였기에 이 방면의 관심 있는 이들에게 이 사원은 살아 있는 미술관으로 이름이 높다. 이 화파의 시조는 티베트의 화성(畫聖)으로 꼽히고 있는 멘라돈둡(1440~1510)이란 인물인데, 이 불세출의 화성에 대해서는 현재의 14대 달라이라마 성하께서 『세 가지 대답(Three Answers from the Dalai Lama), 1963』의 예술 편에서 다음과 같이 언급한 것으로도 증명된다.

약 600년 전에 이미 티베트의 회화는 고유의 풍격을 갖추었고, 뿐만 아니라 그렇게 널리 알려져 있었다. 당시 남부지방의 멘라돈둡(Menlha Thondup)과 라싸 부근의 켄치친모(Khentsi Chinmo)와 8세 깔마빠 라마 등 3명의 걸출한 화가가 출현하여 만개시켰다.

이 화파의 특징 중 하나는 기존의 인도나 네팔 풍에서 벗어나 중국의 산수화풍을 가미시켰다는 데 있다고 할 수 있다. 그의 주 활동무대는 시가체의 타쉬룬포 사원이었지만, 초기에는 갼체의 네닝 사원을 중심으로 활동하였다. 시가지 남쪽 10km 지점의 냥 계곡에 있는 이 사원은 멘라돈둡을 비롯한 당대 예인들의 본거지였다. 그는 이 사원에서 『여래조상도량품·여의보주(如來造像度量品·如意寶珠)』라는 화론을 저술하였는데, 이는 지금도 여러 예술 분야의 문헌들 중에서 마치 경전 같은 대접을 받고 있는 비중 있는 저서이다.

무엇보다도 이 사원의 상징은 하늘에 닿을 듯 우뚝 서 있는 쿰붐(Kumbum) 스투파, 즉 십만불탑이라는 37m 높이의 9층 대탑으로 설역고원에 남아 있는 유일한 네팔식 불탑이다. 이 탑은 총 77개의 작은 법당

십만 불보살이 조성된
십만불탑

이 층마다 나뉘어져 있으며, 법당에는 불보살과 역대조사들의 소상과 벽화가 그려져 있는데 그 숫자가 무려 10만 존이나 되어서 '십만불탑'이란 명칭으로 부르게 되었다. 탑의 5층까지는 사면팔각형이고 6층은 둥근 형태로 사면에는 법당이 조성되어 있다.

상륜부의 원추형 첨탑의 나선형 부분은 깨달음에 이르기 위한 단계를 묘사하고, 최상단의 둥근 달집 형태는 우주 법계(法界)의 모습을 상징하고 있다. 한마디로 법당이며, 석굴이며, 탑돌이 '꼬라'를 위한 스투파(塔)로 그대로 입체 만다라인 것이다. 그러니까 우리의 주제인 '수미산설'에 의해 설계된 '인공적 수미산'인 것이다.

탑 안으로 들어가면 중앙에 사원이 있고, 시계 방향으로 빙 돌면서 석굴을 들락거리며 선회하고 나서 위층으로 올라가도록 되어 있다. 불보살과 수호존들을 참배하면서 올라가면 정상의 원형 돔의 테라스에 이

르게 되는데, 이곳에서는 사면으로 법당이 조성되어 있다. 그리고 시야가 탁 트이면서 눈 아래로는 눈부신 거대한 백거사가, 멀리로는 쫑산의 고성과 시가지가 바라다 보인다.

　다시 내려와서 탑을 올려다보면 위로는 찬란한 황금지붕의 탑과 사원이 짙푸른 하늘 아래 서로 조화를 이루고 있고, 테라스 위로 사면으로

십만불탑에 조성된 천수천안 관세음보살(왼쪽)과 6층에 조성된 석가모니불(오른쪽)

제3의 눈이라는 지혜의 눈

는 혜안(慧眼)을 그려 넣은 벽화가 있다. 문득 그곳에서 거대한 에너지가 방출되어 나오고 있는 것같이 느껴졌다. 바로 '제3의 눈'이라는 영안(靈眼)이 그곳에서 쏟아져 나오고 있는 것이다. 마치 허공에 걸려 있는 듯한 그 거대한 눈동자에서부터 신비한 빛이 터져 나와 아득한 허공계로 뻗어나가고 있었다.

인도로의 직통로
나투라 고개

다음날 아침, 야성이 살아 있는 아침 햇살을 뚫고서 쫑산 위에 올랐다. 바로 눈 아래로는 어제 가보았던 십만불탑이 마치 거대한 소라껍질

간체 쫑산의 산성

처럼 하얗게 빛나고 있었다. 눈을 들어 사방을 둘러보니 시가지 너머로 드넓은 간체 평원이 한눈에 들어왔다. 산기슭의 전쟁기념관에는 영국군의 침입 시 사용했던 녹슨 대포와 무기류들이 진열되어 있었다.

간체의 쫑산은 사방이 깎아지른 절벽으로 둘러싸인 천혜의 요새였지

만, 신식 대포와 총으로 무장한 인도 용병을 앞세운 영국군을 막을 수는 없었다. 그 외국 군대가 순결한 붓다의 땅 설역고원을 무참히 유린하는 모습을 목격하게 된 것은 1903년이었다.

영허스밴드(F.Younghusband) 대령이 지휘하는 영국군은 통상과 문호개방을 요구조건으로 삼아 고산적응 훈련을 받은 후에 나투라 고개를 넘어 춤비 계곡을 통과하여 파죽지세로 북상하여 갼체 쫑산을 에워쌌다. 난공불락을 자랑하던 쫑산도 신식무기 앞에서는 속수무책이었던지, 2달간 지탱하던 요새는 마침내 함락되고 말았다. 이어서 라싸까지 점령당할 상황이 되자 13대 달라이라마는 러시아의 도움을 청하기 위해 몽골로 몽진(蒙塵) 길에 오르게 되나 영국군은 섭정 트리 린포체를 위협하여 문호를 개방하는 〈앵글로-티베트협정〉을 체결하는 사태까지 이르렀다.

나투라 고개는 1905년에 9대 판첸라마가 이 길로 인도를 방문하기도 했을 뿐만 아니라, 1910년에는 사천군(四川軍)과의 충돌로 달라이라마가 역시 나투라를 넘어 인도로 다시 한 번 몽진 길에 올랐다.

이렇듯 티베트 역사의 여울목이었던 20세기 초 당시 갼체는 그 소용돌이의 중심지였다.

교통의 요지 갼체에서 서쪽으로 향하면 티베트 제2의 도시 시가체로 가지만, 남으로 곧장 내려가면 나투라 고개를 넘어 인도의 동북부로 들어갈 수 있다. 갼체는 예부터 인도의 선진문물이 전래되는 길목이었고, 또한 네팔 쪽으로의 관문이었다. 그리고 고대 차마고도 상의 중요한 역참이었다. 영국군의 진입로였고, 13대와 14대 달라이라마의 망명 길이었다.

나투라(NatuLa, 乃堆拉山口) 고개는 티베트와 부탄(Butan)왕국 그리고 인도령 시킴(Sikim) 사이에 위치한 히말라야 산맥의 나지막한 말치고개(해발 4,350m) 이름이다. 여기서 나지막한이란 의미는 다른 히말라야 연봉들에 비해서 낮다는 의미이다. 티베트 쪽에서는 라싸를 출발하여 교통요지인 갼체와 국경도시 야퉁에서 춤비 계곡을 따라 히말라야 산맥의 두 거봉 칸첸중가(8,586m)와 쪼모하리(7,314m) 사이의 고개를 넘으면 시킴의 주도 강톡(Gangtok)이 지척이다. 여기서 길은 다질링(Darjeeling), 실리구리(Siliguri)를 거쳐 네팔, 동인도, 중인도로 연결된다.

이 나투라 고개는 1962년 발생한 중국과 인도 간 카슈미르 일대의 국경선을 놓고 영토분쟁을 벌이는 와중에 두 나라의 관계가 악화됨에 따라 폐쇄되어 있다. 그렇기에 그 동안은 라싸에서 네팔을 경유하는 티베트의 장무(Zhangmu)와 네팔의 코다리(Kodari)를 잇는, 이른바 '우정공로(中尼公路)'라고 불리는 루트가 대신 사용되어 왔다.

나투라 고개를 남북으로 잇는 이 루트는 물론 중원과 인도라는 거대한 문화권을 연결했던 옛 실크로드의 한 갈래의 교역로로 이름이 높지만, 옛 사문들의 입축구법로(入竺求法路)로서의 의미도 큰 곳이다. 원래 나투라 인근의 부탄·시킴 왕국은 7세기부터 토번(吐蕃)제국에 편입된 영토였다. 먼 곳에 있는 속국을 다스리기 위해서는 기간산업인 도로가 필수적이다. 나아가 불교적 토번왕국으로서는 불적지가 모여 있는 중천축국으로 갈 수 있는 직행로의 모색은 필연적이었다.

그러나 이런 역사적인 길은 토번왕국의 급격한 몰락으로 2세기를 채우지 못하고 막을 내리고 역사의 뒤안길로 숨고 말았지만, 교통로로서의 기능은 금세기까지 계속되어 영국의 침공 시에, 서양의 탐험가나 선교사들이나 일본 승려들의 티베트 밀입국 시에 이용되기도 하였다.

6.판첸라마의 사원, 타쉬룬포

　너무나 찬란하였다. 만년설이 녹아내려 대하를 이룬 설역의 젖줄인 얄룽장뽀 강의 수면 위에 비친 저녁노을은 그렇게 아름다웠다. 길 떠난 나그네의 가슴속 깊이 응어리진 바닥 모를 슬픔마저도 끄집어낼 듯 그렇게 처절하게 찬란하였다.

　지구상 어디에도 저녁노을은 아름답겠지만 특히 설역고원의 노을이 찬란할 수밖에 없는 이유는 평균 해발고도 4천m 이상의 티베트 고원에서 맑고 공해 없는 환경 탓에 그런 노을을 바라보는 길 떠난 나그네의 감정상태가 상승작용을 하여 더욱 감동스런 광경을 연출하게 되는 것이다. 길을 떠나면 누구나 시인이 된다 하지 않았던가?

　제2의 대도시 시가체(日喀則)에서 하룻밤을 지내고 다음날 아침 타쉬룬포 사원 앞으로 가니 막 대문이 열리고 있었다. 설역 중부의 최대 사원인 이 타쉬룬포는 티베트어로 '길상수미(吉祥須彌)' 즉 상서로운 수미산을 뜻한다. 1447년 겔룩파의 창시자 쫑카파의 제자인 겐된둡빠(1391~1474)가 지방 호족의 보시로 세운 유서 깊은 가람이다. 겐된둡빠는 후에 1대 달라이라마로 추앙된 인물이다. 오늘날 타쉬룬포 사원에는 판첸라마가 주석하는데, 5대 달라이라마가 이 사원에서 환생한 그의 스승을 아미타불의 화신으로서 인정하였고, '판첸(대학자라는 뜻)'이라는 칭호를 부여하면서 판첸라마(1569~1662)가 출현하였다.

판첸라마의 사원인
타쉬룬포 전경

　이 판첸라마가 자신의 선대 3대의 스승들을 판첸라마로 추숭(追崇)하
고 본인은 판첸라마 4세라고 칭하게 되었다. 그리고 시가체를 비롯한
서부 일대를 통치할 수 있는 영적·세속적 권한까지 부여받음으로써, 판
첸라마 제도가 공인되기 시작하여 달라이라마와 함께 쌍벽을 이루며 티
베트불교의 중심축을 이루었다.

　이런 활불제도는 대·소승권에는 없는 티베트만의 독특한 제도로서,
스승과 제자 사이에 의발(衣鉢)을 전하는 것이 아니라 스스로 환생하여
자기의 의발을 받는 것과 같은 제도이다. 달라이라마나 판첸라마가 열
반하면 일정 기간 그 자리를 공석으로 두고 그 사이에 태어나는 어린이
중에서 여러 가지 방법으로 환생자를 가려내어 그 자리를 계승케 하는
방법이다.

　둘 사이에 차이점이 있다면 달라이라마가 '관음보살의 화신'으로서
라싸 지방을 다스리는 법왕이라면 판첸라마는 '아미타불의 화신'으로서
시가체 지방을 다스리는 신분이라는 점이 다르고, 달라이라마가 "바다

같은 지혜"라면 판첸라마는 "대학자"라는 정도의 차이가 있을 뿐이다.
별칭 또한 달라이라마가 쿤둔이나 걀와라마라고 불리는 데 반해 판첸라
마는 따시라마로 흔히 불린다.

　이렇게 달라이라마 제도에서 파생된 판첸라마는 타쉬룬포 사원의 주
지이며 시가체 지방의 주인으로서 대를 이어 내려와 현재는 11대에 이
르렀다.

　1989년 10대 판첸라마가 칭하이성에서 의문사하고, 인도 다람살라에
서 판첸라마의 환생자를 찾아내 1995년 5월 14일에 당시 6세였던 치아
키니마를 11대 판첸라마로 인정했다. 하지만 중국 정부는 즉시 치아키
와 그 가족을 납치하고 지금까지 모처에 연금시켜 놓고 있다고 전한다.
그리고 이에 맞서 중국 측 티베트 당국도 6살 어린이를 찾아내어 11대
판첸라마로 옹립하여 1996년 여름 타쉬룬포 사원의 주지에 앉히게 되
었다. 그가 바로 성장한 걀첸노르부이다. 그동안 그는 베이징에서 중국
당국의 감시 아래 강도 높은 교육을 받은 것으로 알려지고 있는데, 각종
행사에 참석하며 포교활동을 하고 있으며, 전국인민정치협상회의 부주

사리탑과 미륵전

석으로 중국 지도층의 반열에 올라 있다. 말하자면, 달라이라마를 대체하여 그를 티베트불교를 대표하는 지도자로 자리매김하려는 정책의 일환이라고 보이는 대목이다.

　사원 대문을 들어서 광장에 들어서면 산비탈에 의지하여 계단식으로 자리 잡은 흰색의 건물군과 붉은 대법당의 황금지붕이 한눈에 들어온다. 광장을 지나 왼쪽으로 마니통(摩尼筒)이 도열해 있는 순례로를 따라가면 왼쪽으로는 판첸라마의 궁전인 간댄뽀당과 제불보살의 영당이, 그리고 그 끝에는 이 사원의 자랑거리인 웅장한 미륵전이 나타난다. 온갖 보석으로 모자이크한 '만(卍) 자'가 깔린 현관을 통하여 영원에의 매듭이 새겨진 대문 휘장을 걷고 법당에 들어서니 26m나 되는 거대한 청동 미륵불이 300kg나 되는 순금 옷을 입고 해동의 나그네를 굽어보고 있었다. 미륵불의 반쯤 열린 그 눈은 마치 허공에 떠있는 듯 근엄한 분위기를 풍기고 있었다.

　그 발밑에서 오늘도 일단의 참배객이 땀을 흘리며 오체투지를 하고
있었다. 이들은 이생의 모든 고난을 전생에서의 인과로 인식하며 참고
이겨내며 내생을 기약한다. 이렇게 치열한 신앙심을 가지고 열심히 기
도하는 이 선량한 민족이 살고 있는 이곳이 바로 마이뜨레아 부처(미륵
불)가 오실 그 도솔천이 아니겠는가?

7. 몽골제국의 영광이 어린 사캬

불교문화의 보고
사캬 사원

회색의 땅이라는 사캬의 중심부에 자리 잡은 사캬 사원은 사원이라
기보다는 암회색의 높은 담장과 각루를 갖춘 요새같이 보인다. 일반적
인 티베트의 사원들과는 색다른 아주 특이한 모양의 사원이다.

우선 회색 바탕에 흰색과 붉은 색 그리고 검은 색의 띠를 두른 3색 문
양이 이채로웠다. '사캬'란 "회색의 땅"을 의미한다. 이것에서 연유하여

거대한 요새 같은
사캬 사원

사캬 사원의 법당

티베트 4대 종파의 하나인 사캬파(薩迦派)의 특징은 색깔로 구분되어 3색 문양(三色紋樣)으로 상징된다. 이 3색은 홍색은 문수보살, 흑색은 금강수보살, 흰색은 관음보살을 상징하기에 사캬파는 일명 화교(花敎)라는 별칭으로 불리고 있다.

이 사원을 중심으로 한때 사캬파는 전 티베트 고원뿐만 아니라 몽골군대가 정복했던 중원 땅과 중앙아시아, 그리고 해동의 고려에까지 그 영향력을 끼쳤다. 비록 지금은 설역에서도 가장 외진 곳에 있는 사원이지만, 몽골군대가 세계를 지배했던 100여 년간 세계의 이목과 인마(人馬)들이 몰려들어 성시를 이루었던 곳이다.

원래 사캬 사원은 사캬산 기슭의 북사(北寺) 터에 있었다지만, 그곳은 폐허 상태이고 현재 사원의 중심은 후에 개울 하나 사이로 건립된 남사(南寺)로 건너와 있다. 이윽고 몽골군대의 말발굽 소리가 들리는 것 같은 거대한 사원 입구에 서니 온통 회색으로 칠한 건물들이 나그네를 맞는다. 사방에 망루가 솟아 있고 내성과 외성이 구분되어 있어서 사원이라기보다는 마치 견고한 방어용 요새 같은 느낌이 든다. 그렇게 한때 티베트의 운명에 결정적 열쇠를 쥐었던, 몽골제국의 영광이 몽골의 본토가 아닌 이 구석진 곳에서 이렇게 생생하게 살아 있다는 사실이 쉽게 이해가 가질 않았다.

이 사원의 역사는 '사캬파'란 종파의 흥망성쇠와 직결되어 있다. 9세기, 전성기의 토번 왕조가 왕족들의 내분과 불교와 뵌뽀교의 헤게모니 쟁탈전으로 분열되어 망하고 나서부터 설역의 전 국토가 사분오열되어 오랜 암흑기로 접어들게 되었다.

그런 가운데 11세기에 이르러 중앙 티베트에서 멀리 떨어진 회색의 땅 사캬라는 곳에서 퀸(昆)씨란 호족 퀸 꾄총갤뽀(1034~1102)와 그의 아들 꾄가닝뽀가 사원을 지으면서 한 종파를 세웠다. 1073년의 일이었다. 그 뒤 손자 대에 이르러 사캬파는 만개하기 시작하여 온 세상에 이름을 드날리게 된다. 바로 꾼가갤첸(1181~1251)에 의해서인데, 흔히 사캬의 스승, 즉 판디타라고 불리게 된 인물이다. 그는 조카인 최갤팍파(1235~1280)와 함께 몽골의 칸을 방문하는데, 최갤팍파는 삼촌의 사후에 그 자신이 원나라의 황제 쿠빌라이칸의 스승이 되고, 또한 티베트를 통치하는 권한까지 위임받아 1253년부터 100년간 티베트 전역을 다스리는 토대를 마련하였다.

당시 온 세계는 몽골이라는 유목민족의 세상이었다. 기동력이 빠른 칭기즈칸의 몽골군은 일찍이 유례가 없었던 아시아와 유라시아 대륙에 걸친 대제국을 세우고, 뒤를 이어 그의 손자 쿠빌라이칸은 현재의 베이징(北京)을 거점으로 원(元)나라를 세우고 중국 대륙에 정착하여 대륙을 통치하였다.

그동안 지형적인 이유로 어떤 외국 군대도 침범할 수 없었던 설역고원도 몽골군의 말발굽을 피할 수는 없었다. 1239년에 서역에 영지를 둔 칭기즈칸의 손자이며 오고타이칸의 둘째아들 쿠텐칸은 동부 티베트의 요충지 창도(昌都)를 함락하고 중앙 티베트로 밀려 들어왔다.

이에 티베트 민족으로서는 당나라와의 200년간의 전쟁에서도 빼앗기지 않았던 본토를 처음으로 외국 군대의 말발굽 아래 내어주게 되었다. 물론 당시는 토번 왕조 같은 통일국가 체제가 아니었고 많은 씨족 종단이 난립하는 분열 상태였기에 당한 상황이었지만, 하여간 유사 이래 처음 당하는 국난임에 틀림없었다. 그러나 팍모둑파의 외교적인 노력으로 설역을 대표할 화친사절단을 파견한다는 항복조건으로 몽골군은 큰 피해를 입히지 않고 철수하였다. 이에 군소 왕국의 연합세력들은 당시 민중의 신망을 얻고 있는 신흥 사캬파의 대학자인 꾼가갤첸을 추천하여 1244년 쿠텐칸의 근거지인 서량(西凉)에 특사로 파견하였다.

가혹한 항복조건의 강요로 강화는 실패하였지만 그러나 이 삼촌과 조카는 쿠텐칸의 신임을 얻어 몽골군을 설득하여 평화를 얻어내는 데 성공하였다. 뒤를 이어 조카 팍파가 원(元) 황실에 들어가 활동하면서 티베트의 문자를 변형해 몽골 문자를 만들고, 당시 종교가 없었던 황실을 감화시켜 불교를 뿌리내리게 하여 원나라의 국교로 삼게 만들었다. 그리하여 그는 원의 국사(國師)로 책봉되기에 이르렀다.

이 두 인물의 헌신적인 공헌의 대가로 원나라는 사캬파의 정적이었던 디궁까규파를 비롯한 군소 종파를 토벌하고 전 설역의 실질적인 통치권을 사캬파에 위임하였다. 역사는 이를 1290년에 일어난 '디궁의 난'이라 하는데, 이때 디궁파에 속하는 13개 사원과 1만여 명의 승려를 살해하였다고 한다. 그리하여 사캬파는 이 회색의 땅을 중심으로 몽골군의 무력을 등에 업고 전 설역고원의 정치와 종교를 양손에 쥐고 100여 년간이나 통치하게 되었다.

그리고 후에 성종 테무르에 이르러서는 티베트불교의 승려들에게 파격적인 조치가 내려져 원나라의 전폭적인 보호를 받게 된다. 그 조칙에 이르기를,

칭기즈칸과 오고타이칸이 부처의 가르침을 따라 모든 승려에게 세금과 군역과 부역을 면제해 주셨고 하늘에 제사지내며 소원을 빌기 위하여 스스로 시주가 되셨다. 이에 짐도 이를 본받아 서원을 세워, 제사를 올린다 하더라도 관리들이나 백성들에게 이를 주지시킬 수 없다면 불단이나 사원에 위엄이나 떨치고 승려들에게 난폭하게 대하는 것이나 다름이 없다. 따라서 이후로는 모든 관리나 백성들이 세존의 가르침을 실천하도록 할 것이며 승려에 대하여 횡포를 부리지 말며 불전이나 사원에서 위엄을 떨지 않도록 하라.

이렇듯 원나라의 전폭적인 후원으로 티베트불교는 세계로 뻗는 계기를 맞게 되었다. 그 결과, 이미 종주국 인도에서도 불교가 사라진 지 오랜 당시였지만, 티베트불교는 이때 몽골이 점령한 광대한 아시아 전 대륙으로 전파되어 나가며 원나라가 존속했던 100여 년 동안 기존의 북방불교에 큰 영향을 끼치게 된다.

반대로 몽골이 티베트에 끼친 영향도 곳곳에서 발견할 수 있다. 손쉬운 예로 '달라이'라는 단어를 들 수 있다. 이는 달라이라마 제도를 확립한 겔룩파의 걸출한 인물인 3대 달라이라마의 본명인 소남갸초에서 연유하는데, '갸초'가 바다란 뜻이어서 이를 몽골어로 번역하여 달라이, 즉 큰 바다(大海)라고 부르게 된 것이라 한다. 이 '달라이'라는 몽골 말은 티베트화되어 전 세계에 퍼져 나가 현대에 이르기까지 보통명사처럼 쓰이게 되었다.

이렇듯 민족 간의 접촉은 상호간 영향을 주고받기 마련이어서 몽골 풍은 아시아 전 대륙에 광범위하게 퍼져 나갔다. 물론 중국을 통해 불교를 전해 받았던 고려도 예외는 아니었다. 원의 지배를 받던 100년이란 짧지 않은 기간 내 속칭 몽골풍과 몽골식 무속, 그리고 몽골식 불교, 즉 티베트불교의 사캬파 불교는 고려의 궁중이나 민간에도 큰 영향을 주어 그 후 뿌리를 내리게 되었다.

　　사실 당시의 이 '몽골풍'은 우리 한민족과의 혈통적 친근감으로 인해 이미 오래전에 '우리 것'으로 토착화되어 오랜 세월이 흐른 지금에 와서 구분해 내기가 쉽지 않은 것이 사실이다. 그리고 이런 풍조는 단군시대 이전 우리 한민족의 선조인 유목민족이 중앙아시아로부터의 이주할 당시부터의 원초적 요소인데다 그 위에 다시 몽골풍이 한 번 더 영향을 끼쳤기에 더욱 그 구분은 어렵다고 할 수 있다.

　　팍파 국사가 그렇게 8년간 원나라에 머물다 고향으로 돌아오자 원 세조 쿠빌라이칸은 그에게 사캬법왕(法王)이란 칭호와 함께 13만 호의 봉록을 주고 설역 전역의 통치권까지 주게 되었다. 회색의 고향에다 도읍을 정한 팍파 법왕은 민족의 통일에 힘쓰는 한편 문치에도 힘을 기울여 티베트는 다시 한 번 불교문화의 전성기를 맞게 된다.

　　1268년 그는 현재의 북사(北寺)로 칭해지는 옛 사원의 건너편에 새로 사원을 지었는데, 그것이 바로 지금의 이 남사(南寺)이다. 원나라의 전 폭적인 후원으로 완성된 이 사원은 중앙아시아 불교국가들의 힘을 모은 합작품으로서 후에 포탈라 궁전이 완성되기 이전에는 설역고원 최대의 건축물이었다. 그러나 원나라의 몰락과 함께 사캬파의 세력도 쇠잔해져 역사의 뒤안길로 숨어들었으니 권력의 속성이란 그런 것일지라도 후인으로 하여금 허망함을 금할 수 없게 한다.

사캬파가 고려에 끼친
영향(원나라-고려)

　티베트는 우리가 생각하는 것보다 훨씬 우리에게 가깝고 중요한 문화적·종교적 아이콘이었다. 결과적으로 말하자면, 고려시대 원(元)나라의 고려 침입 시기에 우리에게 전래된 호풍(胡風) 또는 몽골풍의 실체가 바로 티베트불교였다. 티베트불교의 4대 종파의 하나인 사캬파(薩伽派, Sakya)의 중원 입성에 이은 해동으로의 전파는 우리나라 불교사적으로 중대한 사건이었다.

　이 사캬파 종파의 총본산이 있는 사캬 사원이 바로 고려 26대 충선왕(忠宣王)이 신하 18명을 데리고 3년간이나 머물며 유배 생활을 하였다는 곳이다. 더구나 충선왕의 어머니는 쿠빌라이칸의 친딸이니 어찌 고려왕실이 티베트불교의 영향을 받지 않았겠는가?

　이런 시대적 상황으로 보면 원나라를 경유하여 티베트불교가 우리에게 끼친 영향이 매우 컸으리라고 여겨진다. 실제로도 현재 우리불교에 혼재되어 있는 티베트불교적인 요소가 적지 않음에도 불구하고 그 동안 우리는 이 엄연한 역사적 사실을 일부러 외면한 것 같은 느낌이 들 정도로 이 분야에 대한 연구가 미흡하였다.

　현재 파악되고 있는 티베트와 해동의 교류관계의 증거를 몇 개만 예를 들어 보자.

　먼저 1294년 티베트 승려 제스빠(折思八)가 티베트 경전과 법구류를 가지고 고려에 들어왔다고 하며, 1314년에는 홍약(洪瀹)이 티베트 경전 18,000권을 고려에 전해준 일이 있고, 또한 『고려사』에 의하면 1320년에 원나라에 볼모로 잡혀갔다가 티베트로 들어가게 된 충선왕을 위하여 민천사(旻天寺)에서 기도법회를 가졌다는 기록도 있다.

　또한 1275년에는 송광사의 원감국사(圓鑑國師)가 원나라를 방문하여 쿠빌라이칸을 만나 수선사(修禪社)의 사전(寺田)문제를 해결하고 귀국한 일이 있는데, 이때 티베트어로 쓰인 통행증명서가 현재 고려시대 16국사가 주석했던 불보사찰 송광사 박물관에 전해지고 있다. 또한 1346년에는 티베트인에 의해서 연복사(演福寺) 범종에 명문(銘文)이 새겨지기도 했다.

그뿐만이 아니라 현재 우리나라에 널리 유통되고 있는 육자진언 "옴 마니 반메 훔"도 티베트의 승려 자사태마(刺思泰麻)와 사팔자(思八刺)에 의해서 전해진 것이라고 하는데, 고려시대 이후에 편찬된 의식집들에서 진언들을 범자(산스크리트어)나 티베트 문자로 나타내고 있다.

그 외에도 이루 열거하기 어려울 정도로 많은 티베트적인 요소가 불교뿐만 우리의 민속에 혼재하고 있다. 간략히 예를 들어보면 사찰에서 큰 법회 때 사용하는 괘불탱화, 월정사에 있는 만다라, 운주사에 있는 합체불, 칠장사의 사방불, 의식 때 사용하는 금강령과 금강저, 그리고 범종, 단청, 산개(傘蓋), 윤장대(輪藏臺) 등 우리가 의식하지 못하더라도 여러 모로 티베트불교와 관련성을 가지고 있음을 알 수 있다. 불교 이외에도 먹을거리로서는 미숫가루, 육포, 순대 등이, 그리고 입을거리로는 색동문양 등이 티베트적인 요소를 갖고 있다고 볼 수 있다.

영광스런 역사 현장의 상당수가 폐허로 변하는 것이 일반적인 현상이라면, 다행히 이곳은 내륙 깊숙한 곳에 위치한 탓인지 몽골시대의 풍모를 간직한 채 비교적 잘 보존되어 있다. 전국적으로 큰 상처를 남긴 근대의 광풍인 문화혁명의 피해도 그리 받지 않았다. 그리하여 '제2의 돈황보고'라는 호칭을 받을 정도로 원나라 시대의 귀중한 문화재들이 그대로 보전되어 내려왔다.

대웅전인 라캉첸모 안으로 들어가면, 법당의 기둥 중에서 입구 쪽에 있는 커다란 기둥 4개는 원나라 황제 쿠빌라이칸이 직접 하사하였다고 한다. 대법당을 비롯한 여러 법당들에는 원대에 조성된 석가불상과 사

주불인 석가모니불(위 왼쪽), 원나라 황제 쿠빌라이칸이 하사한 기둥 4개(위 오른쪽), 사캬파의 역대 5조상(아래 왼쪽), 2만여 권의 경전이 보관된 대법당(아래 오른쪽)

캬파의 역대 5조상, 그리고 사캬법왕의 영묘탑을 비롯하여 수많은 불보살의 조각상 및 티베트어·한어·몽골어·범어로 쓰인 2만여 권의 대장경들과 1천 점의 탕카와 벽화, 그리고 당시 사용하였던 외교문서와 직인 등이 보존되어 있어서 제2의 돈황이란 별칭이 무색하지 않을 정도라 하겠다. 이 사원만 보아도 사캬파가 전성기였을 때의 찬란함과 대제국 원나라의 영광을 되새겨 보기에 충분하다고 할 수 있다.

한때의 찬란한 영광과 까마득히 흘러간 세월이 나그네로 하여금 깊은 상념에 들게 하는 걸까? 한참을 그렇게 역사삼매에 들어 있다가, 짙은 땅거미가 빠르게 밀려오는 회색 담장 아래에서 서쪽 하늘을 올려다보니 오늘도 그 특유의 타는 듯한 저녁노을이 지고 있었다.

8. 지구의 최고봉 쪼모랑마

　지구별 최고봉 에베레스트를 가자면 티베트 제2의 도시 시가체(日喀則)에서 1박을 하고 카일라스에의 분기점 라체에서 우정공로로 직진하여 띵리(定日)라는 곳으로 가야만 한다. 일명 뉴띵리로 알려진 이 마을은 에베레스트로 향하는 시발점이어서 여행자들의 발길이 잦은 곳이다.

　검문소를 지나 공로를 벗어나서는 왼쪽 산길로 접어들어 가파른 고개 빵라(5,150m)를 오르기 시작하였다. 급경사를 한참이나 올라 이윽고 전망대에 오르니 바로 건너편에 신들의 나라인 히말라야의 연봉들이 우리를 기다리고 있었다.

　아, 쪼모랑마 여신과 그의 4자매였다. 특히 가운데 솟아 있는 지구 최고봉은 약간 오렌지색을 띠고 있었는데 그 유명한 깃발구름(珠峰旗雲)이 살짝 걸려 있었다. 운전기사에 의하면 우리는 대단한 행운아라는 것이다. 이 여신은 수줌음이 많아 아무에게나 함부로 자태를 드러내지 않는다는 것이다.

　풍요를 상징하는 최고의 여신을 중심으로 좌우로 쿰부히말 산군(Kumbu Himal 山群)들이 차례로, 로체(Lhotse, 8,516m), 마카루(Makalu 8,463m), 초오유(ChoOyu, 8,201m) 등 8천m급의 거봉과 7천m급의 38좌 군소봉들이 여신을 호위하고 있었다.

　한참을 그렇게 감상하고 있다가 고개를 내려와 페루체 마을을 지나서 롱북곰빠에 도착하였다.

● 지구상에서 가장 높은
곳에 위치한 롱북곰빠

널리 알려진 대로 이 롱북곰빠는 지구상에서 가장 높은 곳에 자리 잡은 사원이다. 세계 최고봉에는 티베트 쪽의 북면으로 거대한 빙하가 있는데, 그 이름이 바로 롱북 빙하이다. 그 세 갈래의 빙하가 녹아내려 모여드는 큰 시냇가에 16세기쯤 처음으로 빙하의 이름을 딴 사원이 생겼다. 붉은 모자를 쓰는 닝마파에 의해서였다. 한때는 백여 명의 승려가 수행을 하였다 하나 지금은 다만 십여 명만이 닝마파의 전통대로 수행을 하고 있다.

롱북 사원을 지나서 에베레스트 북사면의 만년설인 빙하가 녹아내리는 계곡을 따라 완만한 길을 오르니 바람이 거세지기 시작한다. 거센 맞바람을 맞으며 쪼모랑마 대본영(大本營)이라 쓰인 에베레스트 베이스캠프에 도착했다.

베이스캠프(5,200m)에서 바라본 지구상 최고봉 쪼모랑마

　근대의 삼각측량법이 발달되기 이전에는 지구상의 최고봉 자리는 시킴왕국 근처의 칸첸중가(8,586m)로 알려졌지만 1855년 인도 측량국의 정밀측량에 의해 인도 쪽에서는 이름조차 없었던 무명 봉(Peak XV)이 최고봉으로 판명되기에 이르렀다. 그리하여 그에 어울리는 이름을 찾게 되었는데, 그때 거론된 이름으로는 네팔어로 '신의 이마'란 뜻의 데바훙가, 티베트어의 친고파마리, 범어의 가우리산카 등이었다.

　그러나 1865년에 이르러 영국왕립측량국장이었던 조지 에베레스트 경의 이름을 따서 임시로 부르게 되었는데, 영국의 인도 통치 내내 그렇게 불린 관계로 국제적 공인상태에 이른 것이다.

그렇게 근 백여 년이 흐르다가 여신의 명예회복에 나선 나라가 있었으니, 바로 티베트를 합병한 중국이 티베트어의 쪼모랑쌍마 또는 쩨링랑쌍마라는 '풍요와 장수의 여신'의 이름에서 '쌍'을 줄여 쪼모랑마라고 명명하였다. 근래에는 많은 나라들이 그렇게 동참하고 있어서 머지않아 지구 최고봉인 여신은 본 이름을 찾게 될 것이라 여겨진다. 국제적 관례에 의하면 무명의 자연물을 발견했을 경우 그 발견자의 이름을 따 명명할 수는 있지만 엄연히 수세기 동안 불리던 이름을 무시하고 일방적으로 바꾸는 것은 횡포에 해당된다는 것이 중국의 항변이다. 그것도 다름아닌 원주민이 숭배하는 여신을 일개 측량국장의 이름으로 말이다.

그러나 짙은 구름 속에 들어 있는 여신은 자신을 드러낼 기색을 보이지 않았다. 잠시 거센 바람도 피할 겸 밀라래빠의 시나 한 구절 읊어 보기로 하자.

티베트와 네팔의 경계인 띵마진에
그곳 주민들을 수호하는 약사신(藥師神)이 사네.
장려한 백설의 여왕 산봉우리에
장수(長壽)의 상서로운 쩨링마 선녀는
머리를 곱게 늘어뜨리고 금강같이 오래 사네.

　　　　　　　　　　－ 밀라래빠의 『십만송』 중에서, 이정섭 역, 시공사－

밀라래빠는 티베트 까규파의 최고의 고승이다. 그는 극적인 생애를 통하여 철저한 고행으로 깨달음을 얻은 성자로서뿐만 아니라 주옥 같은 많은 시를 남긴 음유시인으로서도 널리 알려져 있다. 사실 이번 나의 에베레스트 행은 바로 안개 속에 가려진 설역 최고의 시성(詩聖)의 발자취를 더듬고 싶었던 것이다. 그의 은유적 시풍처럼 그의 생애 또한 전설화되었기에 그리 명확하지는 않다. 그러나 그의 체취는 온 설역고원에 광범위하게 흩어져 있었기에 내가 관심을 기울인 부분은 그의 시의 고향을 찾는 일이었다. 이른바 '명작의 고향 찾기' 같은 것이었다. 그 작업은 모든 자료를 비교하여 현지로 직접 가서 확인하는 방법밖에 없었다.

「십만송(十萬頌)」의 구절과 현지답사의 결과 조심스레 내린 결론은 이렇다. 그의 시에 자주 등장하는 쩨링마 여신이 바로 쪼모랑마이고, 다섯 신녀는 바로 쿰부히말의 다섯 봉우리이고, 약초의 골짜기는 바로 롱북 계곡이고, 띵마진은 바로 지금의 띵리 마을이다.

그의 연보에서의 정유년과 임진년 등을 역산해 보면 그는 에베레스트 기슭의 여러 토굴과 띵리 마을을 중심으로 9년간 머물면서 수행하고 제자를 가르쳤다고 보인다. 그의 8대제자 중 띵리 마을 출신의 시와외 그리고 갠종이 기술한 스승 밀라래빠와 쪼모랑마 여신 간의 화답은 인간과 자연의 관계를 떠난 아름다움의 극치를 우리에게 보여 준다.

그의 시는 얼핏 보아서는 신화적·종교적 냄새로 가득한 허구처럼 보이지만 현장을 통한 확인 결과 그의 시가 사실에 가까운 다큐적인 작품이라는 결론을 내릴 수 있었다.

다시 한 구절 〈5자매의 노래〉를 음미해 보자.

오늘 아침 저희들은 하늘 궁궐에서 구름의 문을 활짝 열어 제치고
햇빛을 타고 내려왔어요.
오늘 저녁엔 싸늘한 화장터 정원에서 베풀어질 향연에 참석하려고
인도로 갑니다.
이 골짜기 오른편에는 삼각형 모양의 험한 설산이
하늘 높이 솟아 있지요.
거기 가운데 봉우리 정상에 저희들이 삽니다.
지붕의 왕관 장식은 햇빛과 달빛 투명하게 반사하는

수정 같은 얼음 거울이지요.
산의 중턱 평평한 허리엔 꽃병 같은 호수가 있고요.
흰 구름은 지붕 위에 맴돌고 산자락엔 언제나 안개가 깔려 있지요.
이곳은 설산의 푸른 여왕, 이름난 성소, 저희들이 사는 궁전이지요.

올라갈 수 없으면 내려와야 하는 것이 순리이기에 성모 쪼모랑마의 품안에서 하산 길을 서둘렀다. 차마 떨어지지 않는 발걸음은 티끌 세상으로 향하지만 마음만은 그곳에 두고 왔기에 틈틈이 고개 돌려 바라보면 여신은 영겁의 시간 속에서 그래왔듯이 구름의 치맛자락을 드리우고 있었다. 하산 길 양 옆으론 푸르른 초원이 펼쳐졌는데, 어디에선가 맑고 아름다워서 인간의 목소리같지 않았다던 그의 노래가 들려오고 있었다.

흰 구름은 일 년 내내 봉우리 위에 맴돌고
넓은 초원은 왼편 기슭에 펼쳐졌네.
설산 봉우리들은 끊임없이 이어지고
강물은 굽이쳐 약초 골짜기 곁으로 흘러가네.
나 수행자, 밀라래빠는 큰 소망을 품고
조용한 곳에 혼자 남아 명상에 전념하네.

반나절 만에, 세워 두었던 차를 타고 고갯길을 올라 다시 히말라야의 전망대인 빵라 고개에 도착하여 뒤돌아보니 여신은 구름의 천의를 벗기 시작하는 참이었다. 이별의 아쉬움이 묻어나는 마지막 작별의 인사였다. 이윽고 드러나는 여신의 나신은 눈이 부셔 차마 맨눈으로는 마주 바라볼 수조차 없었다. 무의식 간에 "옴"이란 진언이 다문 입에서 성대를 울리며 온몸으로 퍼져 나갔다.
"옴 아 훔"

그래, 이젠 '옴'을 삼켜 가슴에 묻어두고 영혼에의 목마름을 채워줄 또 다른 샘터를 찾아 여신과 헤어져야만 한다.

"갈레 슈(Goodbye)!, 쪼모랑마"

【참조】
"옴 마니 반메 훔"

티베트불교의 특성이 살아 있는 용어에 대해 이야기하고자 한다. 바로 "옴 마니 반메 훔"이란 만트라에 대해서다. 이는 우리불교에서도 육자대명왕진언(六字大明王眞言)으로 중요하게 사용되고 있는 것으로 자비의 화신인 관세음보살의 기원이 담겨 있기에 티베트불교를 대표할 정도로 유명하다.

먼저 '옴'은 AUM의 세 글자로 이루어져 있는데, 이것은 수행자의 몸과 말과 마음의 정화를 상징하여 모든 진언의 시작 부분에 사용된다. 다음의 '마니'는 보배 같은 자비 방편의 요소를 상징한다. 보배가 가난함을 없앨 수 있는 것처럼, 깨달음의 이타심은 윤회의 가난이나 장애를 없앨 수 있다는 의미가 들어 있다. 다음은 연꽃을 의미하는 '반메' 또는 '빠드마'는 지혜를 상징한다. 연꽃이 진흙에서 자라나더라도 진흙의 허물에 더러워지지 않는 것처럼, 진리를 깨닫는 지혜는 무엇보다 중요하다는 것을 의미한다. 마지막 음절 '훔'은 청정함으로 방편과 지혜의 불가분한 결합으로 완성시킨다는 의미이다.

그러니까 전체적으로 짧게 풀이하자면 '옴'으로 마음을 청정하게 열어서 연꽃 같은 지혜와 보석 같은 방편인 실천력을 합해 진리의 완성을 이루게 해달라고 기원한 뒤 '훔'으로 법계를 닫는 것이다.

'옴 마니 반메 훔'

그대 가슴에 연꽃 같은 진리의 보석 꽃이 피어나기를…

3 부

수미산을 찾아서

1. 성스러운 호수, 마나사로바

마침내, 성스러운

마나사로바 호수에…

쪼모랑마 여신의 눈부신 자태를 뒤로한 채, 다시 빵라 고개를 내려와서 남쪽길로 내려가다가 띵리가 멀지 않은 곳에서 좌회전을 했다. 히말라야 연봉을 따라 다음 목적지인 사가로 향하는 것이다. 이제야 본격적

● 히말라야 14좌 중 하나인 8,012m의 시샤팡마 봉(성자의 거주지)

카일라스 가는길. 평
화로운 호수와 풀 뜯
으러 가는 양들

으로 서부 티베트로 들어선 것이다. 한참을 달려가자 차창 밖으로 시샤
팡마 봉(8,012m)의 북면이 그 모습을 내보였다. 이제껏 보아온 히말라야
고봉들과는 달리 광야에 우뚝 선 그 모습이 왠지 손에 잡힐 듯 가깝게
느껴졌다. 평평한 대지 위에 외로이 솟아 있기에 사방에서 불어오는 바
람을 피할 길이 없어 기후변화가 극심하다는, 등반가들에게 더 고통을
준다는 그 산은 "성자의 거주지"라는 다른 이름으로도 불린다고 한다.

시샤팡마 뒤쪽으로 설산이 이어지고 오른쪽으로는 팰쿠 호수가 눈에
들어왔다. 이곳 고원에서는 그 어떤 것도 한눈에 다 담기에는 시야의 한
계를 느끼게 된다. 그것은 고산증 때문만이 아니라 너무도 광활한 대자
연 속에 들어와 있기 때문일 것이다.

호수를 뒤로하고 다시 구불구불한 산길로 들어서자 산등성이 사이로
숨어든 하늘빛처럼 암흑 같은 잠에 빠져들었다. 차가 멈춰 섰을 때는 사
가의 검문소, 카일라스를 찾는 이들은 최초로 여행허가증을 내보이고
이곳을 통과해야만 한다. 한참을 지난 끝에 검문을 마치고 도착한 사가
는 어둠이 밀려오고 있었다,

카일라스 가는길에는 고
원의 아름다운 풍경들이
가득하다. 들판의 야크
와 양떼, 산정 고갯마루
의 청명한 하늘에는 뭉
게구름이 동심을 불러일
으킨다.

　　다음날 아침 사가에서 마지막으로 순례에 필요한 물품들을 점검하고
는 카일라스로의 여정을 재촉했다. 카일라스로 가는 길에는 고원의 아
름다운 풍경들이 가득하다.

　　들판의 야크와 양떼들도 바라보며 많은 마을을 지나고 강물도 건넜
다. 수많은 산도 넘으며 산정의 고갯마루에서는 청명한 하늘에 뭉게구
름이 동심을 불러내기도 하였다.

　　다시 길을 재촉하여 바람이 만들어낸 모래 언덕들을 지나면서는 드
넓은 평원 저 멀리 히말라야의 연봉들이 끝없이 이어진다. 카일라스가

가까워지는 것이다.

　마침내 카일라스가 보이는 만(卍)자 언덕(바가 평원)에 도착하였다. 여기서 '마침내' 또는 '드디어'라는 단어가 저절로 튀어나옴은 그만큼 여정이 멀다는 것을 의미한다. 지금은 도로가 포장된 길이고 또한 중간의 호텔들도 많이 좋아져서 별로 고생을 안 하지만 예전에는 비포장 험로를 뽀얀 먼지 날리며, 수많은 고개를 넘고, 다리가 없는 개울을 건너고, 때때로 펑크 난 타이어도 교체하고, 또 어떤 차는 고장이 나서 며칠씩이나 기다리기도 하고…
　짙푸른 하늘을 배경으로 원 없이 달리는 이른바 광야를 헤매는 그런 여정이었다.

●
바가 평원에서 바라본
카일라스

우주 창조의 일번지
마나사로바(아뇩달지)

카일라스로부터 넓게 펼쳐진 스와스띠카(卍字) 형상의 바가 평원
(Barga), 그 가운데 태고의 전설을 간직한 채 가만히 누워 있는 마나사로
바 호수는 신비스러움을 더하고 있었다. 그리고 그 끝자락에 히말라야
나모나니 봉(구를라만다타, 7,728m)의 만년설이 아름다운 호수를 넋을 놓
고 바라보고 있었다.

나모나니는 모두 6개의 봉우리로 이루어져 있는데, 서쪽의 봉우리는
마치 선녀의 부챗살처럼 북쪽에서 남쪽으로 펼쳐져 있고 비교적 완만한
경사를 이루고 있다. 이에 비하면 동쪽의 유일한 봉우리는 마치 날카로
운 칼같이 가파른 암벽이고 그 사이에는 무지개 색깔로 물들어 가는 5
개의 거대한 빙하가 선녀의 치마폭처럼 늘어져 있다.

히말라야 나모나니 봉
(구를라만다타, 7,728m)
과 마나사로바 호수

마나사로바 호수 일출

그래서인지 저 아름다운 산에는 다음과 같은 전설이 전해지고 있다. 히말라야에는 천상에서 내려온 5선녀가 변하여 이루어진 5개의 봉우리가 있는데, 그 중 쪼모랑마는 취안선녀(翠眼仙女)가 변한 것이고 나모나니는 보석을 관장하는 관영선녀(管瑛仙女)가 변한 것이라 한다.

마나사로바 호숫가의 새벽은 야멸치게 어둠을 몰아내며 밝아왔다. 특유의 눈이 시리도록 푸른 하늘빛도 여전하였다. 이곳의 전체 지형을 살펴보기 위해서 마을 뒤 언덕으로 올라갔다.

그곳에서 눈을 들어 정북으로 바라보니 지구별의 중심 안테나인 카일라스의 하얀 왕관이 구름 속에서 머리만 내밀고 무한한 우주와 영혼의 텔레파시를 주고받는 것처럼 반짝이고 있었다. 양쪽으로는 사바세계의 배꼽에 해당되는 마나사로바 호수와 락사스 탈 호수가 펼쳐져 있었다.

이미 알려진 대로 수미산의 세계는 '지구별의 수메루(Sumeru), 즉 척추'에 해당된다. 땅과 하늘의 기가 흐르고 있는 중앙 연결통로로 바로 우주신경의 중심축인 것이다.

카일라스는 우주의 중심축에 해당되지만 이를 다시 딴뜨라 사상이나 음양오행론으로 풀이하면 카일라스는 동적 에너지를, 마나사로바 호수는 정적 에너지를 상징한다. 그런 면에서는 마나사로바 호수는 에너지의 원천이고 창조와 정화가 시작되고 완성되는 곳이다. 말하자면 '우주의 어머니'에 해당하는 것이다.

인도인들은 카일라스 일원을 '우주 창조의 일번지'라고 인식하여 온갖 이론을 이끌어 내었다. 한마디로 요약하면 마나사로바 호수는 곧 '우주의 자궁'이라는 것이다. 카일라스라는 우주적 심벌에서 흘러나오는 우주의 생명을 받아 만물을 잉태하는 모태라는 것이다.

힌두교 교리체계에서 창조의 신은 브라흐만인데, 브라흐만에 의해 이 호수가 창조되었다고 한다.

그에게는 7명의 아들이 있었는데 그들은 카일라스에서 수행을 하였다. 그들은 오랜 고행의 더러움을 씻을 목욕탕이 필요하여 부친에게 부탁을 하였다. 이에 브라흐만은 카일라스와 한 쌍을 이루는 것이 필요하다고 생각하여 '마음'으로 생각하자 "마음을 씻을 수 있는 정화능력이 있는 호수"가 생겨났다고 한다. 그래서 이 호수의 이름이 '마음의 호수', 즉 마나스, 또는 마나사로바가 되었다고 한다.

이 호수에서 발원하는 갠지스 강은 이곳까지 올 수 없는 중생들로 하여금 하류에서나마 은총을 받게 하려고 이곳으로부터 흘러내려가서 몸과 영혼을 정화시키는 힘을 갖게 하였다고 한다. 후에 힌두교의 지역별, 시대별 변천에 따라 이 '창조의 일번지'는 힌두교의 근거지가 되면서 이 산과 호수는 링가(男根)와 요니(女陰)로 상징화되어 사원 안으로 들어와 경배의 대상이 되었다.

14억에 달하는 인도인들에게 카일라스와 이 마나스 호수는 그들의 생명수인 갠지스의 원천으로서도 중요하지만 그들이 사랑하면서도 두려워하는 쉬바 신과 그의 두 부인인 파르파티와 비의 신인 우마의 집과 정화처로서 인식되는 곳이기도 하다.

우리가 인도인들을 볼 때 느끼는 혼란스러움은 "신화와 현실의 모호성에 있다"고들 이야기한다. 그중에 가장 대표적인 것이 갠지스의 정화력을 우선 꼽을 수 있다. 그리 깨끗하지도 않는 갠지스 강물이 신비의 신통력을 가졌다고 생각한다면, 그 원천이 되는 이 마나사로바 호수는 그들에게 얼마나 큰 의미가 있는 것인가는, 새삼 강조하지 않아도 되리라 생각된다. 믿는 사람들에게서 이 호수는 수천 년 전부터 전해 내려오는 신의 세계인 것이다.

불교의 시작은
아뇩달지로부터

이 호숫가에서 불교는 시작되었다. 2500여 년 전 네팔 카필라성의 왕비인 마야부인은 어느 날 천신들에게 이끌려 비몽사몽간에 대설산을 넘어와 정화(淨化)의 일번지인 이 호수로 오게 되어 맑은 물로 목욕을 하였다. 그럼으로써 마야부인의 육신은 인간으로서의 불순을 정화하여 신성(神性)을 갖게 되고 석가세존인 싯다르타를 잉태할 수 있었다고 한다.

이렇듯, 불교의 수레바퀴가 구르기 시작한 시원지이기도 한 이 신화 속의 호수는 한역 불전에는 아뇩달지(阿耨達池)로 등장한다. 붓다의 육성녹음에 가까운 원시경전인 아함부(阿含部)에서부터 나타나는 아뇩달지의 내용은 대·소승의 경론에 '수미산설'에 부속되어 장황하게 나타나는데 이를 요약정리하면 다음과 같다.

마나사로바 호수

염부제의 중앙에는 아뇩달지 또는 아나바탑다지(阿那婆塔多池)라는
호수가 있는데 대설산의 북쪽과 향산(香山)의 남쪽 사이에 있는 바,
그 주위가 800리이다. 금은보화로 치장된 모래사장과 거울 같은 물
결은 맑고 푸르다. 보살의 원력으로 용왕이 살면서 시원한 물을 흘려
염부제 전체에 공급하고 있다. 호수에는 사방에 문이 있어서 동은 공
작하(孔雀河), 서는 마천하(馬泉河), 남은 상천하(象泉河), 북은 사천하
(獅泉河)가 발원하여 흐르고 있다.

　한문으로 음역된 아뇩달지, 아나바탑다지는 산스크리트어로는 마
나스(Manas) 또는 마나사로바(Manasarova)이고, 팔리어로는 아노타타
(Anotatta)인데 마나스는 마음, 빛, 지혜 등을 상징하며 사로바는 호수를
나타낸다. 한역하여 용지(龍池) 또는 청량지(淸凉池)라고도 하며 티베트

어로는 마추이초 또는 마팜윰초(MapamYumTso)라고 부른다.

　무려 10여 개로 나타나는 이 호수의 이름들은 모두 하나의 호수를 가리키는 것이다. 그러니까 한역 경전은 팔리어를, 티베트 경전은 산스크리트어를 기준으로 하였음을 알 수 있다. 지금 지도상에 흔히 사용되는 마나사로바 호수는 그러니까 바로 한역 경전의 아뇩달지에 해당된다.

　사바세계의 4대주 중에서 우리 인간이 사는 대륙을 남섬부주라고 부르고 있는 것만 해도 그렇다. 남섬부주는 산스크리트어로는 잠부디파(Zdambudipa)라고 한다. 여기서 남섬부주의 섬부는 잠부가 원음이고, 잠부는 염부나무를 말하는데, 이는 "잠부(염부) 나무가 많이 자라는 땅"이란 뜻으로 '염부주'라고도 한다.

　잠부나무는 신비의 거대한 우주수(宇宙樹)로 이 호수에서만 자라는 나무라고 한다.

　힌두 신화에 따르면 창조주 브라흐만은 마나스 호수와 함께 잠부 나무를 만들어서 하늘을 떠받치게 하였으며, 또한 온 세상에 골고루 맑은 물을 공급하게 하여 인간들의 삶을 윤택하게 하였다고 한다. 후에 이 잠부디파(남섬부주)는 인간세계 또는 현세를 통틀어 이르는 말이 되었다.

　그러면 위의 구절을 좌표 삼아 지금부터 신화 속의 현실 세계로 순례를 떠나 보자. 이곳은 19세기 초 많은 탐험가나 지리학자들이 확인하기 전까지 지도상으로는 백지상태였다. 다만 신화나 전설에서만 살아 숨쉬는 신비의 땅일 뿐이었다. 그러나 근대 과학의 이름하에 신화의 베일을 걷어내고 밝혀낸 사실들은 놀랍게도 인류가 그냥 허구라고 여겨 왔던 내용들이 실제와 거의 근접해 있다는 것이었다.

　'남섬부주'를 묘사한 〈고대 목판본 지도〉를 다시 한 번 살펴보자.

　가운데 아나달지(阿那達池) 즉 아뇩달지가 보이고, 밑에는 대설산 히

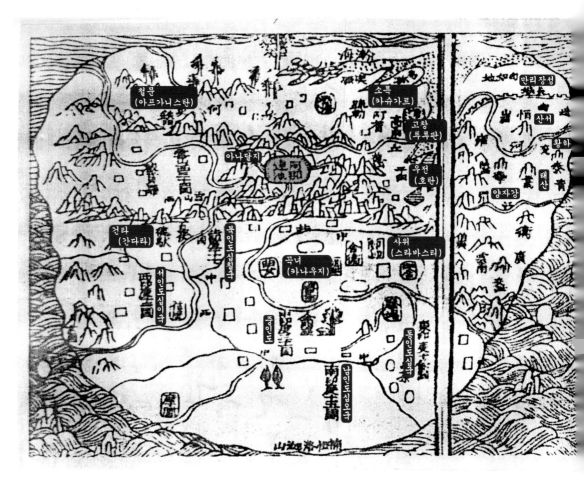

의 레이블 텍스트:
철문
(아프가니스탄)

소륵
(카슈가르)

고창
(투루판)

만리장성

산서

황하

아나달지

우전
(호탄)

태산

양자강

건타
(간다라)

북인도십칠국

곡녀
(카나우지)

사위
(스라바스티)

서인도십이국

중인도

동인도십국

남인도십오국

말라야와 인도 대륙이, 우측에는 중국 대륙이 보인다. 그리고 아나달지에서부터 4대 강이 발원하고 있는 것을 발견할 수 있다.

그럼 다음으로 경전 구절을 살펴보자.

먼저 호수의 위치는 "대설산(히말라야)과 향산(카일라스) 사이에 있다"고 하였다. 이는 지리적으로 정확하다.

다음은 "주위가 800리"라는 수치에 대해 살펴보자. 1907년 스웨덴의 탐험가 스벤 헤딩의 측량에 의하면 호수의 둘레는 110km였다. 경전의 수치와는 많은 차이가 나지만, 경전에는 언급되어 있지 않은 그 옆의 또

남섬부주도(고대 인도인의 우주관이었던 목판본). 중앙에 아나다지(아뇩달지)를 중심으로 4대 강이 발원하고 있고, 북쪽으로 소륵(현재 카슈가르)과 청해 호수가, 동쪽으로는 만리장성, 황하, 양자강, 태산, 사천, 운남, 섬서 등의 지명이 보인다. 남쪽으로는 동·남·서·북·중인도 등 다섯 인도국의 사위성, 왕사성 등의 이름이 보인다.

하나의 호수 락사스 탈(Rakshas Tal) 호수가 있음을 유의할 필요가 있다. 지금도 두 호수는 강가(Ganga)라는 시내에 의해 연결되어 있지만, 이 지방의 전설에는 원래 하나였던 호수가 갈라져 '해와 달의 호수'가 되었다고 한다. 수량이 많았던 태곳적에는 합쳐져 있었을 가능성이 높다고 지리학자들은 결론 내리고 있다. 그러니까 지금의 이 호수와 그 옆의 호수가 합쳐져 있었을 때의 둘레가 경전상의 둘레라고 유추할 수 있다.

다음으로 "금은보화 운운"이다. '수미산설'에는 '7보'니 '4보'니 하는 미사려구가 빈번히 등장한다. 이것은 그냥 상징적인 용어로 볼 수 있다.

마나사로바와 락사스 탈
호수 지도

다만 공기가 희박한 이곳에서는 모든 물체가 강렬한 색채로 반사되기에 흔한 모래도 보석처럼 빛을 발한다. 처음 이곳에 와서 직접 본 것의 과장형이라고 이해할 수 있다. 한편으로는 실제로 많은 사금이 채굴된 사실들도 있다.

다음으로는 "호수의 사방에 문이 있어 운운"의 문제를 풀이해 보자. 결론적으로 말하면 실제로 카일라스와 아뇩달지 부근에서 4대 강이 발원하는 것으로 현대 지리학에서 밝혀내었다. 얄룽장뽀·수투레지·갠지스·인더스 강이 바로 그 강들이다.

나머지 귀결은 "8용왕이 있어"인데, 이는 어느 신화나 전설에 단골로 등장하는 관계로 용왕의 존재 여부는 독자의 가치관에 맡기기로 한다.

이상으로 위의 사실들을 종합 분석해 보면 신화 속의 세계가 바로 역사적·지리적으로 사실과 부합된다고 할 수 있다. 이것이 신화가 아니라 고대에 쓰인 사실적 견문록(見聞錄)이니 놀랍다고 말할 수 있지 않겠는가?

11세기 초, 이 땅이 배출한 걸출한 밀교 성자 밀라래빠도 이 호수를 경이롭다고 노래하였다. 자타가 공인한 아름다운 목소리로 그는 이렇게 노래 불렀다.

마팜 호수[1]는 명성이 드높아 세상 사람들은 멀리서 칭송하네.

마팜 호수는 초록색 옥구슬 만다라라네.

가까이 다가가 바라보면 청량수가 언제나 넘쳐흐르네.

붓다께서 예언하셨네. 더위를 몰아내는 청량호(淸凉湖)라고.

마팜 호수는 4대 강의 근원이요 물고기, 수달 노니는 낙원이라네.

---

1 마팜 호수는 티베트어로 마팜융초로 마나사로바 호수를 가리킨다.

여덟 용왕들이 호수에서 사네. 때문에 마팜 호수는 여의주의 만다라 같도다.

천상에서 떨어지는 청량수는 성유방울인 양 감로수 빗물 되네.

천신들이 목욕하는 호수는 팔공덕수의 시원한 감로수라네.

장려한 잠부디파 숲은 무성하나니 남쪽 섬을 일러 남염부주(南閻浮洲)라 하도다.

이보다 경이로운 호수 어데 있으랴.

이보다 아름다운 호수 어데 있으랴.

– 밀라래빠의 『십만송』 중에서, 이정섭 역, 시공사–

많은 자료 중에서 특별히 밀라래빠의 시를 인용한 것은 내가 그를 특별히 좋아한다는 이유 이외에도 위의 시가 이 호수의 성격을 일목요연하게 표현하였다는 데 있다. 이미 소개하였듯이 그는 참회의 마음으로 고원을 유랑하며 고행으로 일관하면서 주옥 같은 시를 수없이 남겼는데, 특히 카일라스와 마나사로바 호수에서 수 년 동안 은거하였기에 누구보다도 생생한 언어를 구사하여 이곳의 아름다움과 성스러움을 묘사할 수 있었다.

그의 시 세계는, 일반적인 경우 신화나 종교의 세계를 시어로 표현할 때 흔히 빠지기 쉬운 종교적 아집을 극복하고, 현장감 넘치는 리얼리티를 시상 속에 용해시켰다는 데 시인으로서의 그의 천재성이 보인다고 평할 수 있다.

위의 시를 요약하면 '수미산설'의 중심 테마와 연결된다. 이 호수는 "잠부나무가 서 있는 남염부주의 중심"이라는 것과 "용왕이 살면서 4대 강을 통하여 온 세상의 중생들에게 맑은 물을 공급하고 있다"는 것이다. 그리고 이곳의 지형 자체가 "우주의 중심이 되는 자연의 만다라"라는 것이다. 그렇기에 그는 "이보다 경이로운 곳 어데 있으랴!"라고 감탄하면서 끝을 맺고 있다.

이는 시인의 눈으로, 한편으로는 종교인의 가슴으로 승화시킨 뛰어
난 혜안이 아니면 해석할 수 없는, 이미 삼계의 무명을 꿰뚫어 본 안목
이 아니고는 불가능한 경지일 것이다.

4대 강의 발원지
마나사로바

지구별의 중앙 안테나에 비유되는 카일라스 산과 역시 지구의 자궁
에 해당되는 마나스 호수 일원이 우주의 중심임을 암시하고 있는 상징
적인 숫자는 많다. 2, 3, 4, 7, 10, 33 등이 그것들인데, 그 중 특히 4는
관계가 많다.

구체적으로 예를 들자면 산 자체가 4각형의 피라미드형으로 생겼다
든지, 4천왕이 지키고 있다든지, 이곳에서 4대 종교가 시작되었다든지,
이곳이 4대 주의 중심이 된다든지, 그리고 4대 강이 발원하고 있다는 등
등이다.

앞에서도 언급했듯이 인도나 티베트의 신화 속에 등장하는 4대 강은
다음과 같다. 동쪽으로는 마천하(馬天河)-얄룽장뽀, 서쪽으로는 상천하
(象泉河)-수투레지, 남쪽으로는 공작하(孔雀河)-갠지스, 북쪽으로는 사
천하(獅泉河)-인더스인데, 실제로 이 강들은 수천 년이 흐른 지금에 이
르러 지리학적 사실로 판명되었다.

다음으로는『장아함경』제18권「세기경」에 있는 원문으로 4대 강의 발
원지를 나타내고 있다.

아뇩달못 동쪽에는 긍가강(恒伽河: 갠지스)이 있는데, 소의 모습을 한
어구[牛口]에서 나와 오백 개의 강물을 합쳐서 동해로 들어간다. 아뇩

달못 남쪽에는 신두강(新頭河)이 있는데, 사자 모습을 한 어구[師子口]에서 나와서 오백 강물을 합쳐서 남해로 들어간다. 아뇩달못 서쪽에는 바차강(婆叉河)이 있는데, 말의 모습을 한 어구[馬口]에서 나와서 오백 강물을 합쳐서 서해로 들어간다. 아뇩달못 북쪽에는 사타강(斯陀河)이 있는데, 코끼리 모습을 한 어구[象口]에서 나와서 오백 강물을 합쳐서 북해로 들어간다. 아뇩달 궁중에는 다섯 개의 기둥으로 된 집이 있는데 아뇩달 용왕은 항상 그 속에서 산다.

물론 엄밀한 지리학적 고찰에 의하면 4대 강이 모두 경전의 묘사처럼 이 호수의 4방에서, 성스러운 4대 동물의 입에서 흘러나온 것처럼, 정확히 발원하지는 않는다. 그리고 경전에 따라 그 위치와 동물도 다르게 표현되어 있기도 하다.

그렇지만 4대 강들이 카일라스 산과 마나사로바 호수 일원에서 시작되는 것은 이미 현대 지리학에서 확인한 바 있고, 필자 또한 발원지를 답사한 바도 있다. 혹 궁금한 독자가 있으시다면 중앙아시아 지도를 앞에 놓고 확인해 보시기 바란다. 현재까지 확인된 4대 강을 정리해 보자.

- 동쪽의 마천하(馬天河-말)는, 마나스의 동쪽 언덕 너머에서 얄룽장뽀 강으로 시작하여 대설산 히말라야를 끼고 동으로 흐르다가 티베트의 수도 라싸에서 흘러내린 끼추와 기타 지류와 합류하여 히말라야가 끝나가는 티베트 고원의 동남부에서 남쪽으로 우회하여 마치 폭포수처럼 인도 평야로 떨어져 내려와 브라마푸트라라는 이름으로 인도 동부와 방글라데시를 거쳐 캘커타 부근에서 갠지스 본류와 합쳐 벵골만으로 들어가게 됨을 확인할 수 있다.
- 서쪽의 상천하(象天河-코끼리)는, 카일라스의 서쪽에서 시작하여 수투레지 강이 되어 히말라야의 계곡을 통과하여 인도 카시미르 지

역으로 들어가 파키스탄에서 인더스 강의 본류와 합류하게 된다.

- 남쪽의 공작하(孔雀河—공작)는, 마나스의 남쪽 언덕 너머에서 카르날리 강으로 시작하며 네팔을 통과하여 인도 북부에서 갠지스 강과 합류하게 된다.

- 북쪽의 사천하(獅天河—사자)는, 카일라스 북쪽 기슭에서 시작하여 창탕 고원을 거쳐 서부 티베트의 요충도시인 응아리를 거쳐 카시미르 지방으로, 다시 파키스탄으로 들어가면서 인더스 강의 본류가 됨을 확인할 수 있다.

여기서 사족을 하나 덧붙여 보자. 이 '4대 강 발원설'이 구약성경에도 영향을 끼쳤다고 하는 '하나의 가설'에 대해서다. 먼저 창세기편을 읽어 보자.

여호와 하나님이 그 땅에서 보기에 아름답고 먹기에 좋은 나무가 나게 하시니 동산 가운데에는 생명나무와 선악을 알게 하는 나무도 있더라.

강이 에덴에서 발원하여 동산을 적시고 거기서부터 갈라져 4근원이 되었으니, 첫 번째의 이름은 피손(Pison)이라 금이 있는 하윌라 온 땅에 둘렀으며 그 땅의 금은 순금(pure Gold)이요, 베델리엄(Badellium)과 홍마노(Onyxstone)도 있으며, 두 번째 강의 이름은 기혼(Gihon)이라 구스(Cusch)로 온 땅을 둘렀고, 세 번째 강의 이름은 히데겔(Hiddekel)이라 앗시리아 동편으로 흐르며, 네 번째 강은 유프라테스(Euphrates)더라.

여기서 우리는 여러 공통점을 발견할 수 있다. 4대 강의 발원, 4가지 종류의 보석으로 이루어진 땅, 동산의 생명수, 즉 잠부(Jambu) 등은 우리의 '수미산설'과 거의 같은 상징체계를 보여주고 있다.

'노아의 홍수'나 '천지와 인간의 창조' 등 구약의 내용은 메소포타미아에서 발생한 인류 최고의 수메르 문명에서 영향을 받았다는 것은 이 분야의 학자들의 일치된 의견이라 한다. 근래에 수메르 유적의 흙벽돌에 새겨진 그들의 글자의 해독에 의하면 그들은 "검고 곧은 머리를 가진 사람"이라고 하며 또 그들은 중앙아시아의 유목민으로 추정되고 있다고 한다. 그렇다면 인류학자 엘리아데(M Eliade)의 견해처럼 인도나 중앙아시아 유목민들의 공통되는 우주관인 신목 또는 생명수의 상징체계가 팔레스티나의 우주적인 산, 타보르(Tabor) 신앙과 연관될 수 있는 가능성도 있다고 여겨진다. 이 '우주수(宇宙樹) 신앙'을 함께 공유한다는 것은 우리의 화두 '수미산설'과 어떤 식이라도 서로 영향을 주고받았다고 여겨지기 때문이다.

딴뜨리즘의
고향

치우곰빠로 올라갔다. 그곳에는 파드마삼바바가 수행한 동굴이 있기 때문이다. 토굴로 들어가 버터 초에 불을 붙이고 삼배를 하면서 스승 구루린포체, 파드마삼바바에게 인사를 하였다.

그리고 사원 위로 올라가서 돌바닥에 가부좌를 틀고 앉았다. 오늘의 화두는 오랜 동안의 숙제였던 딴뜨리즘(Tantrisim)에 대해서였다.

이것에 대하여 그동안 수많은 이론의 섭렵과 수행으로 그 실체를 모색해 보았지만 여전히 안개에 싸여 있기는 마찬가지였다. 그래서 오늘은 딴뜨라 발생의 이론적 고향으로 보이는 이곳에서 직접 부딪혀 보고 싶었던 것이다.

이곳의 지형과 위치가 범상한 곳이 아니라는 이야기는 앞에서 이미 언급했을 것이다. 우주의 배꼽이 되는 곳이고 양기의 대명사인 거대한 자연적 남근이 솟아 있고 그 밑에는 역시 음기의 상징인 '해와 달의 호수'가 있어서 그 두 원리가 상생하여 창조가 시작되는 형상이라고 정리한 바도 있다.

이런 상반된 '해와 달의 호수'에 관한 이론은 바로 8세기를 전후하여 나타나 인도의 철학, 종교, 예술 분야에 막대한 영향을 끼치게 된다.

이런 사상적 변화의 가운데에는 카일라스와 그 아래 펼쳐 있는 '해와 달의 호수'가 당당히 자리 잡고 있다. 딴뜨라의 이론적 모델이 바로 이곳에서부터 시작되었기 때문이다. 이 두 호수와 카일라스 산은 직·간접으로 모든 이원론적인 이론, 즉 '음과 양', '정적에너지와 동적에너지', '지혜와 자비', ' 침묵과 행위', '반야와 방편' 등의 모델이 되었다. 그것은 그 이론의 초기 창안자들이 이곳에 와서 직접 두 눈으로 '자연적 음양의

마나사로바 호수 언덕에서 바라본 치우곰빠와 카일라스

만다라'를 보면서 명상을 통해 수행법과 이론체계를 구상하였기에 가능
한 일이었다.

선(善)과 빛과 지혜를 중요시하는 것 못지않게 그와 상반되는 요소,
즉 악(惡)과 어둠과 무지도 중요시하는 이 획기적인 사상은 기존의 철학
이나 종교에서는 무시되었고 배척되었던 것들까지도 진리의 한쪽 단면
으로 여기고 동시에 추구하였던 것이다. 이것은 세계사상사에 일대 변
혁을 일으킨 회오리바람이었다. 이 사상은 딴뜨리즘으로 정리되어 힌두
교, 자이나교, 불교에도 큰 영향을 끼쳤는데, 이들 중 힌두 딴뜨리즘의
영향은 당시 인도 사회의 큰 줄기로서 지금도 많은 사원이나 동굴에서
벽화와 조각으로 흔히 미투나상, 즉 남녀합체상으로 나타나있다.

딴뜨라의 이론체계는 생각 이상으로 방대하다. 각 문화권마다 용어
가 다르고 상징체계가 다르다. 필자의 경우에도 만다라를 그리기 위해
서는 우선 딴뜨리즘이란 장벽을 넘어야만 하였는데, 각 나라마다 그 상
징적 의미가 달랐고 보는 책마다 차이가 나서 그 핵심을 파악하기가 쉽

지는 않았다. 이론서가 아닌 순례기에서 그 내용을 서술할 수가 없어 다른 기회로 미루지만 여기서 한 가지만은 짚고 넘어가고자 한다. 다름 아닌 남녀합체불상(男女合體佛像)이란 것에 대해서다. 이 불상은 여행자가 딴뜨라 문화권에 와서 부딪히는 의문 중 하나가 될 것이다. 흔히 인도에서는 미투나, 아디붓다 또는 한역으로는 쌍체불(雙體佛)로 불리는 이런 종류의 불상은 우리 북방 불교권에는 없는 생소한 것이기 때문이다.

깨달음의 세계로 들어가려는 불교가 어떻게 남·녀 부처를 합쳐 놓은 불상을 만들었을까? 단지 그것은 딴뜨라 이론에 의한, 모든 이원론적 요소의 합일을 의미하는 시각적인 방편론이라 말할 수 있다. 한 예를 들어보면, '지혜와 자비'란 이원적인 요소를 두루 겸비할 때 보살행이 완성된다는 의미이다. 따라서 이는 '완성'을 '남녀부처의 합체 형식'으로 시각적으로 표현했을 뿐이다.

마나사로바 호수의
순례

마나스 호수의 순례 꼬라는 110km에 달해 카일라스에 비해 거리가 두 배가 되지만 호숫가를 걷는 평탄한 길이고 고도도 높지 않아 2박 3일이면 한 바퀴를 돌 수 있다. 그렇지만 치우 사원을 제외한 4개 사원은 숙박이 곤란하여 숙식에 필요한 장비와 식량을 운반하기가 쉽지 않다. 그래서 말이나 야크를 세내어 동반하기도 한다. 이 마나스 호수의 꼬라는 지루하고 단순한 것 같으면서도 주위 산들의 각도 차와 일기변화, 특히 일몰과 일출 때의 경치가 변화무쌍하여 날씨만 좋다면 가히 환상적인 꼬라를 할 수 있는 코스다.

이 순례 코스를 호수를 바라보며 오른쪽으로부터 돌아보기로 하였다. 치우곰빠를 떠나 호숫가로 내려오니 두 개의 마니탑이 덩그러니 솟아 있었고 오색 타르초 역시 바람에 펄럭이고 있었다. 바람은 불지만 걸을 만하여 방향을 남으로 잡고 호숫가를 따라 내려갔다. 한참 만에 흰색의 텐트가 여러 개 쳐진 곳으로 다가가니 인도 순례단이 머물고 있었다. 그들은 이미 산과 호수의 꼬라를 모두 끝냈으므로 오늘 국경으로 출발하여 내일 인도로 돌아간다고 하였다. 104km 거리에 있는 국경도시 뿌랑을 경유하여 리프렉 고개를 넘어 네팔과 인도의 접경지로 들어가는 코스는 예로부터 전통적인 순례 루트였다.

그러하니 이미 리프렉 고개를 넘나든 많은 순례기를 읽어 본 나에게는 감회가 새로울 수밖에 없어 그 고개를 넘어 이곳으로 들어오는 순례자의 눈에 비친 광경을 묘사하는 것으로 갈음한다.

리프렉 고개에서 내려다본 티베트 고원의 광경은 내가 아직까지 본 어떤 경치보다 장엄하였다. 눈앞에는 오른쪽으로 서로 밀접한 네 덩이의 산봉우리가 가로막고 있었는데 그 중 제일 높은 봉우리는 구를 라만다타(7,728m)였다. 이 산들은 다양한 색깔로 구성되어 색깔 대비의 효과를 연출하며 자연이 만든 최고의 걸작품을 만들어 놓고 있었다.

– 쉐링(Sherring)의 「서부 티베트와 영국의 영토」 중에서–

다음은 1907년에 이곳에 도착하여 마나스 호수의 둘레와 깊이, 면적을 측정하고 4대 강의 발원지도 밝혀 내었던 스웨덴의 탐험가 스벤 헤딩(S. Heding)의 『트랜스 히말라야』의 한 구절이다.

성스러운 산으로 좀 더 다가가자 그 산은 호수 너머에서 인상적인 모습으로 다가왔다. 마치 프리즘 위에 있는 사면체처럼. 눈 쌓인 산 정상의 중간부터 얼음폭포가 깎아지른 듯한 절벽에 아래로 쏟아질 듯 얼어 있고 얼음의 석순도 솟아 있었다. 그리고 그 속으로는 물줄기가 엷은 종이 막처럼 반짝이며 흘러내리고 있었다. 그것은 참으로 스펙터클한 광경이어서 보는 이들로 하여금 서너 시간은 족히 넋을 놓고 보게 하였다.

위의 헤딩 이외에 티베트의 순례자, 특히 카일라스 지역을 이야기할 때 빼놓을 수 없는 인물이 두 사람 더 있다. 1935년 이곳에 온 이탈리아의 투치(Giuseppe Tucci)와 1948년의 볼리비아 출신 티베트 승려인 고빈다(A Govinda)이다.

투치 교수는 1929년에서 1949년까지 8차례 티베트를 방문하여 학술 조사를 하여 『티베트회화집성』과 『만다라의 이론과 실제』라는 명저를 저술하였고, 고빈다는 티베트불교 까규파에 직접 귀의하여 『구루의 땅(The way of white clouds)』과 『인도와 티베트』라는 격조 있는 순례기를 저술하고 서부 티베트 구게왕국의 싸파랑 유적을 조사하기도 하는 업적을 이룩하였다. 이 두 사람 모두 카일라스와 마나사로바 호수에 깊은 애정을 쏟았다.

새벽에 순례자는 잠을 깨어 간단한 식사를 마치고 마지막 오르막인 구를라 고개를 오르기 시작하였다. 가슴속에는 기쁨과 기대감이 충만해 있었다. 그날은 위대한 날의 시작이었다. 처음으로 그는 신들의 땅을 볼 것이다. 일생 동안 바라왔던 약속의 땅 문턱을 넘어서는 것이다. 그는 드디어 성스러운 문 안에 들어섰다.
그것은 도저히 믿기지 않는 광경이었다. 누가 과연 이런 장관을 글로 표현할 수 있겠는가? 푸른 에메랄드빛 드넓은 호수를 둘러싼 황금빛 언덕들, 멀리 눈 덮인 산맥들 그리고 맞은편에 우뚝 솟은 카일라스의 현란한 정상이…

－ A.고빈다의 「The way of white clouds」 중에서－

카일라스와 마나스에 대한 순례기 또는 여행기는 확인된 것만도 20 여 편에 이른다. 그 많은 양을 여기에서 모두 소개할 수는 없지만, 마지막으로 하나 더 의미 있는 기록을 소개하고자 한다. 1929년 이곳을 찾아 온 워커필드(E B Wakefield)는 「Journey to western Tibet」에서 성스러운 물건인 '푸라사드(Prasads)'에 대하여 다음과 같이 기술하고 있다.

대원들은 떠나기 전에 모두 차갑지만 성스러운 마나스 호수의 물로 목욕을 하였다. 그리고 성물(聖物)을 수집하기 시작하였다. 그 첫째는 조약돌인데, 모래사장에서 주운 돌을 부대에 넣어 당나귀의 목에 단단히 매달아 도둑맞거나 짐승들에게 습격당하지 않게 하였다. 둘째는 물고기인데, 자연사(自然死)한 물고기의 잔해를 그을려서 냄새를 피워 인간과 짐승의 병을 치료하는 데 쓴다. 셋째는 성수(聖水)인데, 배가 터질 정도로 마시고 병에 담았다. 그것은 천국으로 들어가는 '보험증서' 같은 것이었다. 넷째는 모래인데, 죽은 자의 입에 넣어 주면 짐승으로 태어나지 않게 하고 인간으로 다시 태어나게 하는 효험이 있다고 전한다.

예로부터 전해 내려오는 전설에 의하면 민간에서는 마나스 주위의 약초와 모래사장의 일부 성분, 그리고 성수라는 물에 대하여 실제로 정신뿐만 아니라 인간과 동물의 병을 낫게 하는 치료효과가 있다는 속설이 끊임없이 제기되어 왔었다.

위의 기록이 이를 단적으로 증명하는 셈인데, 전설로 전해 내려오는 것보다 직접적인 기록을 보니, 얼마만큼이나 마나스 호수가 성스러운 대접을 받고 있는지 엿볼 수 있었다.

꼬라를 계속하기로 하자. 인도인들과 헤어져 호숫가를 따라 한참을 올라가니 그곳에는 역시 돌탑과 오색 깃발이 펄럭이고 있었는데, 몇

몇 인도인들이 호수에 들어가 기원을 드리고 있었다. 이곳이 바로 제티(Tseti) 또는 체링마당이라는 곳으로 한 위대한 인간의 영혼이 잠들어 있는 곳이다. 비폭력의 '아힘사' 정신만으로 전 세계를 지배하던 대영제국의 압제에서 조국 인도를 해방시킨 위대한 영혼의 소유자 마하트마 간디(M Gandhi)!

비록 나라는 구했지만 자신은 결국 그 편견의 폭력 앞에 희생되어 이곳에 유해의 일부가 뿌려지게 되었다. 그날은 1949년 8월 8일이었다.

그는 죽음을 예견하고 측근들에게 사후의 이 일을 비밀리에 유촉하였다고 한다. 그의 종교는 바로 이곳에서 시작된 4대 종교의 하나인 자이나교였으니 당연한 안배였을 것이다. 그래서 인도인들은 이곳에 와서 그를 기리고 있는 것이다. 아마도 그의 비원(悲願)은 우리네 신라의 문무대왕처럼 이곳에서 호국의 용이 되어 조국을 지키고 싶었는지도 모른다. 간디는 정말 용이 되어 지금도 이 성스러운 호수에 살고 있을까?

다시 정신을 차려 묵묵히 보행삼매에 빠져 걷다 보니 거대한 설산, 나모나니 봉(7,728m)이 별안간 앞을 가로막듯 다가온다. 정상 부근에서 강풍에 날아오는 눈보라가 이곳까지 분설을 뿌리고 있어 꼭 하늘에서 눈이 내리는 듯하였다. 산그늘이 짙어질 무렵에 제2의 사원인 괴술곰빠에 도착하였으나 사원 내는 인적 하나 없이 고요할 뿐이었다. 요기를 좀 하고 제3의 사원, 추루고곰빠를 향해 동쪽으로 선회하여 한 무더기의 마니석 돌탑을 지나니 설산은 한 순간 잠깐이나마 계곡의 미세한 부분까지 그대로 드러냈는데, 히말라야 여신이 그 풍만한 몸매를 마음껏 과시하는 듯 황홀하기까지 했다.

잠시 후, 바람이 거세지며 호수의 물결이 크게 출렁이기 시작하더니, 갑자기 진눈깨비가 쏟아지기 시작하였다. 우리는 눈을 뜰 수도 걸을 수도 없어 하는 수 없이 바위 사이의 빈 틈새로 대피했으나 한참을 기다려도 날은 조금도 갤 기미가 보이지 않았다. 결국 떨어지는 해를 탓하며 되돌아오는 길을 서둘렀다. 그리고 이렇게 위안하는 데 의견일치를 보았다. "우리에겐 아직도 씻어야 할 카르마(業)가 많아서 아직은 이런 신성한 땅에 들어올 자격이 없는 것 같다"고…

온 세상을 덮칠 듯, 다가오는 땅거미에 쫓겨서 더욱 걸음을 재촉해야만 했다. 그렇게 어둠과의 경주는 시작되었다.

강가추를 따라서
락사스 탈 호수로

다음날, 한낮의 태양 볕이 수그러들 무렵, 또 하나의 호수를 향해 길을 떠났다. 마을의 온천수가 흘러내려 이룬 하천을 따라 달이 뜨면 그를 벗 삼아 돌아오려고 느지막하게 길을 떠난 것이다. 물론 간밤에 난롯가에서 차를 마시며 동네 사람에게서 들은 전설에 이끌려서이지만 이미 그 전에 조사된 자료가 흥미를 끌었기 때문이었다. 아니 무엇보다도 이 하천의 이름이 '강가추'였기 때문이었다. 추는 티베트어로 하천이란 뜻으로 이 하천의 이름은 그냥 한마디로 강가(Ganga), 즉 갠지스였다. 인도의 갠지스와 어떤 관계가 있는지는 당장은 확인할 방법이 없지만 어떤 식이라도 연결고리는 있을 것이라는 생각이 들었다.

성스러운 갠지스는 본래 하늘나라의 은하수로 흐르던 강가 여신이었다고 한다. 아요디야의 태양왕조 싸가라 왕에게는 6만 명의 말썽꾸러기 아들이 있었는데, 어느 날 싸가라 왕이 말을 바치는 희생제를 준비하고 있을 때, 신들의 왕 인드라(Indra)가 장난 삼아 희생제에 쓸 말을 훔쳐 불의 신(神)인 까피라의 오두막에 묶어 둔 것을 싸가라 왕의 아들들이 오해하여 까피라를 죽이려 하자, 오히려 까피라는 자신의 신통력으로 그들을 태워죽이기에 이르렀다. 그 모든 것이 인드라의 장난임을 알게 된 까피라는 절망에 빠진 싸가라 왕에게 하늘에서 흐르는 강물을 끌어내려 아들들을 정화시켜 해탈에 이르도록 하는 방법을 일러주었다. 그러나 싸가라 왕 자신과 그의 손자 대에 이르도록 이를 이루지 못하고 세상을 뜨게 되었다.

후에 이런 사연을 전해들은 후손인 바기라타 왕은 조상들을 정화시킬 강가 여신의 강물을 땅으로 흘러내리게 하고자 엄청난 고행을 하였다. 이에 창조의 신 브라흐마가 감동하여 그의 소원을 들어주려 강가 여신에게 지상으로 내려가라고 했다. 이때 강가 여신이 심술을 부려 강물을 한꺼번에 쏟아져 내리게 해서 지상을 물바다로 만들어 버리려고 하였다. 이러한 사실을 알고 쉬바 신은 강물이 쏟아져 내릴 때 그의 머리로 강물을 받아내서 한 방울의 물도 밖으로 흐르지 못하도록 했다. 강가 여신은 그 안에서 갇혀 출구를 찾으려고 헤매었으나 소용이 없었다. 강물은 흐르지 못하면 죽기 때문이다.

조바심이 난 바기라타 왕은 정성스런 기도로 쉬바 신에게 은총을 베풀어 줄 것을 요청하자 누구보다도 인간의 청을 잘 들어주는 쉬바 신은 지상을 홍수로부터 보호하기 위해서 강가가 그의 머리카락으로부터 일곱 개로 갈라져 내려가도록 허락하기에 이른다.

이렇게 해서 하늘의 은하수였던 강가(갠지스)는 땅으로 흘러 인류의 죄를 정화시키게 되었고, 싸가라 왕의 아들들도 정화되어 승천하게 되었다 한다.

강가의 전설을 음미하면서 길을 재촉하였다. 말벗 삼아 목동 니마라(대낮에 태어났다고 붙여진 이름이다)와 함께 당나귀 한 마리를 동무 삼아 데리고 떠났는데 그는 무척 명랑한 아이여서 한시도 입을 가만두지 않고 떠들어 댄다. 사투리가 심하여 그의 말을 알아듣기 힘들었지만 니마라

는 아랑곳하지 않고 손짓 발짓을 해가며 계속 떠들어 댔다. 그의 말 중에서 '냐 쎄르'란 말이 계속 되풀이되었는데 그 말은 '물고기, 노란 금'이란 뜻이었다. 가만히 종합해 보니 바로 '황금색 물고기'를 가리키는 것이 아닌가? 귀가 번쩍 열렸다.

티베트어는 형용사가 명사 뒤에 오기 때문에 때로 알아듣기 좀 힘들 때가 있지만 우리말처럼 주어와 동사의 어순이 같아 배우기에 크게 어렵지 않다. 물고기는 나의 오랫동안의 화두였기에 귀가 번쩍 열려 그를 다시 채근하여 확인을 해보니 바로 이 두 호수와 강가추에 얽힌 '황금 물고기'의 전설이었다.

카일라스 아래에 펼쳐진 바가 평원에는 마나스 이외에도 이웃한 또 하나의 호수가 자리 잡고 있다. 티베트어로는 랑가초(Langa Tso)이고 범어로는 락사스 탈(Rakshas Tal)인데 흔히 '달의 호수' 또는 '어둠의 신의 호수'로 불리고 있어 마나스와는 정반대되는 성격을 가지고 있다. 마나스

쌍금어문(물에서 솟아오르는 음·양의 두 마리 황금어는 윤회의 바다에서 벗어나 열반에 이르는 진리에의 추구를 상징한다.) —수인목판화(水印木版畵), 茶汀 作

가 해, 양(陽), 선(善), 빛, 지혜를 상징하는 반면 락사스 탈은 달, 음(陰), 악(惡), 어둠, 무지를 대변하는 대조적인 면을 지니고 있다.

이렇듯 상반되는 뜻을 가진 두 호수는 태곳적에는 하나의 호수였는데 갈라져 두 개가 되었다고 한다. 그때 그곳에는 두 마리 물고기가 살고 있었는데, 호수가 갈라짐에 따라 그만 헤어지고 말았다. 한 마리는 황금색이었고 또 한 마리는 푸른색이었다. 황금 물고기는 그리움을 이기지 못하여 두 호수 사이에 굴을 파기 시작하였다. 오랜 작업 끝에 마침내 물길을 여는 터널, 즉 지금의 '강가추'가 완성되자 두 호수가 연결되어 두 마리 물고기는 다시 만날 수 있었다. 그러나 너무나 힘든 작업으로 비늘이 모두 벗겨져 황금 물고기는 끝내 죽게 되었다는 것이다.

물고기 조상들의 전설치고는 꽤나 로맨틱하면서도 애달픈 스토리였다. 이 두 마리 물고기가 바로 온 세상의 물고기의 조상이라고 한다. 태초의 생명의 시작을 두 마리 물고기에 연결시켜서 딴뜨라 이론을 배경으로 만들어진 이 전설은 우리에게 시사하는 바가 많다

티베트인들은 물고기를 먹지 않는다. 불살생의 계율 때문만은 아니

다. 그들이 물고기를 먹지 않는 이유는 "신성한 동물이기 때문이다"라고 대답한다.

왜 신성시하느냐에 대하여는, 대답은 여러 가지로 나눠진다. 용신(龍神) 나가의 화신이라는 것, 신성한 호수에 사는 영물이라는 것, 항상 눈을 뜨고 진리를 추구한다는 것, 곧 사람으로 환생할 것이라는 등등의 이유에서다. 특히 티베트의 팔보(八寶)의 하나인 '쌍금어문(雙金魚紋, Two Golden Fishes)'의 의미는 특별하다. 물에서 솟아오르는 음·양의 두 마리 금어는 윤회의 바다에서 벗어나 열반에 이르는 진리에의 추구를 상징한다. 여기서 황금색은 빛과 반야의 지혜를 상징하며 음·양은 생명의 '창조의 원리'를 의미한다.

그 외에도 그들의 고대 전설이 시사하는 상징성은 더 있다. 물고기의 고향은 물고기의 '모천회귀성'을, 생명의 인자에서는 현대 현미경이 지금에서야 밝혀낸 꼬리 달린 정자(精子)의 모양을 의미하고 있어 일찍부

락사스 탈 호수

터 스스로를 원숭이의 후손이라고 지칭하는 뵈릭, 즉 티베트 민족의 초과학적 천재성을 엿볼 수 있어 흥미로움을 더하였다.

한나절 만에 락사스 탈에 도착하였는데 그곳은 완전한 정적의 호수, 살아 있는 생명체가 거의 없다는 죽음의 호수였다. 마나스 호수는 날벌레들과 새들의 모습이 보이는 데 비해서 이곳은 살아 있는 생명체라고는 보이지도 않는다. 두 호수 사이가 멀지도 않은데 어째서 이곳은 고요하기만 할까?

푸른 눈의 티베트 승려 고빈다는 이 호수에 대하여 이렇게 기록하고 있다.

결과적으로 마나스는 많은 사원과 은둔처가 있는 반면에 락사스 주변은 아름다운 풍경과 신비스러운 분위기가 감돌고 있음에도 불구하고 민가만 있었다. 그것은 우리가 빛과 선의 화신으로 숭배하는 신성 못지않게 어둠의 무섭고 파괴적인 신 역시 숭배할 만한 것으로 나타나기 때문이다.

빛을 숭배하는 것 못지않게 어둠을 숭배하는 딴뜨라에서는 이 양극간의 힘의 상관관계를 밝히는 데 성공하였다. 이는 딴뜨라 철학의 위대한 발견이다.

전설을 되새기며 황금 물고기가 파놓았다는 전설의 강가추를 따라 돌아오는 길은 우리 셋의 그림자가 앞서 가고 있었다. 그리고 등 뒤로는 오늘도 어김없이 붉은 노을이 지고 있었다. 문득 하나의 의문이 머릿속을 헤집고 들어왔다.

"⑤과 우는 왜 꼭 만나야만 하는가?"

사바세계 염부제주 해 뜨는 해동의 나라에 맑은 강물이 흐르고 있었네.

그 강가에 한 사내가 있어 오랜 세월 흐르는 강물만 바라보고 있었네.
물길을 거슬러 올라오는 물고기 떼만 바라보면서…
어느 날 그 사내는 한 마리 물고기로 변해 나그네 길 떠났다네.
산 넘고 물 건너 온 세상을 헤맨 끝에 마침내 전생의 고향 땅에 도착
하였네.
그곳은 해와 달과 별들의 고향,
그곳은 바람과 구름의 고향,
그리고 그곳은 모든 강들의 고향이었네.
우주의 중심 카일라스 아래의 아름다운 호숫가였다네.
그러나 그곳에는 그를 기다려 주는 가족도, 친척도, 친구들도 없었다네.
아! 덧없음에 고개 들어 하늘을 본 순간,
그의 몸에서 한줄기 빛이 터지며 황금 물고기로 변했다네.

해의 호수
달의 호수

히말라야 산맥의 분수령인 구를라만다타 봉(일명 나모나니, 7,728m)의 능선 우측으로 락사스 탈이 있고, 저 능선으로 가면 호수 전체가 조망될 것 같아 운전기사를 달래 어렵사리 고개에 올랐다. 눈앞에 빤히 보이는 곳이라도 차를 타고 한참을 달려간 것이다.

그곳에서 내려다본 '달의 호수' 락사스 탈은 참으로 신비스러웠다. 살아 있는 것이 전혀 없는, 아니 완전 정지된 진공 상태 같았기에 그것은 아름답다는 차원을 넘어 어떤 슬픔 같은 것을 자아내게 하였다. 절벽까지 다가가 내려다본 호수의 수면은 너무나 맑고 투명하였다. 이렇게 맑고 아름다운 호수에 생명체가 거의 없다는 것이 이해가 되지 않았다. 그러나 비록 처절하게 아름답다고는 하지만, 이 호수는 무지와 어둠의 호

수이고 선에 대항하는 악마의 호수로 나타나 있다.

이곳이 딴뜨라 원리의 이론적 발원지라는 것은 이미 앞에서 충분히 이야기한 바 있다. 이곳에서 북동쪽으로는 카일라스가 바라다보이고 그 위에는 북극성이 머물고 있다. 그리고 앞쪽으로는 달의 호수, 락사스 탈이 넓고 푸르게 펼쳐지고 오른쪽으로는 해의 호수 마나사로바가 태양 아래 빛나고 있다. 음양이 절묘하게 조화를 이룬 모습이 한눈에 바라다보이는 것이다.

옛 인도의 순례자들은 히말라야를 천신만고 끝에 걸어서 넘어와 이곳에서 호수 너머에 솟아 있는 카일라스 산을 마주 대하게 되고, 그 모습에 무릎을 꿇어 엎드렸다. 그들에게 카일라스는 그들이 가장 사랑하고 그러면서도 가장 두려워하는 쉬바(Shiva) 신 그 자체이기에, 그들은 이 고개에서 순례의 사자를 자신에게 보내준 쉬바 신에게 감사하며 경배를 올렸다.

그들이 맨 먼저 가는 곳은 마나사로바 호수이다. 그곳에서 그들은 성욕(聖浴)을 하고 카일라스 산의 꼬라를 돌 몸과 마음의 준비를 하게 된다. 그렇게 그들은 쉬바 신의 초청을 받은 행복한 자만이 올 수 있는 곳이라고 믿으며 감사하고 또 감사하며 순례 길에 들어가 쉬바 신의 품에 안기게 된다.

2. 카일라스는 우주의 중심

카일라스의 베이스캠프
다르첸

거대한 에너지를 간직한 산자락에 순례자의 베이스캠프 역할을 하는 다르첸 마을은 해발 4,560m에 잠들어 있었다. 마치 무한한 우주와 신비스러운 텔레파시를 주고받는 '지구별의 중심 안테나'처럼, 그렇게 조용히 잠들어 있었다.

이 다르첸 마을은 먼 옛날 '수미산 신화'가 생겨 이 산을 숭배하기 시작하면서부터 순례의 시발점이 되었다. 수미산 신앙의 진원지로 알려진 이 산을 향해 불교·힌두교·자이나교·뵌뽀교 등 4대 종교의 교도들은 이 산의 신성에 대한 숭배와 찬양으로 이곳으로 모여들어 온몸을 던져 머리 숙여 기도하고 참배를 하였다. 그렇게 함으로써 이생의 죄업을 정화하고 다음 생을 준비하는 통과의례로 삼는 전통을 세워 내려왔다.

정화설(淨化說)에 의하면 이곳은 아무나 올 수 있는 곳이 아니다. 실제적으로 히말라야 너머에 있는, 지형적으로 오지 중의 오지이며 또한 고산증 등으로 직접 이곳을 올 수 있는 순례자는 예나 지금이나 어려운 통과의례를 치러야만 가능하다. 그러니까 그들의 설화처럼 전생부터 준비한 자만 올 수 있는, 다시 말하자면 "숙세의 인연이 있어야 올 수 있다"는 말이 과장이 아닌 것이다.

세계 각국에서 모여드는 순례자들 중에서 우선 본토의 티베트인의 경우를 보자. 예전에는 평생의 원을 가슴에 품고 살다가 수 년간의 준비 끝에 마을 또는 가족 단위로 출발하여 길에서 노숙하기를 몇 달씩 하는 고행 끝에 이곳에 도착했다. 심지어는 어떤 이는 오체투지로, 마치 자벌레처럼 기어서 오기 때문에 몇 년씩이나 걸리기도 했다. 요즈음에는 대부분 차량으로 와서 순례를 하고 있으나 그 역시 쉽지는 않다고 하니 격세지감을 느끼게 한다.

한편, 히말라야를 국경으로 삼는 인도의 힌두교인들의 사정은 더욱 딱하다. 이 산은 그들이 가장 사랑하는 쉬바 신의 궁전이고 그들의 생명수인 갠지스의 발원지이기에 그들에게는 절대적 의미를 갖고 있다. 카일라스란 말 자체도 그들의 고대 언어인 산스크리트어이다. 그렇기에 참배의 열망은 어느 민족·종교에 뒤떨어지지 않지만 국경분쟁 탓으로 성산을 눈앞에 두고도 마음대로 올 수 없는 실정이다. 이 산을 중국 인민해방군이 지키기 전까지는 그들은 수 천 년 동안, 마음만 먹으면 국경에서 104km 거리에 있는 이 산에 마음대로 올 수 있었다. 그러나 지난 60년 동안은 그렇지 못했다. 다행히 1980년 두 나라 간의 협정에 의하여 지척에 있는 뿌랑마을을 통하여 순례를 할 수 있지만, 그 허가증 자체가 제한되어 있어서 대부분의 인도인들은 시간과 경비가 많이 드는 네팔을 경유해서 이곳까지 오고 있다.

그 다음은 나와 같은 제삼국의 순례자 경우인데, 어렵기는 본토인이나 인도인보다 더하면 더했지 쉽지는 않은 실정이다. 순례의 일차 거점인 라싸까지 오는 것도 쉽지 않지만 그 후에도 비싼 비용과 복잡한 절차 그리고 최소한 보름 이상의 시간이 필요하므로 역시 어렵기는 마찬가지다. 결과적으로 어떤 민족이나 종교를 막론하고 성산을 참배하는 것은 숙세의 인연이라고 할 수 있는 것이다.

영감의 근원지
성산(聖山)

볼리비아 출신의 티베트 까규파 승려이며, 『구루의 땅(The way of white clouds)』이라는 유명한 순례기를 남긴 고빈다(A. Govinda)는 명상을 통하여 성산에 대한 견해를 이와 같이 피력하고 있다.

산들 중에는 그냥 산인 것도 있지만 특별한 성격을 지닌 산들이 있다. 그러한 산들의 성격은 단지 다른 산들과 구별되는 특이한 모습 때문만은 아니다. 사람들이 특이한 용모를 지녔다고 해서 그 사람의 인격마저 특이한 것이 아닌 것처럼 말이다.

한편 성격이라고 하는 것은 다른 것에 영향을 미치는 어떤 힘을 가지고 있다. 그 힘은 조화롭고 지속적이며 뚜렷한 방향이 잡힌 개성에서 비롯된다. 만약 누군가가 이런 자질을 자기 속에 가장 완전하게 갖추고 있다면 그는 지도자나 사상가 혹은 성자가 될 수 있다. 그리고 우리는 그를 성스러운 힘을 담고 있는 하나의 통로라고 여기며 성스러운 산이라고까지 부른다.

그러한 산의 힘은 너무나 위대하고 또한 섬세해서 강요하지 않아도 그것을 보는 이는 마치 자력에 이끌리듯 끌리게 된다. 그들은 설명할 수 없는 매력에 이끌려 그 성스러운 힘의 중심에 접근하고 숭배하고 많은 어려움과 손해를 참고 견딘다. 사실 아무도 처음부터 성스럽다고 제목을 붙인 사람은 없다. 하지만 모든 사람이 그렇게 인식하고 있다. 아무도 단체를 조직해서 억지로 산을 숭배하도록 할 필요가 없다. 단지 그런 산을 한 번 보게 되면 그 산이 단순히 존재하는 것만으로도 압도당해서 숭배하는 것 외에는 자신의 감정을 표현할 다른 길이 없기 때문이다.

이런 영적이고 종교적인 마음은 산을 정복하여 에고를 자랑하고자하는 것보다는 산을 바라보고 경배함으로써 가슴으로 그 산의 영혼을받아들여 교감을 통해 자신의 영적 성숙을 꾀하는 쪽에 목적이 있다. 여기에서 시각의 차이가 드러난다. 산을 정복함으로써 얻는 희열보다 산을 받아들여 자기를 완성시키는 기쁨을 얻는 것이 인간 정신의 요체로,서양적이라기보다는 동양적이다.

"산은 살아 있다"는 애니미즘적 인식은, "무생물에는 생명이 없다"고단정한 서구적 유물론과 대립되어 내려왔지만, 요즘에는 현대물리학이그 점을 조심스레 인정하는 추세여서 고대 동양의 은자들이 까마득한옛날에 명상을 통해 밝혀낸 것들 쪽으로 저울추가 기울고 있다.

고빈다는 명상을 통해 이런 점을 생각해 내었다.

산은 자라기도 하고 쇠하기도 한다. 산은 쉬고 있으며 맥박이 뛰고있다. 산은 주위에 있는 보이지 않는 에너지를 끌어 모은다. 대기의힘, 물의 힘, 전기와 자력 등등을 모아서 물과 구름을 생성시키며 천둥과 번개, 폭우 등을 만들고 또 폭포수, 안개, 시내, 강 등을 만들어낸다. 산은 주위에 있는 것들에게 생명력을 가득 채워 주며, 살아 있는 수많은 생명체들에게 보금자리와 양식을 제공한다. 그래서 산은더욱 위대하고 능력 있는 것이다.

하지만 그 중에서 가장 중요한 것은 산이 인간에게 지고한 열망의 상징이 된다는 점이다. 그것은 고대의 종교 문명에서 공통적으로 나타나는 사실이다. 그것은 궁극적인 깨달음에 대한 영원한 대상이 되었으며 세속을 초월해서, 우리가 태어나고 속해 있는 우주의 무한성을향하는 지표가 되었다.

신령스러운 기운이 감도는 산 밑에 서면 우리는 두려움과 함께 안온

함도, 마치 모태에 다시 들어가 앉아 있는 기분을 느끼게 된다. 그곳에서 우리는 자기의 본래면목으로 돌아가고자 하는 의식의 꿈틀거림을 느낄 수 있다. 그리고 자신의 지금의 생활도 다시금 돌아보게 된다. 사실 티끌 같은 세상에서 아옹다옹 살다보니 우리는 해, 달, 별 그리고 자연물에 이어진 보이지 않는 끈이 있음을 자각하지 못하고 살아가고 있다. 이것을 느낀 순간 우리는 자신을 둘러싸고 있는 굴레를 벗고 이기적인 생활을 벗어나 자연의 끈을 잡으라는 소리를 듣게 된다. 그러나 이를 실행하기는 쉽지가 않다. 이미 스스로가 단단히 묶여 있음을 발견하기 때문이다.

그러나 몇몇 사람들은 그 부름 소리를 듣고 성스러운 것에 대한 열망이 가슴속 깊은 곳에서 일어남을 깨달아 그 영감의 근원지를 찾아 길을 떠난다. 자연에 이어진 보이지 않는 끈을 자신의 영혼에 잇기 위하여, 오랫동안 잃어버렸던 자아를 찾아 순례의 길을 떠나게 되는 것이다.

수미산은 과연 실존하는가?

수미산은 과연 실존하는가?

사실을 말하자면, 세계의 어떤 지도상에도 수미산(須彌山) 또는 수메루(Sumeru)라고 공인된 지명은 없다. 아니 우리들의 머릿속에 그려져 있는, 경전 속에서 묘사된 것과 같은 수미산은 실제로는 지구상에 존재하지 않는다. "그것은 다만 신화나 전설일 뿐이다"라는 것이 더 솔직한 표현일 것이다. 그냥 경전 속에서 우주와 진리는 그만큼 크고 넓다는 것을 표현하기 위한 방법론적인 상징체계일 뿐이다.

그렇다면 어떻게 이 글이 〈수미산을 찾아서〉이냐?라는 질문이 뒤따르는 것이 당연하다.

눈의 보석이라는 강 린포체
(카일라스)

그 질문에 대한 조심스런 대답은 이렇다.

"수미산의 모델로 여겨지는 그런 신비로운 산이 티베트 고원에 솟아 있다"라고…

그렇다면, 우선 그런 가설을 세워 그 근거를 제시하고 논리를 펴서 증명한 다음에 그러므로 "이 산이 바로 수미산의 모델이다"라고 하는 것이 이성적 접근 방법이겠지만 이 순례기는 학술논문이 아니므로 독자의 이해를 돕기 위해 먼저 결론을 내리고 추후에 증명하는 방법으로 이 글을 써내려 감을 밝혀 두고자 한다.

수미산의 모델로 추정되는 산은 위도상으로는 히말라야 산맥 너머 설역고원의 서남부에 위치하는데, 트랜스 히말라야라는 산맥에 속해 있다. 아득한 옛날부터 4대 종교의 성산으로 알려져 순례자의 발길이 끊이지 않았던 이 산의 이름은 시대·종교·민족·언어에 따라 여러 가지로 불려 왔는데, 현재로는 영어권 지도에는 범어(梵語)의 음을 따서 카일라스(Kailas, 6,714m)라고 표기되어 있고, 한어권이나 티베트권에서는 강 디세(岡底斯) 혹은 강 린포체(岡仁波齋)로 표기되어 있다. 그리고 지도상에는 표기되어 있지 않지만 한어권에서의 쿤륜산(崑崙山), 천산(天山), 향산(香山), 향취산(香醉山) 그리고 우리의 불교사전에서의 계라사산(鷄羅沙山)으로 표기된 산도 실제로는 위의 여러 이름의 범주에 포함되고 있다. 그러니까 성급한 결론이지만 이 모든 산들은 사실은 모두 하나의 산을 의미한다고 볼 수 있다.

이 결론은 결코 간단한 것이 아니다. 대개의 사전을 고쳐야 하는 문제이기 때문이기에 차분하게 순차적으로 접근해야 한다. 먼저 차례로 이 이름들의 어원풀이로부터 시작해 보자.

우선 강 린포체를 살펴보면 앞의 '강(Kang)'이란 접두사는 눈[雪]을 뜻한다. 그리고 린포체는 보석 같은 존재의 뜻으로 고귀한 존재를 나타낸다. 그러니까 강 린포체는 "눈[雪]+보석 같은 존재"의 합성어로 눈으로 이루어진 보석같이 고귀한 존재를 나타낸다.

다음 강 디세는 "강[雪]+디세[雪]"가 되어 눈을 두 번 강조한 뜻이 되는데, 이 강 디세는 티베트어와 샹슝어가 중복된 티베트의 고대 명칭으로 현재 문헌에는 사용 빈도가 가장 적은 편이다. 현재 중국이 새로 펴낸 지도에 강 디세 산맥으로 표기되어 있을 뿐 산의 이름으로는 대개는 강 린포체가 쓰이고 있다.

'강 디세'에서 접두사 '강'을 빼면 '디세'가 되는데 이는 우리에게도 친숙한 음유시인 밀라래빠의 『십만송(十万頌)』 중에 빈번히 나타나는 '디세 설산'을 가리킨다. 여기서 우리는 왜 강 린포체란 이름이 고전에는 사용되어지지 않았나 하는 숙제를 풀 수 있는데, 이는 바로 옛적에는 현재의 린포체보다는 디세라는 이름으로 불리어졌다는 사실을 말해준다. 그러니까 강 디세는 고대 뵌뽀교 시대의 이 산의 원래의 이름이었고, 강 린포체는 불교가 전래된 이후의 이름이었음을 알 수 있다.

한편, 우리의 불교사전에는 위의 티베트 측의 명칭은 나타나지 않고 다만 새로 편찬한 사전에만 범어 카일라스에서 바로 음역한 듯한 계라사산(鷄羅沙山)이라고 나타나고 있는데, 이른바 인도 고대 언어인 범어(梵語)는 북방계 경전 아가마에 쓰인 산스크리트어와 남방계 소승불교의 니까야에 주로 쓰인 빨리어 두 종류로 크게 나누고 있다. 그 사전에 의하면 다음과 같다.

> 계라사산(鷄羅娑山)은 히말라야 산맥에 속하는 산으로 쿤룬산으로도 한역된다. 긴나라(緊那羅, 음악의 신)들의 거주지이다. 힌두교에서는 쉬바 신과 쿠베라 신이 사는 곳이라고도 하며, 혹은 아뇩달지가 있는 곳이라고도 한다. 지리적으로는 파미르 고원에서 시작하여 동으로 뻗어나가 많은 지류를 형성하였다.

카일라스의 이름에 대한 '사전적인 정의'를 추가로 분석해 보도록 하자.

1. 쿤룬산(崑崙山)은 중국에 있는 산 이름으로 계라사산이라고도 한다. 불전에서는 향산, 또는 향취산(香醉山)이라고 한다. 예부터 신

비스럽게 전해져 온 산으로 황하의 원류, 혹은 서왕모(西王母)가 거주한다고 한다. 또한 도교철학서인 주장춘(朱長春)의 『도통연계도보(道通聯係圖譜)』의 「지맥론(地脈論)」에서도 "산의 근본은 쿤룬산인데, 원래 이름은 수미산이라"고 하고 있다.

2. 수미산(須彌山)은 범어로는 Sumeru Parvata이고 수미루, 수메루, 소미로, 미로라고 음역되며, 묘고, 묘광, 묘향, 안명, 선적이라 의역된다. 우주의 중심이다.(중략) 이 산을 중심으로 4대 강이 흐르고 위로는 제석천을 비롯한 사천왕과 28천이 층을 이루고 있다. 『유마경』에 이르기를 "제석천이 주석하는 금강산"이다.

이렇게 여러 명칭을 가진 산들이 과연 모두 하나의 산을 가리키는가? 만약 하나의 산이라면, 과연 이 산이 경전이나 신화에 나오는 전설적인 산인 '수미산' 또는 '수메르'와 동일한 산인가?

불교뿐만 아니라 도교 쪽에서도 쿤룬산과 수미산은 같은 산으로 인식되고 있다. 그러니까 쿤룬산은 계라사산과 향산 또는 향취산 그리고 수미산과 동일한 산이라는 결론에 도달한다.

이 많은 용어 중에서 여기서는 이 산의 이름을 고대 인도에서 사용하던 범어, 즉 산스크리트어의 이름인 카일라스가 보편적으로 사용되고 있기에 전체적으로는 카일라스로 통일하여 부르기로 하는데, 티베트에서는 강 디세나 강 린포체로 불리워지고 있으니 이 이름도 같이 사용하기로 한다.

4대 종교의 성산(聖山)
카일라스

카일라스의 4대 주인 중에서 그 첫 번째 주인은 힌두교이다.

이미 널리 알려진 대로 수미산은 원래 불교의 우주론에서보다 힌두교의 신화체계 속에서 수메루(Sumru) 신화로 먼저 정형화되었다. 이 신화는 힌두문화의 변천에 따라 여러 가닥으로 변화하다가 창조의 신 브라흐만과 파괴의 신 쉬바, 그리고 보존의 신 비슈누를 3축으로 하는 힌두교 삼신론으로 정착되었다.

그리하여 힌두문화의 초기 단계인 브라흐만(Brahman) 시대에는 카일라스의 주신이 인드라(Indra)였다가 후에 삼신론에 의해 쉬바 신의 자리가 정해지자 쉬바가 인드라를 밀어내고 카일라스의 주신으로 들어앉게 되었다. 힌두 신화의 창조자들은 쉬바 신과 두 부인을 아름답고 드라마틱하게 연결하는, 솜씨 좋은 연출력을 과시하여 이 카일라스의 하늘을 찬란하게 수놓는 전성기를 맞게 한다.

힌두이즘만큼 다양함을 자랑하는 신화를 가진 나라는 세계 역사상 그 유래를 찾아볼 수 없다. 그렇게 복잡다단한 힌두 신화에서 창조와 파괴의 역할을 맡은 쉬바 신의 위치는 아주 특이하여 별도로 쉬바교(Shivaisim)라는 종파로 구분되어 민중에게서 두려움과 사랑을 독차지하는 대상이 되고 있다. 그렇기에 쉬바 신과 그 부인들인 두 여신 그리고 카일라스를 연결하는 삼각 테마는 힌두 신화를 빛나게 하는, 빠져서는 안 되는 핵심적인 요소이다. 그러니까 이 산 구석구석에는 쉬바 신의 체취가 배 있는 것이다. 그래서 힌두교도에게는 마나사로바 호수에서 목욕을 해서 죄업을 정화하고 이 산에 와서 꼬라를 하면 보다 나은 내생을 약속 받는 성지가 된 것이다.

두 번째 주인인 불교가 등장하면서 카일라스는 다시 한 번 찬연한 빛을 발하게 된다.

그런데 원래 고대 브라흐만 시대에 최고 신이며 또한 번개의 신이었던 인드라가 쉬바 신에게 카일라스의 주인 자리를 내어주었는데, 후에 인드라가 불교로 들어와 제석천(帝釋天)으로 이름이 바뀌어지면서, 다시 수미산의 주인이 되어 수미산 정상에 자리 잡고 휘하에 사천왕(四天王)과 32천을 거느리는 수호신장으로 자리를 잡게 되었다.

역시 이 시기에 힌두교 최고 신이었던 브라흐만도 불교 쪽으로 이사를 오면서 대범천(大梵天)이란 이름으로 이동하였다. 그러니까 사천왕이나 제석천 그리고 대범천 같은 불교의 수많은 수호신장들이 원래는 불교의 신들이 아니었지만 불교의 우주론인 '수미산설'과 함께 이주해 온 신들인 것이다.

흔히 '수미산설'로 불리는 이 불교의 우주론은 초기 아함부 경전을 필두로 이론적으로도 폭넓게 전개되어 신화의 단계를 넘어 지리학에 접근하는 완성을 이루게 된다.

세 번째 주인으로 자이니즘(Jainisim)이 등장한다.

인도 대륙의 원주민이었던 드라비다족을 몰아내고 새 주인이 된 인도-아리안족은 인더스 문명의 바통을 이어받아 찬란한 베다(Veda) 문화를 이룩하였는데, 그 중추적 역할은 브라흐만교의 사제들에 의해 이루어졌다. 그러나 천여 년의 오랜 시간이 흐르면서 교단이 비대해짐에 따라 생기는 문제점과 피비린내 나는 과도한 희생제(犧牲祭)에 대한 반발로 기원전 5~6세기경에는 많은 신진 사상가가 출현하여 반(反) 브라흐만 기치를 높이 들면서 새로운 사상들을 제창하였다. 이 상황은 마치 중국의 춘추시대를 방불케 하는 것이었다. 그 중에 부디즘과 자이니즘이 있었다.

싯다르타와 동시대의 인물로 흔히 마하비라(大雄)로 불리는, 자이니즘의 교조 니간타 나타푸타(Niganta Nataputa)는 12년간의 나체수행으로 완전한 지혜를 얻어 성인의 반열에 들었다. 그 후 그의 가르침은 자이나교 또는 자인교로 발전하여 지금까지 인도 사회에 당당한 줄기를 이루고 있다. 바로 한역 경전에 흔히 '나체외도'라고 표현되는 이들로 지금도 인도 사회에서 많은 세력을 구축하고 있으며 나체파와 백의파로 나누어져 있다.

자이니즘에서는 최고의 깨달음을 얻은 성인을 디르탄카라(Dirthankara) 라고 하는데, 교조 니간타는 제24대에 해당된다고 한다. 초대 디르탄카라인 리샤바나트는 우주의 중심인 아스타파타(Astapata)에서 수행을 한 후에 깨달음을 얻었다고 한다. 불교의 만다라와 성격이 같은 자이니즘의 우주도(宇宙圖)인 얀트라(Yantra)에 의하면 아스타파타는 수메르와 그 성격이 같다고 인식되어 왔다.

그래서 자이나교도는 이 산에서 초대 교주를 비롯한 역대 디르탄카라가 깨달음을 얻고 또 열반에 들었다고 믿고 있기에 그들에게 카일라스는 영혼의 귀의처로서, 우주의 중심으로서, 영원한 세계로의 '스카이 코드(Sky cord)'로서 숭배의 대상이 되고 있다.

앞장에서 전술한 대로 인도의 위대한 영혼이라고 불리는 마하트마 간디는 자이나교도이다. 그래서 그는 그의 죽음 후에, 그의 유해 중의 일부분을 마나사로바에 호수에 뿌리게 미리 유언을 남겨 두었다. 그 유언은 그의 측근들에 의해 비밀리에 진행되어 실제로 이곳에 뿌려졌다고 한다. 이처럼 카일라스는 자이니즘에서 중요한 곳인 것이다.

네 번째 주인은 뵌뽀교이다.

앞의 세 종교보다도 티베트 고원의 토착종교인 뵌뽀교에게는 이 산은 더욱 중요한 의미를 갖는다. 그들은 이 산을 강 디세 또는 뵌뽀리라고 부르며 숭배한다. 이 산에서 그들의 교조인 센랍 미우체(Senrab Miwoche) 가 천상강림(天上降臨)하였고, 역대 도사들이 수도 끝에 깨달음의 경지인 족첸(大究竟)에 들어 무지개로 화하여 이 산 위의 하늘로 올라갔다고 믿고 있기 때문이다.

기원전 2세기경에 원시 샤머니즘에 뿌리를 둔 뵌뽀교는 이 산 인근의 샹슝왕국에서 만개하면서 종교적인 체제를 갖추었다. 후에 샹슝이 토번왕국에게 병합되자 뵌뽀교는 전 중앙아시아로 전파되는 중흥기를 맞게 되지만, 후에 불교가 밀려오자 주인의 자리를 내어주고 일부는 불교 속으로 융합되고 일부는 지하로 잠입해 들어갔다.

그러나 뵌뽀의 생명력은 매우 끈질겨 역대 왕권의 박해에도 불구하고, 불교적인 옷을 입은 채, 아직까지도 티베트 고원 곳곳에 살아 숨 쉬고 있다. 그리고 일부 교단은 다시 부활하여 교세를 회복하고 있는 추세이다. 필자의 개인적인 가설로서는 뵌뽀의 영향은 한반도에도 이른 것으로 추정되고 있지만, 이에 관하여는 다음 장, 〈뵌뽀교와 한민족의 무속〉에서 다시 이야기하기로 하고, 우선은 이 산에 대한 의식을 살펴볼 수 있는 구절을 하나 읽어 보고 순례를 떠나기로 하자.

> 자연의 풍경 중에 어떤 곳보다도 '강 린포체'와 그 주변은 티베트 민족에게 특별한 상징적 의미가 있다. 이 지역은 민족이 출현한 이후 성스러운 지역으로 꼽혀 왔다. 초기의 뵌뽀교도(Bonpo)에게는 그들의 창시자 센랍 미우체가 태어나고 가르침을 편 장소로 중요시되었고 그 뒤에는 불교도의 경배의 대상이 되었다. 티베트의 모든 전설은 이 성스러운 산과 불·보살, 파드마삼바바와 그리고 밀라래빠를 연결시켜 놓았으며 딴뜨라 철학에서는 우주의 중추신경의 통로로 주목을 받아 왔다.

카일라스에 근원을 두고 있는 것은 위의 4대 종교뿐만이 아니다. 그 외에도 딴뜨리즘(Tantrism)과 샤머니즘이 역시 이 산을 모태로 하여 파생되었다.

'수미산설(須彌山說)'은
『아함경(阿含經)』에서부터

붓다의 입멸 후, 스승의 가르침을 결집할 필요성을 느끼게 되어 붓다가 열반하던 해에 왕사성 칠엽굴(七葉窟)에서 상수제자 가섭(迦葉)의 주재하에 500 비구가 모여 제1차 결집에 들어갔다. 그 이후 붓다의 말씀은 입에서 입으로 구전되어 내려오다가 기억의 혼미와 상실을 우려하여 문자로 기록할 필요성을 느끼게 되었다. 이렇게 하여, 이른바 인도불교사에 나타난 4차례의 결집(結集) 끝에 경·율·론(經律論) 삼장(三藏)이 만들어지게 되었다.

초기 불교경전인 『아함경』이 언제부터 경전으로 완성되었는지는 정확하지 않지만, 대개 기원전 250년경부터 시작되어 기원 전후로 보는 것이 보편적인 관점이다. 원시경전인 아함부는 뒤에 결집된 대·소승 경전에 비해 붓다의 육성에 가깝다는 평가를 받고 있기에 우리는 이것을 통하여 초기 교단의 모습과 당시 인도 사회상의 여러 단면들을 유추해 볼 수 있다.

이 원시경전, 〈4부 아함〉 중에서 세 번째로 결집된 것으로 여겨지는 『장아함경(長阿含經)』18권, 「세기경(世記經)」에서부터 우리의 수미산은 시작되고 있다.

이와 같이 나는 들었다. 어느 때 부처님은 사위국(舍衛國) 기수급고독원(祇樹給孤獨園)의 쿠리라 동굴에 계시면서 천이백오십 비구와 함께하셨다. 때에 많은 비구들은 식사를 마친 뒤 강당에 모여 이야기를 시작했다.

"여러분, 이것은 알 수 없습니다. 지금 이 천지는 어찌하여 무너지고 어찌하여 시작되는가? 우리 중생이 사는 세계는 어떤 곳인가?"

그때에 부처님께서는 조용한 곳에 계시면서 비구들의 이야기를 천이통(天耳通)으로 들으시고 굴에서 나오셔서 강당으로 들어와 법상에 앉으셨다.

"하나의 해와 달이 4천하(天下)를 두루 돌면서 광명을 비추고 있는 것과 같은 그런 세계가 천(千) 개나 있다. 이 천 개의 세계는 천 개의 해와 달이 있고 천 개의 수미산(須彌山)과 4천 개의 천하(天下)와 4천 개의 대천하(大天下)가 있고, 4천 개의 바닷물과 4천 개의 큰 바다가 있으며…(중략)

천 명의 사천왕(四天王), 천 개의 도리천, 천 개의 염마천(焰摩天), 천 개의 도솔천, 천 개의 화자재천(化自在天), 천 개의 타화자재천(他化自在天), 천 개의 범천(梵天)이 있다. 이것을 소천세계(小千世界)라고 한다.

하나의 소천세계와 같은 그러한 세계가 천 개 있으면 이것을 중천세계(中千世界)라 하고, 하나의 중천세계와 같은 그러한 세계가 천 개 있으면 이것을 대천세계(大千世界)라고 한다. (중략)

비구들이여, 그 큰 바닷물의 깊이는 8만 4천 유순[2]이고 그 가장자리는 끝이 없다. 수미산은 바닷물 속에 들어간 부분이 8만 4천 유순이고, 바닷물 위에 나온 부분도 그 높이가 8만 4천 유순이며, 아래 부분은 땅에 닿아 있는데 대부분 단단한 지분(地分)으로 되어 있다. 그 산은 곧게 솟아올라 굽은 곳이 없다. 그곳엔 온갖 나무들이 자라고 있고 나무에서는 갖가지 향기를 내어 그 향기가 온 산에 가득하다. 거기에는 성현(聖賢)들이 많으며 매우 신령스럽고 묘한 하늘들도 머물러 살고 있다. 그 산의 아래 부분에는 순수한 금모래가 있고, 그

---

2 유순의 정의는 문헌마다 약간의 차이를 보이는데, 먼저 『佛陀의 世界』(나카무라 하지메, 1984년, 김영사)에서는 "1유순이란 멍에를 건 암소가 걸어서 하루가 걸리는 거리이다. 환산하면 7마일(약 12km)"이라 적고 있다.

산의 네 면에는 네 개의 봉우리가 솟아 있는데 높이는 700유순으로 일곱 가지 보배로 이루어졌으며, 네 개의 봉우리는 비스듬히 굽어져 바다에 닿아 있다.(중략)

수미산 꼭대기에는 삼십삼천(三十三天)의 궁전이 있다. 이 궁전에는 일곱 겹의 보배 성, 일곱 겹의 보배 난간, 일곱 겹의 보배 그물, 일곱 겹의 보배 가로수가 있고, 나아가 무수한 새들이 서로 화답하며 지저귀는 데까지의 일들은 역시 위에서 설명한 것과 같다.

삼십삼천을 지나 또 그만한 거리의 곱절을 가면 염마천(焰摩天)의 궁전이 있고, 염마천의 궁전을 지나 또 그만한 거리의 곱절을 가면 도솔천의 궁전이 있으며, 도솔천의 궁전을 지나 그만한 거리의 곱절을 가면 화자재천(化自在天)의 궁전이 있고, 화자재천의 궁전을 지나 그만한 거리의 곱절을 가면 타화자재천(他化自在天)의 궁전이 있으며, 타화자재천의 궁전을 지나 그만한 거리의 곱절을 가면 범천(梵天)의 궁전이 있다. (중략)

범천의 궁전을 지나 그만한 거리의 곱절을 가면 광음천(光音天)의 궁전이 있고, 광음천을 지나 그만한 거리의 곱절을 가면 변정천(遍淨天)의 궁전이 있고, 변정천을 지나 그만한 거리의 곱절을 가면 과실천(果實天)의 궁전이 있고, 과실천을 지나 그만한 거리의 곱절을 가면 무상천(無想天)의 궁전이 있고, 무상천을 지나 그만한 거리의 곱절을 가면 무번천(無煩天)의 궁전이 있고, 무번천을 지나 그만한 거리의 곱절을 가면 무열천(無熱天)의 궁전이 있고, 무열천을 지나 그만한 거리의 곱절을 가면 선견천(善見天)의 궁전이 있고, 선견천을 지나 그만한 거리의 곱절을 가면 대선견천(大善見天)의 궁전이 있고, 대선견천을 지나 그만한 거리의 곱절을 가면 색구경천(色究竟天)의 궁전이 있다.

색구경천을 지나 그만한 거리의 곱절을 가면 공무변처천(空無邊處天)·식무변처천(識無邊處天)·무소유처천(無所有處天)·비상비비상처천(非想非非想處天)이 있다. 이와 같은 것들을 통틀어 중생이 사는 경계[衆生邊際]요, 중생이 사는 세계라고 이름한다. 일체 중생의 나고·병들고·늙고·죽고, 음(陰)을 받고 유(有)를 받는 것이 모두 여기에서 벗어나지 않는다."

기억력이 천재적이었다던 아난존자가 당시의 내용을 구술하면 가섭존자와 500명의 비구들이 이를 확인하는 작업을 거쳐 이렇게 '불교의 세계관'을 기술해 나가기 시작했다.

역시 아함부의 「대루탄경(大樓炭經)」과 「기세경(起世經)」에도 '수미산설'은 나타나지만 경전 도입부가 모두 같은 것을 보면 후의 두 경전은 앞의 장아함의 다른 번역[異譯]인 것으로 보인다. 이는 산스크리트어로 된 위의 북방계 아함부 이외에도 5부로 된 빨리어의 남방 아함부에서도 마찬가지이다.

『장아함경(長阿含經)』「염부제주품(閻浮提州品)」을 비롯한 10여 개 경전에 기술된 내용은 너무 방대하고 난해하고 또 과장적이어서 경전 특유의 상징성이나 과장성을 감안하여 보지 않고는 전문적인 학자일지라도 이해하기 어렵다. 그렇기에 수미산설의 내용을 파악하기 위해서는 글자 그대로 직역하는 방법보다는 의역을 해가며 발췌 또는 요약하는 방법이 필요하다.

다음은 상술한 경전의 내용을 바탕으로 다음과 같은 도표를 만들어 보았다.

무색계 (물질마저 초월한 순수한 정신의 세계) – 4천		28. 비상비비상처천 (非想非非想處天)
		27. 무소유처천 (無所有處天)
		26. 식무변처천 (識無邊處天)
		25. 공무변처천 (空無邊處天)
색계 (탐욕마저 벗어난 깨끗한 물질의 세계) – 모두 합계 18천	사선천 / 9천	24. 색구경천 (色究竟天)
		23. 선현천 (善現天)
		22. 선견천 (善見天)
		21. 무열천 (無熱天)
		20. 무번천 (無煩天)
		19. 무상천 (無想天)
		18. 광과천 (廣果天)
		17. 복생천 (福生天)
		16. 무운천 (無雲天)
	삼선천 / 3천	15. 변정천 (遍淨天)
		14. 무량정천 (無量淨天)
		13. 소정천 (少淨天)
	이선천 / 3천	12. 광음천 (光音天)
		11. 무량광천 (無量光天)
		10. 소광천 (少光天)
	초선천 / 3천	9. 대범천 (大梵天)
		8. 범보천 (梵輔天)
		7. 범중천 (梵衆天)
욕계 (탐욕의 세계) – 6천		6. 타화자재천 (他化自在天)
		5. 화락천 (化樂天)
		4. 도솔천 (兜率天) –미륵보살의 정토
		3. 염마천 (焰摩天)
		2. 33천 (도리천, 忉利天) –수미산 정상(제석천이 주석)
		1. 사천왕천 (四天王天) – 수미산 중턱(사천왕이 주석)
		수미산과 7산(山) 8해(海) 사대주(四大洲)
		5. 인간
		4. 아수라
		3. 아귀
		2. 축생
		1. 지옥

불교의 세계관 도
–세기경과 구사
중심으로–

※삼계는 욕계,
무색계 전체를
라 한다.

●
티베트 사원의
수미산도

앞의 도표와 내용을 바탕으로 다시 설명해 보자.

수미산의 높이는 물 위와 물 아래로 각기 8만 4천 유순이 솟아 있으며, 수미산을 중심으로 7산 8해에 둘러싸인 바깥으로 4대주가 있고 그 남쪽으로 우리가 살아가는 대륙인 남섬부주가 있다.

수미산의 중턱에는 사천왕이 주석하고 산 정상에는 33천인 도리천이 있는 곳으로 도리천왕인 제석천이 주석하는 선견궁이 있다. 또한 수미산을 중심으로 수평적으로 사방에 4봉우리가 있고 봉우리마다 8개의 하늘 궁전이 있어서 중앙의 선견궁을 포함하여 모두 33개의 천상 세계가 형성되어 있다. 이렇게 도리천에는 모두 33개의 궁전이 있어 33천이라고 하는 것이다.

그리고 수미산의 시작인 사천왕천으로부터 수직으로 올라가는 하늘 세계는 크게 욕계 6천, 색계 18천, 무색계 4천으로 모두 28천의 하늘 세계가 있는데, 하나하나 올라갈 때마다 수승한 경지를 나타내고 있다.

우리나라의 사찰에서 아침 예불에 28번의 종을 치는 것은 수미산으로부터 28천의 하늘 세계에 모두 법음이 울려 퍼지게 하는 것이고, 저녁 예불에 33번의 종을 치는 것은 도리천의 33개 궁전에 모두 울려 퍼져서 온 우주법계에 법음이 가득하기를 바라는 염원이 깃들어 있는 것이다.

또한 사찰에서 예불할 때 삼계도사라는 말로 시작하는데 여기서 삼계는 욕계, 색계, 무색계를 말한다.

이는 삼계를 단순히 입체적인 공간의 세계로 보지 않고 정신적인 면에 초점을 맞추어 수행의 깊이에 따라서 올라가는 세계를 나타내고 있는 것이다.

이와 같은 삼계는 다음과 같이 불교의 세계관인 28천으로 내용을 요약 정리해 볼 수 있다.

욕계: 1천~6천까지, 탐욕의 세계

1천 사천왕천 – 불교의 세계관에서 하늘을 이루는 삼계 중 욕계에 속한 첫 번째 하늘이다. 하늘이지만 수미산 중턱에 걸쳐 있는 하늘이며 동쪽에는 지국천왕(持國天王), 서쪽에는 광목천왕(廣目天王), 남쪽에는 증장천왕(增長天王), 북쪽에는 다문천왕(多聞天王 : 毘沙門天王) 등 사대천왕이 이곳에 살며 도리천의 왕인 제석천을 섬긴다.

2천 도리천(忉利天) – 도리천은 세계의 중심인 수미산(須彌山, Sumeru)의 정상에 있으며 중앙에 제석천(帝釋天, Indra)의 선견궁이 있다. 사방에 네 봉우리가 있으며, 그 봉우리마다에 8천이 있기 때문에 중앙의 선견궁과 합하여 33천이 되어서 33천이라고도 한다. 석가모니의 어머니인 마야부인이 돌아가신 후에 다시 태어난 곳도 도리천이다.

3천 염마천(焰魔天) – 염마왕은 불교의 지옥관과 함께 지옥의 왕이 되었으며, 이곳에 사는 신들은 음욕이 경미하여 포옹을 하는 정도로 족하다고 한다.

4천 도솔천(兜率天) – 도솔천은 내원(內院)과 외원(外院)으로 구성되어 있는데, 외원은 수많은 천인들이 즐거움을 누리는 곳이고, 내원은 미륵보살의 정토로서 내원궁(內院宮)이라고 부른다. 이 내원궁은 석가모니가 인간으로 태어나기 전에 머무르면서 중생교화를 위한 하생(下生)의 때를 기다렸던 곳이다. 미륵보살은 현재 이 내원궁에서 설법하면서 남섬부주(南贍部洲)에 하생하여 성불할 때를 기다리고 있다.

5천 화락천(化樂天) – 천인들에게 아직 오욕의 경계가 남아 있는 곳이며, 이곳의 천인들도 영원히 살지는 못하여 수명이 있고 나쁜

일을 행했을 때는 아래 세계로 떨어질 수도 있다.

6천 타화자재천(他化自在天) − 욕계(欲界)에서 가장 높은 하늘로 마왕(魔王)이 살며, 여기에 태어난 이는 다른 이의 즐거움을 자유로이 자기의 즐거움으로 만들어 즐길 수 있다고 한다.

색계: 7천~24천까지, 탐욕마저 벗어난 깨끗한 물질의 세계

7. **범중천**(梵衆天) − 대범천왕이 다스리는 중생들이 사는 곳

8. **범보천**(梵輔天) − 대범천왕을 돕는 신하들이 있는 곳

9. **대범천**(大梵天) − 사바세계를 다스리는 대범천왕이 있는 곳. 깊이 불법에 귀의하여 부처님이 세상에 오실 때마다 반드시 맨 처음에 와서 불법을 청하며, 또 백불(白拂)을 가지고 항상 제석천과 함께 부처님의 좌우에서 모신다고 한다. 원래 힌두교의 신이었으나 불교가 일어나면서 불교의 선신(善神)으로 수용되었다. 불교에서는 늘 제석천(帝釋天)과 짝을 이루며 불교를 수호하는 신으로 묘사된다.

10. **소광천**(少光天) − 광명을 내는 것이 가장 적은 곳

11. **무량광천**(無量光天) − 몸에서 빛을 발하는 것이 끝없는 곳

12. **광음천**(光音天) − 자기의 생각과 뜻을 전달할 때 말소리 대신 입에서 맑고 깨끗한 빛을 내는 곳

13. **소정천**(少淨天) − 의식(儀式)은 즐겁고 청정하나 다른 곳보다 깨끗함이 적다는 곳

14. **무량정천**(無量淨天) − 마음에는 늘 즐거움이 있으며, 아래 소정천보다 뛰어나게 묘함이 헤아릴 수 없다고 하는 곳

15. **변정천**(遍淨天) − 맑고 깨끗함이 두루 가득하다고 하는 곳

16. **무운천**(無雲天) − 구름 위에 있어 구름이 없다고 하는 곳

17. **복생천**(福生天) − 가장 좋은 복력(福力)으로 태어나는 곳

18. **광과천**(廣果天) - 넓은 복의 과보(果報)가 있는 곳
19. **무상천**(無想天) - 이 하늘에 태어나면 모든 생각이 다 없으므로 이같이 이름.
20. **무번천**(無煩天) - 육계의 괴로움과 색계의 즐거움을 모두 떠나고 심신(心身)을 번거롭게 하는 일이 없는 경지
21. **무열천**(無熱天) - 속박이나 장애가 없이 자유로워 작은 번뇌가 없는 경지
22. **선견천**(善見天) - 이 하늘은 장애함이 없이 시방(十方)을 보는 것이 자유자재함.
23. **선현천**(善現天) - 맑은 거울과 같아서 천중(天衆)의 선묘(善妙)한 과보(果報)가 나타남.
24. **색구경천**(色究竟天) - 형체가 있음을 이 하늘이 마치므로 색구경(色究竟)이라 함.

무색계: 25천~28천까지, 물질마저 초월한 순수한 정신의 세계

25. **공무변처천**(空無邊處天) - 허공이 무한하다고 체득한 경지.
26. **식무변처천**(識無邊處天) - 마음의 작용이 무한하다고 체득한 경지
27. **무소유처천**(無所有處天) - '존재하는 것은 아무것도 없다'는 생각을 함으로써 성취되는 경지
28. **비상비비상처천**(非想非非想處天) - 삼계의 하늘에서 가장 높은 하늘로 생각이 있는 것도 아니고 생각이 없는 것도 아닌 경지. 번뇌는 떠났으나[非想] 완전히 떠나지는 못해서(자아라는 것이 남아 있어서) 비비상(非非想)이라는 경지

'수미산설'이 수록된 자료 중에서 『서유기(西遊記)』 주인공의 모델로 민간에도 널리 알려진 삼장법사 현장(玄奘)의 『대당서역기(大唐西域記)』를 빼어 놓을 수가 없다. 그가 직접 보고 들은 사실적 기록을 남겨 놓았기 때문이다. 중국에 불교가 전파된 이래 중원의 불법에 만족하지 못하고 천축(天竺)으로 직접 가서 수행을 하거나 원전을 연구하고자 했던 구법승들의 수효는 대단히 많았을 것이다. 그 중에서 3~11세기 사이에 이름을 남긴 인물만도 180명에 이른다. 의정(義淨)의 『구법서역고승전(求法西域高僧傳)』을 보면 육로로 23명이 천축행을 하였고, 티베트를 횡단하여 천축으로 간 구법승도 8명이 된다고 전한다. 혜림의 「일체경음의(一切經音儀)」에 의하면 그 중 '4대 기행서'가 유명한데, 혜초(慧超)의 『왕오천축국전(往五天竺國傳)』도 여기에 속한다.

그렇지만 현장(玄奘, 602~664)만큼 뚜렷한 족적을 남긴 구법승은 거의 드물다. 그의 나이 28세에 장안을 출발하여 17년 동안 110개국을 발로써 밟고 체험하고 견문한 내용을 기록한 그의 여행기는, 7세기의 당·서역·인도 관계의 유일한 기록으로 꼽히고 있는, 이 방면의 최고의 금자탑이다. 그는 귀국해서도 1,340권에 이르는 방대한 경전을 번역하기도 하였다.

역사는 그의 업적을 "불·보살의 가호가 아니었으면 불가능한 일이었다"라고 평하고 있다. 현장은 『대당서역기』 앞부분에서 '수미산설'을 상세히 서술하고 있다. 난해한 문장이지만 발췌, 의역해 본다.

사바세계 삼천대천세계의 땅을 한 분의 붓다가 교화하고 다스리고 있다. 해와 달이 비추고 있는 4대주(四大洲)는 삼천대천세계 안에 있으며 불·보살이 이 세계를 교화하고 있다. 이 세계의 중앙에 서 있는 수미산은 4가지 보배로 만들어졌는데, 큰 바다 가운데에 있으며 금륜(金輪) 위에 자리 잡고 있다. 그곳은 해와 달이 비추고 천신이 노닐며

머무는 곳이다. 그 주위는 7겹의 산과 7겹의 바다가 고리 모양으로 빙 둘러져 있으며 산과 산 사이의 바닷물은 8가지 공덕을 갖추고 있고 7겹의 산 바깥은 소금 바다로 이루어져 있다. 소금 바다에는 중생이 거주할 수 있는 곳으로 네 개의 큰 섬이 있다.(중략)

네 개의 큰 섬 가운데 남쪽의 섬인 염부주(閻浮州, 사바세계)의 중앙에는 아뇩달지(마나사로바 호수)가 있다. 향산(카일라스)의 남쪽과 대설산(히말라야) 북쪽에 있는데 둘레가 800리이다. 금과 은과 유리(琉璃)와 수정으로 그 기슭이 장식되어 있다. 팔지(八地)보살이 원력으로 용왕이 되어 연못 속에 살면서 염부주에 맑은 물을 공급하고 있다.

아뇩달지에서 4대 강이 발원하고 있다.

-현장(玄奘)의 『대당서역기』에서-

이 순례기의 앞부분에서 해동의 순례자는 "수미산의 실제 모델로 추정되는 산이 존재한다"는 가설을 세운 것을 기억하실 것이다. 먼저 몇몇 의미 있는 구절의 비교분석으로 이 일을 시작해 보자.

1. "세상의 중심이 되는, 가장 높은 산"이라는 구절은 근대 삼각측량법이 생기기 전까지는, 히말라야 너머에 다시 한 번 우뚝 솟아 있는 카일라스를 세상에서 가장 높은 산으로 인식했음을 의미한다.

2. "사면체의 곧게 뻗은 수직의 바위산"이라는 것은 실제 카일라스의 모습을 직접 보고 묘사한 것일 것이다. 이 산은 분명한 '사면체 삼각형의 피라미드' 형태를 하고 있다. 세계상 유일무이의 거대한 자연적 피라미드인 것이다.

3. "7단계의 보석 길과 층계와 난간 그리고 수많은 문, 창문, 그물, 담장, 가로수 등과 정상의 33천의 궁전"이란 구절은 남면 사진에서 볼 수 있듯이 중앙의 수직 통로와 거기에 연결된 수많은 수평 테라스로 이루

어진 사면체와 거미줄 같은 크랙을 의미한다고 할 수 있다.

4. "금은보석이나 칠보로 만들어진 천궁"은 공기가 희박하고 자외선이 강한 고산에서의 자연 현상인 빛의 난반사로 인한 모든 색깔의 강렬함을 의미한다. 눈과 얼음과 바위로 만들어진 산이지만 보는 이에게는 찬란한 보석으로 보인다는 뜻을 의미한다고 할 수 있다.

5. "사면의 색깔, 사면의 솟은 바위[埵], 사천왕이 지킨다"는 카일라스가 사면의 특징적인 색깔이 다르고 사면에 돌출한 바위가 있고, 사면의 입구가 선명함을 의미한다고 할 수 있다.

6. "산의 정상에는 33천궁이 있어 제석천(帝釋天)이 상주하고 있다"는 힌두교에서 카일라스의 주인인 인드라 신이 불교로 넘어오면서 자리와 역할은 그대로이면서 이름만 바꾼 것을 의미한다.

7. "아뇩달지에서 4대 강이 발원한다"는 아뇩달지는 카일라스 아래의 마나사로바 호수를 가리키며, 실제로도 갠지스, 인더스, 수투레지, 얄룽장뽀 강 등 4대 강의 발원지로 밝혀졌다.

이처럼 여러 면에서 수미산과 카일라스는 상통하고 있음을 확인할 수 있다. 그러나 이런 일치함은 비록 다음 몇 가지 면에서 — 예를 들면 수치의 개념, 과장된 묘사, 지리적 상황 그리고 비과학적 설명 등에서 — 완전하게 일치하지는 않지만, 이는 처음에 이미 이야기한 바 있는, 신화가 가진 상징성이나 과장을 감안해서 판단하면 쉽게 이해할 수 있는 문제라 생각된다. 더구나 이런 신화는 이미 수천 년 전에 만들어진 고대인들의 문화적 산물임을 감안하면 약간의 오차는 큰 줄기에서는 별 문제가 아닐 것이다.

그렇다면, "카일라스가 수미산이란 우주적인 산의 창조의 모델이었다"라는 가설은 설득력을 가질 수 있는 것이다.

카일라스

　한번 더 정리를 해보자. 먼 옛날 일단의 인도 순례자들이 대설산 너머에 있다고 전해져 오는, 신들의 장원에 대한 궁금증을 풀기 위하여 길을 떠났다. 그들은 마치 천상에서 내려오는 것 같은 갠지스의 신성한 물줄기를 따라 히말라야를 넘어 천신만고 끝에 그곳 카일라스 산기슭에 도착하였다. 그들은 거기서 하늘에 닿아 있는 것같이 높고 또한 신령스러운 기운에 싸여 있는 이 설산이 세상에서 가장 높은 산이라는 것과 그들의 생명수인 갠지스가 그곳에서부터 시작하는 것 등을 확인하고는 감격에 몸을 떨었다.

　왜냐하면 인도 쪽에서 한참을 오르막길로 히말라야의 고개에 오르면 일반적인 생각으로는 또 내리막길이 이어질 것으로 생각되지만, 티베트 고원은 고갯마루에 오르고부터는 평탄한데다 그 너머에 카일라스가 다시 한번 솟아 있기에 그들은 카일라스를 지구 최고봉으로 인식하였던 것이다.

　그리고 햇빛에 비추이는, 만년설이 쌓여 있는 산의 정상은 눈부시고 찬란하여 신성함 그 자체였기에 그 산의 정상에는 신들이 앉아 있을 것이라는 믿음을 갖게 되었다. 그래서 그들은 신을 향해 숭배와 헌신을 표시하며 그들을 거기까지 오게 해준 신의 은혜에 감사하며 엎드려 참배를 하였다. 그리고는 고향으로 돌아가서 직접 본 성스러운 산과 호수의 모습을 그대로 이웃들에게 전하게 되었다. 이 목격담은 세월이 흐르면서 점점 뼈와 살이 보태지면서 멀리 멀리 퍼져 나갔다.

　이상은 해동의 나그네가 현대적 언어로 풀이해 본 가설, '수미산설'의 유래이다. 아마 그렇게 시작되었을 것이라는 가설이다.

3. 카일라스 꼬라

바깥쪽 산돌이
순례(파꼬라)

자, 이제부터는 책장을 덮고 편안한 자세로 가부좌를 틀어 호흡을 가다듬으며 자세를 안정시킨 다음 눈을 반쯤 감고 선정에 들어가 보자.

그러면 거기에 엄청난 창조의 에너지가 쏟아져 나오는, 거대한 피라미드같이 생긴 설산이 서서히 눈앞에 드러날 것이다. 이제 가운데 나 있는 '하늘에 이르는 길[天階]'을 따라 올라가 보자. 길목에는 칠보로 치장된 33천 하늘 궁전의 눈부신 불빛이 켜질 것이다. 이윽고 정상에 이르면 제석환인(提釋桓因) 천제(天帝)가 수많은 하늘 사람과 하늘 여인들을 거느리고 마중을 나올 것이다.

문자 뒤에 숨겨져 있는 것은 이런 고도의 상징적인 것들이다. 그렇기에 수미산은 그저 단순한 신화가 아니라 중생들을 천국으로 인도하는, 영혼의 세계로의 '스카이 코드(Sky Cord)'인 것이며, 나아가 신비스런 우주와 텔레파시를 주고받는 지구별, 곧 사바세계의 중심 안테나인 것이다.

새벽에 일어나 카일라스를 바라보니 어둠 속에 하얀 얼굴이 묵묵히 나를 굽어보고 있었다. 무언의 말을 하고 있는 것 같았다. 이윽고 아침 햇살이 카일라스의 봉우리를 비추자 그 신비로운 자태를 드러내 보였다. 나를 비롯한 순례단은 부산하게 짐을 정리하여 배낭을 메고, 짐을 신고 길을 떠났다. 순례의 베이스캠프인 다르첸을 기점으로 불교와 힌두교와 자이나교도는 시계 방향으로, 뵌뽀교도는 그 반대 방향으로 산을 한 바퀴 도는 순례인 산돌이(꼬라)를 떠난다.

성스러운 산을 한 바퀴 도는 꼬라 순례는 예로부터 힌두교를 비롯한 4대 종교에서 신성한 의식으로 인식되어 내려왔다. 불교 또한 예외일 수 없어서 이번 생에서의 업(業, Karma)을 정화하는 방법론으로 권장되어 왔다. 그리하여 한 번의 꼬라는 이생에서의 죄를 소멸시킬 수 있고, 세 번의 꼬라는 전생의 업까지 정화시킬 수 있으며, 108번의 코라는 이생에 해탈을 할 수 있다는 속설까지 생기게 되었다.

세 종류의 꼬라 중에서 총 53km의 바깥을 도는 행위는 대게 파꼬라라고 부른다.

현지 티베트인들은 파꼬라를 하루 만에 돌기도 하지만, 외부인들은 할 수 없는 무리한 일정이다. 대개 바깥 꼬라는 2박 3일 정도 소요되어, 그간의 식량과 숙박에 필요한 장비는 직접 지고 가든가 아니면 야크를 세내어 지고 가게 한다. 이곳은 산소가 평지의 절반밖에 안 되어서 초심자들은 빈 몸으로 걷기도 힘들어 짐은 대부분 야크의 신세를 지게 된다. 만약 고산병이 심해 운신하기 어려운 경우는 말을 타고 넘어가기도 한다. 성산을 한 바퀴 도는 순례를 하기 위해서는 침낭은 필수적이다. 중간에 다인실 게스트하우스가 있긴 하지만 시즌(6~8월)에는 차지하기 어려울 수도 있다.

카일라스는 히말라야를 마주보며 광활한 고원 위에 솟아 있어서 트랜스 히말라야 산맥으로 분류되는데 이 산의 특징 중 하나는 히말라야 산맥의 봉우리들은 서로 인접하게 붙어 있어서 높지만 높아 보이지 않는 반면, 카일라스는 쉽게 산 밑까지 다가갈 수 있고, 바로 눈앞에서 2

디라푹곰빠
게스트하우스
천장터 업경대
될마라
(5660)
게사르
(5690)
짼래직
(관음봉, 5675)
뚝게짼뽀
샤마리동뽀
(6008)
(5838)
비자야
(대세지봉, 5938)
휴게소
창나도제
(금강수, 5750)
잠페양
(문수봉, 5835)
밀라래빠 발자국
(5235)
휴게소
아미타유스
(아미타봉, 6010)
따라
(관음의화신, 5936)
똘마
(5656)
카일라스
(강린포체, 6714)
(5996)
(6002)
(5845)
곤포팡
(마하깔라, 5695)
아라한봉
(난디, 6000)
(5918)
(5818)
최꾸곰빠
(5695)
(5998)
(5730)
(5792)
(5874)
(5924)
강니최뙨 따르포체
(5808)
(5834)
약사여래봉
(5839)
셸룽곰빠
쟈틀푹곰빠
게스트하우스
걍닥곰빠
(5398)
(5225)
다르첸
(4918)

| ▪▪▪▪▪▪ | 파꼬라 (바깥 산돌이) |
| ▪▪▪▪▪▪ | 낭꼬라 (안쪽 산돌이) |

휴게소

카일라스 꼬라 지도

카일라스 입구의
타르초

천m의 단일 봉우리를 올려다보기 때문에 더욱 거대해 보인다.

또 다른 특징을 꼽는다면 산을 한 바퀴 돌 수 있다는 점이다. 중간의 될마라 고개(5,660m)만 제외하고는 계곡 길을 따라 걷는 길이기에 고소 적응만 된다면 대부분이 꼬라를 할 수 있다는 것이다. 그러기에 신심이 깊은 뵈릭들이 이 산돌이를 오체투지의 방법으로 순례하는 광경을 종종 볼 수 있다.

다르첸을 출발해서 서쪽으로 한동안 가면 약간 경사진 언덕을 넘는다. 언덕을 올라서면 성산 서쪽면의 넓은 계곡과 흰색의 강니 최뙨(塔)이 보인다. 그 동쪽으로는 따르포체가 수많은 오색의 깃발, 타르초에 싸여 있다. 그 강니 탑은 성산의 입구를 의미하여 그곳을 통과하는 순간 성스러운 땅에 들어왔다는 것을 암시하고 있다. 우리네 사찰의 일주문에 해당되는 것이다. 그리고 당간지주(幢竿支柱)에 해당되는 따르포체는 타르초를 거는 기둥으로 샤머니즘에서의 신목(神木)을 상징하기도 한다.

그러니까 '수미산설'에 의해 이곳부터가 수미산의 세계라고 가정하면 사천왕 중의 하나인 광목천왕(廣目天王)이 지키고 있는, 루비(Ruby)로 이루어졌다는 서쪽 세계로 들어선 것이다. 그야말로 이곳부터는 신들의 세계인 것이다.

이곳에서 순례자들은 절벽으로 이루어진 붉은 바위산들이 카일라스를 에워싸고 있고 그 위로 산의 정상이 보석처럼 빛나고 있는 모습을 볼 수 있다.

우선 분위기를 고양시키기 위하여 시 한 구절을 읊어 보기로 하자. 음유시인이기도 했던 위대한 성자 밀라래빠(1052~1135)는 10여 년간 카일라스 산 동쪽 계곡의 동굴 속에서 쐐기풀을 먹으며 피나는 수행을 하면서 수많은 시를 노래하였다 한다. 후세 사람들은 그의 노래가 십만 수나 된다 하여 『십만송(十萬頌)』이란 책으로 만들어 애송하였다. 여기서 디세 설산은 카일라스를 가리킨다.

디세 설산은 명성이 드높아 세상 사람들은 멀리서 칭송하네.
"디세 설산은 수정탑과 같도다!"라고.
가까이 찾아와 바라보면 디세 설산은 눈에 덮여 있네.
붓다는 예언하셨네.
이 산은 세계의 배꼽이요, 설산 표범이 춤추는 성스러운 곳이라고.
산봉우리의 수정탑은 뎀촉불(Demchg Buddha)이 사는 순백의 궁전이고
디세 설산을 에워싼 장엄한 설산들은 오백 나한이 거처하는 성스러운 봉우리라네.

이보다 경이로운 곳 어데 있으랴!

이보다 수려한 곳 어데 있으랴!

　　　　　　　　　　　　−밀라래빠의『십만송』, 이정섭 역, 시공사−

　이곳 따르포체 기둥 앞에서 해마다 성대한 싸가다와 축제가 열린다.
불교의 4대 기념일 중에서 3개가 몰려 있는 4월은 '붓다의 탄생의 달'로
지정되어 있다. '싸가'는 별자리 28숙(宿)의 하나이고, '다와'는 달을 의미
하는데, 붓다가 싸가 별자리의 달에 태어났다 하여 한 달이 모두 축제기
간이다. 그 중 불탄일인 4월 15일의 행사는 가장 성대하다. 특히 12년마
다 찾아오는 말띠 해는 더욱 요란하다. 붓다가 태어난 띠이기에 그렇다
는 것이다. 직접 참관 못한 아쉬움을 현대의 한 작가의 참관기로 대신하

고자 한다.

　매년 티베트 달력으로 4월 15일은 불탄일이다. 이날은 신산(神山)의 타르초(經幡)를 새로 다는 날이다. 금년은 말띠 해여서 특별히 성대하게 치러졌다. 올해에 산을 한 바퀴 돌면 다른 해의 12배 효과가 있다고 믿기 때문이다. 이때 다르첸 마을에는 아름다운 천막이 5, 6백여 개가 쳐져 마치 무슨 천막촌이 새로 생긴 것처럼 굉장하다. 이때는 본토뿐만 아니라 몽골, 칭하이, 쓰촨 등지에서 차량으로 또는 도보로 일 년씩이나 걸려 5, 6천 명이나 모여든다. (중략)
　라마승이 나팔을 불고 북과 징을 두드리며 진행하는 법회는 26미터나 되는 큰 지주(支柱)에 새로 인쇄한 경문을 달고 각계 각층에서 기증한 타르초를 묶고는 많은 장정들에 의해 땅에다 세워진다. 이때 라마승은 지중에 성수(聖水)와 술을 뿌리며 길상을 기도한다.

　위의 초파일 행사에서 우리와 다른 점이 눈에 띤다. 날짜가 15일 이라는 것과 샤머니즘에서 쓰는 오색 깃발을 당간지주에 다는 것, 술과 물을 뿌리는 것, 그리고 말띠 해를 강조하는 것들이 그렇다. 이는 불교에 뿌리 내린 뵌뽀교의 영향에 기인한다.

　작은 언덕을 오르니 붉은 색의 거대한 바위들이 양쪽에서 도열한 드넓은 계곡이 나타났다. 불성을 의미하는 황금벌판이라는 뜻의 쎌숑 평원에 들어선 것이다. 그 사이로 만년설이 녹아내리는 '신의 시냇물'이라는 뜻의 라추가 흐르고, 꼬라 길은 냇물 따라 계곡 사이로 이어지고 있었다. 이제부터는 신들의 땅인 것이다.
　얼마간을 걸어서 개울가에 이르렀다. 그곳에는 나무 다리가 걸쳐져 있고, 다리 위의 오색 깃발들이 바람에 펄럭이며 우리를 맞이하고 있었

다. 이 다리 위로 산 중턱에 제비집같이 붙어 있는 최꾸곰빠가 올려다 보인다. 바깥 꼬라에서 만나는 첫 번째 사원이다. 최꾸는 법신불이니 곧 비로자나불인 것이다. 최꾸곰빠는 비로자나불을 모시는 사원을 의미한

신의 시냇물이라는 라추가 흐르는 꼬라 길

최꾸곰빠와 카일라스

다. 바로 눈앞에 보이는데 그곳까지 올라가는 데에는 한참이나 시간이 걸렸다.

　사원에 도착했는데 사원의 법당 문이 닫혀 있었다. 아쉬움을 남기고 내려올 수밖에 없었다. 그런데 그곳에서는 라추가 흐르는 계곡과 카일라스가 한눈에

바라다 보였다.

　신의 시냇물 옆으로 오랜 시간을 가다가 능선의 언덕길을 올라서면 오른쪽으로 거대한 붉은 바위가 나타난다. 카일라스를 수호하듯 기묘한 형태로 하늘 가득 솟아 있는 마하깔라 봉이다. 힌두교 교리체계에서

마하깔라 봉

는 파괴의 신, 쉬바를 상징하는 삼지창 또는 금강저 모양을 한 마하깔라(MahaKala) 봉우리이다. 시간의 신(神)으로 죽음을 담당하는 마하깔라는 후에 부정한 것들이 들어오지 못하도록 하는 불교의 호법신으로 자리 잡는다. 관세음보살이 사악한 중생을 제도할 때에 방편으로 무서운 분노존인 마하깔라의 모습으로 나타난다고 한다.

　힌두교도의 이마에 흰 물감으로 삼색선 또는 삼지창 문양을 그리는데 이는 이 봉우리 모습을 표현한 것으로 알려지고 있다. 힌두교도에게 쉬바 신은 최고의 신으로서 죽음의 두려움 그 자체이면서 또한 창조의 열쇠로

만물을 탄생시키는 이중적인 신격으로 인식되어 있다. 쉬바는 출가수행자의 수호신으로, 때로는 순례자의 길벗으로 요가행자(Yoga)의 모습으로 인간 세상에 나타난다. 또 그는 사원 안에서는 링가(Linga, 男根) 형태로 안치되어 힌두교도들의 숭배를 받는데, 이는 창조의 원리와 다산의 의미이기도 하다. 힌두교에서 카일라스는 남근을 상징한다. 산의 모양이 멀리서 보면 링가와 같은 형태로 보이기 때문이기도 하다.

마하깔라 봉 건너편으로는 해발 6,000m에 이르는 거대한 봉우리들이 성산을 외호하듯이 차례로 늘어서 있다. 건너편에 있는 세 봉우리는 차례로 따라(관세음보살), 아미타유스(아미타불), 비자야(대세지보살)로 불리는데 마치 연화대 위에 앉아 있는 삼불의 모습으로 신기하기만 하다.
따라(Tara, 5,936m)는 중생의 고통을 구해주는 관세음보살의 화신으로, 아미타유스(Amitayus, 6,010m)는 산스크리트어로 무량수명을 뜻하므로 서

차례로 따라, 아미타유스, 비자야(대세지보살) 봉이다.

방정토의 아미타불을 나타낸다. 그리고 비자야(Vidschaya, 5,938m)는 대세지보살을 뜻한다. 대세지보살은 지혜의 광명으로 모든 중생에게 비치어 지옥, 아귀, 축생의 삼도(三途)를 없애고 위없는 힘을 얻게 한다. 보살이 발을 디디면 삼천대천세계와 마군(魔軍)의 궁전이 진동하는 큰 위세가 있다고 한다.

그리고 세 봉우리들 뒤에 있는 게사르 링(GesarLing, 5,690m)은 티베트 영웅 서사시에 수호신으로 나오는 인물의 이름을 딴 봉우리이다.

게사르. 그는 천신의 아들이었다. 만년설이 빛나는 높은 설산 아래로 펼쳐진 초원에 마귀의 세력이 나날이 거세지자 이를 가엾게 여긴 천신이 자신의 아들을 링(嶺)나라에 내려 보낸다. 수많은 영웅 서사시가 같은 출발을 가지고 있듯이 게사르 역시 어린 시절을 황야를 헤매며 고난 속에 보내지만 그는 천신의 아들이 아니던가?

신비한 힘에 의해 모든 고난을 이겨내고 신통력까지 얻어낸 그는 세상을 어지럽히던 마귀들을 물리치고 링나라의 왕으로 옹립되기에 이른

게사르링 봉. 티베트 영웅신화에 나오는 게사르를 상징. 정상에 말안장 같은 모습이 보인다.

다. 그리고 수많은 전쟁터를 누비
며 마귀를 제압하고 내란을 평정하
고 링나라에 다시없는 평화를 불러
온 후, 천상으로 돌아가게 된다.

　티베트인들에게 있어서 게사르
는 단지 신화 속에서만 존재하는
허구가 아니다. 그리스의 대서사시
「일리아드」나 인도의 「라마야나」,
「마하바라타」 등이 가졌던 '세계 최
고의 장편'이라는 수식어를 어마어

게사르 탕카

마한 차이로 갈아치운 그의 이야기가 오늘날에도 계속 불어나고 있다는
것은 신화 속의 영웅이 현신으로 나타나 척박하고 모진 터전에서 살아
가는 선량한 그들을 구원해 주기를 바라는 일종의 염원 같은 것이리라.
그런 그를 카일라스의 수호신장의 하나로 모셔놓은 것 또한 당연한 일
이라 여겨진다.

꼬라 길

카일라스 서면

　다시 고개를 들어 오른편을 바라보니 거대한 붉은 바위 뒤로 눈부신 광선이 두 눈을 찌르듯이 내리꽂혔다.

　아! 카일라스였다. 안개 속에서 수정 봉우리가 하늘로 솟아오르듯 나타나고 있었던 것이다. 우리 모두는 현기증이 일어나는 듯 땅에 주저앉아 이 숨 막히는 광경을 바라보고 있었다. 이 지점은 성스러운 산의 겨드랑이에 해당되는 곳으로, 바로 눈앞에 2천m나 되는 단일 봉우리가 솟아 있어 고개를 완전히 젖히지 않으면 정상 부분이 보이지 않는다. 이윽고 눈이 시리도록 푸른 하늘 병풍이 펼쳐지고 있었다. 그것은 정말 개천(開天)이라 부를 만한 광경이었다. 그것은 언어로는 묘사할 수 없는 신성이 화현하는 그런 세계였다.

　그리고 옆으로는 구루린포체 파드마삼바바의 똘마 봉이 보인다. 똘마는 버터와 보릿가루를 섞어서 탑처럼 만들어 붓다에게 공양하는 공양물로 똘마같이 생긴 바위를 보고 그들이 가장 신봉하는 파드마삼바바가

이곳에서 신통력으로 똘마를 만들어 놓은 것으로 여겨지게 한 것으로 붙여진 이름일 것이다.

이곳으로부터 출발해서 디라푹 사원으로 가는 길에는 해발 5,000m 의 고원에서도 탐스러운 마못들이 마중 나와 있는 것이 신기하였다. 마 못은 다람쥐과의 동물로 식물을 먹고 살며 발톱이 크고 단단하여 땅파 기에 적합해서 평지에 땅굴을 파 고 산다. 여름에는 위험한 때를 위 해 피신할 수 있도록 복잡한 땅굴 을 만들어 지내고, 겨울에는 동면 을 하는데, 동면을 할 때는 더 깊은 땅굴로 들어가서 지낸다. 마못은 매우 사교적이고 상호간에 의지하 는 습성이 많은 귀여운 동물이다.

다람쥐과의 동물
마못

카일라스 북면에
있는 디라푹 사원

해발 5,050m에 있는 디라푹 사원은 13세기 밀라래빠의 까규파 종파
에 의해 창건되어 이후로 카일라스 꼬라를 도는 수많은 순례자들의 숙
박지로 이용되어 왔으나 지금은 건너편에 있는 산장을 이용하고 있다.

디라푹은 암야크 뿔의 동굴이란 의미로 '카일라스 꼬라'를 개척했다
고 전해지는 성자 괴창빠(1189~1258)가 수행했던 동굴로 유명한데, 천장
에 야크뿔 자국이 지금도 남아 있기에 붙여진 이름이다. 당시 괴창빠가
라추(신의 시냇물)를 따라 수행처를 찾아 오르다가 한 곳에서 어느 쪽으
로 가야 할지 몰라서 난감해하고 있을 때 갑자기 어디서인가 한 마리 암
야크가 나타났다. 그래서 암야크가 인도하는 대로 뒤를 따라서 이곳에
왔는데 동굴 안으로 들어가서는 야크 뿔자국만 남기고 사라진 것이었
다. 괴창빠는 암야크가 수행자들의 수호여신인 다키니의 화신이라는 것
을 알고 그 동굴에서 수행을 하였다고 한다.

음영이 유난히 짙은 산그늘이 무서운 기세로 다가오고 있을 때 카일라스 북면 아래 산장에 도착해서 객실로 쓰는 다인실 방에 잠자리를 마련하고는 저녁 준비에 부산하였다. 컵라면에 쌀밥과 간단한 반찬을 곁들인 그런 대로 의미 있고 풍성한 성찬이었다.

티베트 차를 마시며 노닥거리다 잠이 들었다가 새벽에 마당으로 나와 보니 밤하늘은 온통 오색영롱한 별의 벌판이었다. 은하수가 찬란하게 드리운 설역고원의 밤하늘은 그냥 '아름답다' 또는 '환상적이다'라는 그런 감성적 차원을 뛰어넘은 영원에의 부름 소리, 그 자체였다. 그동안 내가 살아왔던 하계(下界)에서 저런 '별'을 본 일이 있었던가? 저처럼 다양한 색깔의 별을 볼 수 있었던가? 밤하늘 가득한 영롱한 별들은 천상

설역고원의 은하수

관음봉과 금강수봉
사이로 솟아오른
카일라스

이 가까운 설역고원에서만 볼 수 있는 별들의 잔치였던 것이다.

아침이 되어 주위의 술렁거림에 눈을 떠 산봉우리가 있는 쪽을 바라
보고 화들짝 놀라 정신을 차렸다. 눈앞에, 아니 코앞에 눈부시게 빛나는
봉우리가 구름 속에서 모습을 드러내고 있었다. 마치 천문대의 돔 지붕
이 열리듯이 지구별의 중심 안테나로서 우주와 교신을 시작하려고 솟아
오르는 것처럼 보였다.

좌측으로 쨘래직(관세음보살Avalokitesvara, 5,675m) 봉과 우측으로 창나도
제(금강수보살Vajrapani, 5,750m) 봉 사이로 거대한 하얀 봉우리가 우뚝 솟
아오르며 그 기(氣)를 발산하고 있었다.

다문 입술 사이로 저절로 옴(Aum)이란 만트라가 흘러나오고 있었다.

마침내 쉬바 신이, 인드라 신이, 뎀촉붓다가, 비로자나불이, 그리고 제석천의 궁전이 그 모습을 드러내고 있었다.

찬란한 아침 햇살이 산봉우리를 비추고, 짙푸른 하늘 아래 산봉우리는 구름의 머릿결을 흩날리고, 그 위로는 또 다른 구름의 퍼레이드가 펼쳐지고 있었다.

이보다 더 장엄할 수 있으랴! 이보다 더 성스러울 수 있으랴!

시시각각으로 변하는 카일라스의 신비스런 모습은 참으로 탄성을 자아내게 했다.

봉우리 위의 저 아침 햇살은 이곳에서는 특별한 의미가 있다. 밀라래빠가 오기 전 이곳은 뵌뽀교의 성지이기도 했다. 뵌뽀의 창시자인 셴랍

카일라스 북면의
아침 햇살

미우체가 강림하고 또한 승천했다고 전해져서 그들에게 이곳은 절대적인 성산이었던 것이다. 그리하여 밀라래빠가 이곳에 도래하자 뵌뽀교의 사제인 나로뵌충은 이 산의 연고권을 걸고 밀라래빠와 마법의 내기를 해서 패한 자는 이곳을 떠나도록 하자고 제안했다.

몇 차례의 신통력 대결에서 모두 패한 나로뵌충은 마지막 대결을 제안하기에 이른다.

보름날 새벽에 카일라스의 봉우리에 먼저 도착하는 자가 이 산의 주인이 된다는 것이었다. 이윽고 그날이 되자 나로뵌충은 밀라래빠보다 먼저 북을 타고 산봉우리로 날아가고 있었다. 그런데 정상으로 오르려고 아무리 애를 써도 산허리를 빙빙 돌기만 할 뿐 가망이 없었다. 이 모습을 보고 있던 밀라래빠는 아침 햇살이 산봉우리를 비출 때 햇살을 타고 순식간에 정상으로 날아올랐다고 한다. 그래서 북을 타고 오르려던 나로뵌충보다 먼저 올라 '등반내기'에서 이겨서 이 산의 연고권을 확보하였다고 한다.

한참을 바라보다 시간에 쫓겨 요기도 하고 배낭도 챙기는 등 부산스러운 출발준비를 끝내고 나서 산을 오르기 시작했는데 얼마 안 가서 카일라스로부터 흘러내리는 시냇가에 이르렀다. 될마라 고개로부터 흘러내리는 될마라추인 것이다. 이 물은 아래쪽에 인더스 강의 발원지인 '셍게카밥' 즉 '사자의 입에서 흘러나온다'는 뜻의 사천하(獅泉河)와 합쳐져 인더스로 흘러가는 것이다. 해동의 나그네는 버릇처럼, 연꽃 초를 꺼내 불을 붙여 가만히 물 위에 내려놓는다. 그리고는 두 손 모아 합장하면서 나직이 중얼거린다.

"지금 이 불꽃에다 내 영혼을 풀어 얹으리라! 그래서 너를 따라, 내 영혼을 따라 바다에 이르리라. 갠지스면 어떻고 인더스면 어떠하리."

삼도해탈(三途解脫)의 고개
될마라

사천하(獅泉河)를 건너 언덕으로 오르니 카일라스의 동쪽 면이 찬란하게 나타난다. 만년설로 드리워진 카일라스의 우측으로는 자비의 상징인 쩬래직(관세음보살) 봉으로 좌측으로는 지혜의 상징인 잠페양(문수보살 Manjushri, 5,835m) 봉으로 불리어진다.

흔히 카일라스는 우주의 연꽃에 비유된다. 정상은 화심(花芯)에, 카일라스를 에워싼 여덟 봉우리는 그 꽃잎에 해당된다. 그러니까 저 건너 보이는 동쪽 면의 봉우리는 차례로 문수·관음·금강수 보살의 봉우리이고, 뒤쪽으로 빙둘러 있는 봉우리들도 보살과 신들의 이름으로 되어 있는 것이다.

그리고 정상 옆으로 성벽같이 드리워진 절벽 아래에 푸르게 빛나는 만년설의 빙하는 포룽 빙하로서 힌두 신화에서 재물의 신인 쿠베라

카일라스 동면

카일라스동면과
포릉 빙하

(Kubera)의 궁전일 것이다. 그렇다면 얼마나 많은 신들의 보물이 저 안에 간직되어 있을 것인가?

　4세기경에 출현한 인도문학사상 가장 위대한 작가로 꼽히는 칼리다사(Kalidasa)는 저 수정궁전을 무대로 유명한 서정시 〈구름의 사자(Cloud Messenger)〉를 남겼는데, 그 속에는 건축의 신이 지었다는 아마라바티 신전의 호화스러움과 여신들의 모습이 아름답게 표현되어 있어 고대 산스크리트 문학의 백미로 꼽히고 있다.

　카일라스 산의 신전은 재보의 신 쿠베라가 지키고 있다. 그의 시종 중에는 반신 야크샤(Yaksha, 夜叉)가 있는데, 그는 방탕한 성격으로 인해 종종 근무태만을 하게 되어 남쪽 지방으로 유배를 가는 신세가 되었다. 그곳에서 그는 카일라스 궁전의 즐거웠던 생활을 술회하고 그리워하면서 지나가는 구름에게 안부를 전해줄 것을 당부한다. 그의 시에는 궁중 생활과 여신들의 모습이 화려함의 극치로 묘사되어 있다.

위로는 구름에 닿았고 금은보석으로 치장된 얼음과 수정으로 만들어
진 궁전, 하늘에 걸려 있는 은하수의 월광보석의 반짝임, 하늘거리는
천의를 입은 입술이 사과같이 빨간 여신들, 손에는 연꽃을 들고 머리
에는 말리화(재스민)를 꽂고 신들의 놀이상대가 되어 금모래 속에 숨
겨둔 보석을 찾는 여신들의 자태.

그곳에는 뛰어다니느라 머리에서 떨어져 땅에 뒹구는 만다라화, 패
다라화의 꽃송이들이 어지럽고, 귓가에서 떨어진 금색의 연꽃 귀걸
이와 유방에 부딪혀 끊어진 화환들은 모두 간밤에 여신들의 은밀한
외출의 잔재들이네.

언제까지나 깨고 싶지 않은 신화의 삼매에서 깨어나 가던 길을 재촉
하니 오른쪽으로 칸도상람(5,675m)이라는 빙하의 고개가 나타난다.

칸도상람은 일명 다키니의 비밀통로라고도 하며 카일라스를 적어도
12번 이상 순례한 사람에게만 허용된다는 순례로이다. 다키니는 수행

칸도상람으로 일명
다키니의 비밀통로
라고 한다.

자들을 수호하고 중생을 이롭게 하는 천녀(天女)를 말한다. 저곳이 비록 될마라를 넘어가는 순례로보다는 가까운 직행로이지만, 빙하로 덮여 있는 고개를 넘어야 하는 대단히 위험한 길이어서 다키니만이 다니는 비밀통로라고 이름이 붙여진 것이다.

다시 천근같은 발걸음을 옮겨 산등성을 오르니 거기에는 커다란 바위 위에 기원의 작은 탑들이 쌓여져 있고, 그 밑에서 일단의 티베트인들이 기도를 하고 있었다. 업경대(業鏡臺). 이 업경대란 이름이 붙은 바위는 가운데가 오목거울같이 커다랗게 패여 있어서 '영혼의 거울'이라고 하는데, 기도하는 이에 따라 전생의 업이 비친다고도 한다. 성스러운 산의 순례로 중에서 가장 힘든 될마라 고개가 시작되는 이곳에 커다란 바위를 업경대라 칭하고 인간의 죄업을 심판한다는 무대를 설정해 놓은 것은, 누구의 연출이었든지 다분히 의도적인 속셈이 있다. 그 의도란 바로 기고만장한 우리 인간들의 유일한 약점인 죽음 너머의 세계에 대한

업경대

원초적인 두려움을 극대화시켜서 바르게 살아야 한다는 메시지를 담고 있는 것은 아닐까?

이는 모든 종교들이 이 죄의식에 대해 교리의 대부분을 할애하며 그 해답을 제시하려고 한 것을 보아도 이해가 되는 부분이다. 우리는 대부분이 이성적인 논리로는 지옥과 천당을 부정하지만 한편으로는 혹시나 화탕지옥(火湯地獄)이나 도산지옥(刀山地獄) 같은 그런 무서운 공간이 실제로 존재할지도 모른다는 막연한 두려움도 가지고 있다. 이승을 떠나야 할 때가 가까이 다가올수록 그 두려움은 더욱 증폭된다. 그래서 급기야는 종교를 찾아 귀의하게도 되는 것이다. 과연 우리들 중에서 누가 죽음의 두려움에서 자유로울 수 있으랴!

업경대를 지나서 올라가는 길목에는 밀라래빠와 나로뵌충이 대결할 때 생겼다는 바위가 탑처럼 놓여 있다. 그곳을 지나서 얼마간을 오르니 산으로부터 내려온 수많은 돌들이 널려 있고, 그 돌틈 사이로 맑은

밀라래빠와 나로뵌충이 대결할 때 생겼다는 바위

물이 흘러내리고 있었다. 그런데 그 속에도 고산의 야생화가 아름답게 피어 있는 것이 아닌가? 그것은 경이로움이었다. 해발 5,200m가 넘는 고산에서도 생명의 신비를 연출하고 있는 것이다. 한참을 바라보다 뒤를 돌아보니 피라미드 모양의 산 정상과 그 아래 봉우리들은 또 다른 자연의 경이를 보여주고 있었다.

다시 앞으로 나아가니 이번 순례 중 가장 힘든 코스인 될마라 고개가 눈앞이다. 여기서부터는 공기 중의 산소가 절반밖에 안 된다. 게다가 급경사여서 천천히 오르는데도 숨이 턱에 받쳐온다. 몇 발자국에 한 번씩 숨을 몰아쉬고 또 쉬면서 천천히 될마라 고개(Dolmala, 5,660m) 정상에 올랐다. 이렇게 자신의 모든 힘을 다해서 올라온 이곳의 이름을 자비의 화신인 될마로 붙인 이유는 무엇일까?

될마라 고개가 시작되는 곳

'될마'는 관세음보살이 중생의 고통을 보고 흘린 눈물 속에서 생긴 보살의 이름으로, 티베트인들이 가장 사랑하고 의지하는 자비의 화신이다. 그들이 어려움을 당할 때, 낮에는 흰색으로 밤에는 초록색으로 그들 앞에 나타난다고 한다.

고갯마루는 한여름에도 종

될마라 고개 정상-
기도하는 순례자들

종 눈발이 흩날리는 곳으로 7월 초인데도 산기슭에는 눈이 쌓여 있고, 온통 수많은 타르초로 덮여 있었다. 이곳에서 순례자들이 자신의 업장을 내려놓고 보다 나은 내생을 염원하면서 걸어 놓은 것일지 모르겠다. 될마라 고개를 넘으면 금생의 죄업이 소멸된다는 속설은 종교적 믿음의 영역인 것이다.

확인된 자료에 의하면 동양 삼국권 사람으로 처음 여기를 오른 인물은 1900년, 일본 황벽종(黃檗宗)의 승려 가와구치 에가이(河口慧海)이다. 그는 이 고개의 어려움을 '삼도해탈(三途解脫)의 고개'라고 불렀다. 그는 단신으로 네팔을 통하여 티베트로 들어와 카일라스 산 꼬라를 마치고 몽골인으로 위장하여 라싸에 들어왔다. 그리고 세라 사원에서 3년간 승려로서 티베트불교를 공부하다가 신분의 위협을 느껴 귀국하였다가 10

삼도해탈의 고개
라는 될마라 고개

년 후에 다시 한 차례 더 들어와 티베트 대장경을 수집하여 가져갔다. 그의 수집품은 지금 일본 동북대학(東北大學)에 〈가와구찌 콜렉션〉으로 보관되고 있다. 그의『티베트 여행기』전 5권은 다시『Three years in Tibet』이란 이름으로 영역되어 세계적으로 알려진 이 방면의 고전으로 꼽히고 있다.

이 고개는 가와구치에 이어 1907년 스웨덴 탐험가 스벤 A. 헤딘(Sven Anders Hedin)이, 그 다음으로는 푸른 눈의 승려인 볼리비아의 고빈다가 일주하였다는 기록을 남기고 있다.

쉬고 또 쉬고 눈에 빤히 보이는 그리 높지도 않은 고개를 한참 동안이나 기다시피 하여 이윽고 해발 5,660m인 될마라 정상에 올랐다. 귀신 울부짖는 소리 같은 바람소리 속에 수백 개의 크고 작은 돌탑들이 쌓여 있고, 그 사이로 기원의 오색 깃발 수천 개가 찢어질 듯 펄럭이고 있었다. 그 광경은 마치 지옥으로 들어가는 유명계(幽冥界)의 입구 같은 괴기스러움을 풍기고 있어서 원초적인 두려움을 일게 하기에 충분하였다. 그런데 멀쩡하던 하늘까지 갑자기 껌껌해지더니 우박이 쏟아지기 시작하는 것이 아닌가. 맨살에 맞으면 아플 정도의 크기여서 황급히 머리를 가리고 큰 바위 사이로 피난을 하느라 부산을 떨다보니 언제 그랬냐는 듯 날씨가 개면서 이번에는 일진광풍이 불기 시작한다.

우리가 배워 왔던 일반적인 과학지식이 종종 통하지 않는 설역고원이라 웬만한 일쯤은 이미 습관이 되었지만 이곳 될마라 고개의 날씨는 정말 예측불허였다. 볼리비아 태생의 푸른 눈의 승려인 고빈다는 1948년 9월 이곳을 지나면서 이곳의 변화무쌍한 날씨에 대해 이렇게 기록해 놓고 있다.

때때로 성스러운 산에서 일어나는 번개구름과 돌풍은 구름이 걷히고 바람이 잔잔해질 때까지 순례자들로 하여금 그곳에서 며칠씩이나 기다리게 하였다. 그러면 산은 태고의 정적을 되찾았고 현란한 흰 봉우리, 초록빛의 얼음폭포, 보랏빛의 그림자, 그리고 짙은 자줏빛의 바위들이 한꺼번에 나타났다. 그것은 도저히 말로 나타낼 수 없는 광경이었다.

정상은 높은 고도와 강한 바람으로 춥고, 또한 음식을 먹으면 탈이 잘 난다고도 해서 물 몇 모금만 마시고 허기지고 탈진한 몸을 이끌고 동쪽 계곡으로 내려오니, 눈 아래로 둥그렇게 생긴 터키석 색깔의 호수가 바라다 보였다. 마치 지옥의 입구 같은 두려운 모습으로 기다리고 있었

가우리쿤드, 뚝게
짼뽀초

다. 지도상에는 가우리쿤드(GauriKund)로 표기되어 있다. 힌두교에서는
쉬바 신의 아내 파르파티가 고행을 하고 또한 목욕하는 곳으로 파르파
티의 피부가 하얀색이어서 '하얗다'는 뜻의 가우리와 '호수'라는 의미의
쿤드가 합해져 가우리쿤드라 불리는 성지이다.

티베트에서는 뚝게짼뽀초(ThugkyeChenpo Tsho)로 자비의 호수라는 의
미를 가지고 있다. 그런데, 왜 이런 지옥의 입구 같은 곳에 자비의 화신
이름을 붙여 놓았으며 자비와 지옥은 무슨 관계가 있단 말인가?

역시 티베트인들도 나처럼 될마라 고개와 이 호숫가에서 원초적 두
려움을 느꼈기에 그들이 가장 사랑하고 의지하는 보살인 될마에게 구원
을 요청하기 위하여 이곳의 수호신으로 터키석 색깔과 같은 녹색 될마
를 앉히게 된 것이 아닐까?

그들에게는 될마가 친근하다지만 해동의 나그네에겐 그래도 관세음보살이 익숙하기에 아슬아슬한 고비마다 '관세음보살'을 염송하며 구르다시피 가파른 길을 내려갔다. 그런데 앞쪽에서 이 돌밭 길을 오체투지로 내려가고 있는 순례자들이 보였다.

될마라를 넘어오는 야크 행렬(위)과 오체투지하는 순례자(아래)

    티베트인들은 카일라스 코라를 하는 것을 평생의 원으로 삼고 있다. 더욱이 오체투지로 성산을 꼬라하는 것이야말로 지고한 순례 의식으로 여겨지는 것이다. 오체투지는 땅바닥에 자신의 온몸을 내던지는 대단히 어렵고 험난한 길이지만, 그들에게는 자신의 교만함과 어리석음을 참회하고 더 나은 내생을 위해서, 그리고 자신을 위해서뿐만 아니라 이 세상의 모든 생명들이 진실로 행복해지기를 바라는 마음으로 이러한 고행을 한다고 한다. 이것은 깨달음의 길에 들어서기 위한 지극한 기도 행위인 것이다.

　카일라스에 와서 오체투지로 꼬라를 하는 데에만 10일 이상의 시간이 걸리는데 오체투지를 하는 사람뿐만 아니라 그 가족들 또는 도우미들도 같이 와서 하루에 순례하는 거리만큼 미리 가서 텐트를 쳐 놓고 음식을 준비하는 등 보통 고행이 아니라고 한다. 심지어 먼 곳에서 이곳까지 오체투지로 오는 경우에는 1년 이상의 시간이 걸려서 온다고 하니 그들의 신심이 어느 정도인지 놀랍기만 하다.

　다시 조금 더 내려가니 몇몇 티베트인들이 한 바위에 머리를 대고 있었다. 가까이 가서 보니 밀라래빠의 발자국이었다. 카일라스의 곳곳에 밀라래빠의 체취가 묻어 있는 것이다.

　드디어 능선 끝에 다다랐다. 그곳에서는 드넓은 계곡 아래로 시냇물과 푸른 초원이 멀리까지 뻗어 있었다.

　그런데 무엇보다도 반가운 것은 저 아래에 먼저 도착한 일행들이 기다리고 있는 모습이었다. 서둘러 마지막 급경사 내리막길을 나는 듯이

●
밀라래빠와 나로뵌충이 카일라스의 순례 방향을 놓고 서로 잡아당길 때 생겼다는 발자국

내려오니 야크 등에 실려 있는 요깃거리가 기다리고 있었다. 허겁지겁 허기를 채우고 뒤처진 일행을 기다리느라고 따뜻한 햇볕이 내리쬐는 풀밭에 누웠다. 그리고 한 손으로 머리를 괴고 될마라 능선 쪽을 바라보았다. "왜 티베트인들은 저런 지옥문 같은 곳에다 자비의 보살 이름을 붙였을까"라는 생각에 잠겨 있다가 달콤한 낮잠 속으로 빠져 들어갔다.

밀라래빠의 토굴
쥬툴푹

꿈속에서 청아한 목소리로 노래를 부르는 한 사내를 만나 그를 따라 그의 집이라는 동굴로 갔다. 거기서 따뜻한 차 한 잔을 대접 받았다. 그는 노래를 계속 불렀고 나그네는 감명 깊게 들었다. 그것은 참으로 맑고

쥬툴푹 사원 가는 길

아름다운 목소리였다. 남자도, 여자의 목소리도 아닌 그런 투명한 목소리였다.

　　내가 누구인지 그대는 아는가? 나는 명상수행자 밀라래빠라네.
　　가슴속에 깨달음의 꽃이 핀 사람이라네.
　　칼칼한 목소리로 그대에게 비유의 노래 부르리라.
　　진실한 말로 그대를 위해 진리를 설하노라.
　　따듯한 마음으로 그대에게 충고의 말 전하노라.
　　그대 안에 깨달음의 보리심 싹터 해탈의 길로 나아가길 바라노라.
　　나의 가르침 따라 진리로 나아가면 영원한 기쁨이 그대를 감싸리라
　　　　　　　　　　　　　　－밀라래빠의 『십만송』, 이정섭 역, 시공사－

　　꿈이었다. 장자(莊子)의 '나비의 꿈(胡蝶之夢, 장자가 꿈에 나비가 되었는데 나비가 장자인지 장자가 나비인지 분간이 안 됨)'이었다. 꿈을 꾸는 동안 내 몸은 정말 그를 따라 쥬툴푹(ZuthrulPhug) 사원에 도착해 있었다. 서둘러 그의 토굴로 달려갔지만 토굴은 텅 비어 있었다. 다만 꿈속에서 보았던 천장의 손자국만은 선연하였다. 밀라래빠의 체취가 스며 있는 이곳에는 다음과 같은 일화가 전해진다. 불교의 전입 이전에는 이 산은 샤머니즘적 전통종교인 뵌뽀교의 성지였다. 이름 또한 '강 린포체'가 아닌 그냥 눈의 산인 '강 디세'였다.
　　어느 날 유명한 밀교행자 밀라래빠가 찾아와 수행할 곳을 찾음으로써 당시까지 주인이었던 뵌뽀와의 한판승부가 벌어졌다. 표면상으로는 강 디세 산의 헤게모니 쟁탈전이었지만, 실제로는 전 티베트 고원을 걸고 싸운 전면전의 양상이었다. 그렇기에 어느 쪽에서도 결코 물러날 수 없는 건곤일척의 대회전이었다. 이 역사적인 싸움은 수차례에 걸쳐 치러졌는데 뵌뽀의 대표선수 나로뵌충은 유명한 초능력자였다. 서막은 뵌

뽀의 선공으로 시작되었다.

　　세상에는 밀라래빠가 참으로 위대한 자라고 알려져 있건만
　　알고 보니 벌거벗고 잠자는 늙은 망나니에 지나지 않네.
　　아름다운 노래 입으로 읊고 다니지만 손에 든 것은 등지팡이 하나뿐
　　찾아보아도 위대한 것은 하나도 없네.
　　우리 뵌뽀의 신은 '센랍'이시니 스와스띠카[雍仲 卍字]가 그 상징이네.
　　입 크게 벌린 무서운 흡혈대신이네.
　　머리는 아홉 개요 팔은 열여덟이니 온갖 신통력 지닌 대왕이시네.

　뵌뽀교의 대표선수 나로뵌충은 빈정거리며 시비를 걸었고 밀라래빠
는 받아쳤다.

　　명성 높은 백설의 디세 산은 지순하고 흠 없는 붓다의 가르침을 상징
　　하네.
　　수많은 강물 모여드는 마팜윰초는 절대의 진리세계를 상징하네.
　　이 늙은 밀라는 벌거벗고 잠자니 이원(二元)적인 상대세계의 초월을
　　상징하네.
　　입술에서 흘러나오는 노래들은, 내 가슴속에서 넘쳐흐르는 샘물,
　　붓다의 경전들을 말하는 노래들이라네.
　　손에 쥔 지팡이는 윤회의 바다 건너는 도구,
　　마음과 물질 통달한 밀라래빠는 신들의 도움 없이도 모든 기적 행하네.

　말로 끝날 싸움이 아니었다. 이윽고 실력대결이 벌어졌다. 나로뵌충
은 마팜 호수(마나사로바)를 두 다리 사이에 넣었지만 밀라래빠는 마팜
호수 전체를 들어서 손가락 끝에 올려놓았다. 그래서 1회전은 밀라래빠

의 승리였다. 2회전부터는 장소를 옮겨 강 디세 산기슭에서 이어졌다. 이번에는 순례 방향의 문제가 발단이 되었다. 밀라는 왼쪽으로, 뵌충은 오른쪽으로 서로 힘을 써서 상대방을 잡아 당겼는데 이번에도 밀라래빠의 승리였다. 그리하여 지금도 서로 잡아당기는 동안 생긴 발자국들이라고 전해오는 것들이 바위에 남아 있게 되었다.

둘은 산을 한 바퀴 돌고 나서 다시 쥬툴푹 동굴 앞에서 부딪혔는데, 마침 소낙비가 내려 둘은 합작하여 비를 피할 집을 짓기로 했다. 기초석과 지붕을 분담하여 일을 시작하였다. 밀라래빠는 신통력으로 바위를 옮겨 기초석을 깔았는데, 뵌충은 지붕돌을 옮기려고 아무리 애써도 꿈쩍도 안 하는 것이었다. 그래서 밀라래빠가 대신 그 돌을 들어 올려 지붕에 얹자 그의 손가락 자국이 바위에 찍혔다. 그런데 완성된 집의 지붕이 너무 낮아 밀라래빠가 다시 밀어 올리자 또다시 손바닥 자국이 바위에 생겼다. 이것을 보고 있던 뵌충은 자신의 패배를 시인하였고, 그때

●
쥬툴푹 사원
기적의 동굴

생긴 손자국이라고 전해오는 자국들이 지금도 쥬툴푹 사원 천장에 희미하게 남아 있어 기적의 동굴로 알려지게 되었다.

그리고 마지막으로 카일라스 산봉우리에 오르기 대결은 앞장에서 전술한 바와 같이 밀라래빠의 승리였다. 불교의 승리였다. 이에 나로뵌충은 패배를 인정하고 강 디세 산의 소유권을 밀라래빠에게 내어주게 되었다. 이에 밀라래빠도 너그러이 강 디세 산과 마팜 호수의 참배권은 인정해 주기로 양보하여 뵌뽀교도들도 자유로이 그들 방식대로 오른쪽으로 순례를 할 수 있게 되었다 한다.

이렇게 하여 강 디세 산은 강 린포체, 즉 '눈의 보석 같은 존재'가 되었고, 광재용왕(廣財龍王)이란 뜻의 '마추이초'는 "영원히 패하지 않는 진리의 호수"란 뜻의 마팜윰초가 되었다. 그렇게 하여 뵌뽀 깃발 날리던 티베트 고원은 '옴 마니 반메 훔'이 울리는 불국토가 된 것이었다.

티베트의 고대 역사는 어찌 보면 뵌뽀교와 불교의 '대립과 융화' 그 자체라고 해도 과언이 아니다. 권력자의 손이 누구 편을 잡았느냐에 따라서 시대적 부침은 겪었지만 두 종교는 끊임없이 '대립과 융화'를 되풀이하였다. 일견하면 티베트가 완전한 불교국가처럼 보이지만 안을 들여다보면 두 종교 간의 갈등의 역사는 곳곳에서 어렵지 않게 찾아볼 수 있다. 불교가 완전히 승리한 것처럼 보이는 밀라래빠의 일화는 그 한 부분에 불과한 것이다. 그렇지만 밀라래빠에 의해서 불교는 뵌뽀를 젖히고 민중들의 가슴속에 불심을 심게 된 계기를 맞게 된다. 그만큼 그는 티베트불교사뿐만 아니라 민간에서도 영향력이 큰 전설적인 인물이었다.

밀라래빠(1052~1135)의 생애는 드라마틱한 반전의 연속이었다. 어렸을 적 부유했던 밀라래빠는 아버지를 잃자 재산을 친척들에게 빼앗기고 온갖 수모를 당하게 된다. 증오에 찬 밀라래빠는 복수를 하기 위해 집을 떠난다. 집을 떠난 밀라래빠는 이를 갈아가며 뵌뽀의 저주법인 흑마술

까규파의 3대 고승―차례로 스승 마르빠, 밀라래빠, 제자 감뽀빠. 밀라래빠가 손을 들어서 귀를 귀울이는 것은 스승의 가르침을 보다 잘 들으라는 가르침

(黑魔術)을 배워 고향으로 돌아와 그의 집안을 배신한 친척들을 33명이나 죽였다고 한다. 그러나 통쾌할 것만 같았던 그의 가슴은 그때부터 지옥불에 시달리게 되었다. 그래서 그는 스승을 찾아다니며 회개의 길을 모색하게 된다.

그러다가 인도에서 무상요가법(無上Yoga)을 터득하고 돌아온 위대한 스승인 마르빠를 만나게 된다. 마르빠를 스승으로 모시고 밀라래빠는 참으로 피나는 고행을 한 끝에 밀교의 진수를 전수받게 된다. 그로부터 밀라래빠는 스승의 곁을 떠나 더욱 수행을 거듭하면서 원만경지에 들어 자신의 가슴속의 못을 빼고 보살의 길을 걷게 된다.

그는 평생 흰 옷을 입고 청빈하게 살면서 노래로써 중생들을 교화하였기에 그의 이름은 밀라래빠, 즉 "무명옷을 입은 사람"으로 인구에 회자되었다. 그는 말년에 이곳 쥬툴푹 동굴에서 소들도 못 먹는 쐐기풀을 삶아 먹으며 고행으로 수년간 일관하며 보냈다. 그는 질그릇 하나를 발우 삼아 궁핍하게 살았는데 하루는 실수로 질그릇이 깨어지자 제자들에게 이렇게 말했다고 한다.

"이제 질그릇은 나의 스승이 되었다. 이 질그릇이 깨어지면서 나는 이 세상의 모든 것은 영원하지 않다는 것을 깨닫게 해주었으며 세속에 대한 집착에서도 벗어나게 하는 가르침을 주었다.”

이렇게 그는 주위의 모든 것에서 배움을 얻는 겸허함으로 세상을 대하며 항상 참회하는 삶을 살았기에 그의 주위에는 제자들이 구름처럼 몰려들어 가르침을 경청하였다고 한다. 그의 가르침은 주로 노래로써 전해지는데, 제자들이 그것들을 묶어 한 권의 책으로 만들어 후세에 전하였다. 바로 세계적으로 알려진 『십만송』이 그것이다. 불교사적으로도 그의 족적은 대단하다. 까규파의 전통대로 그의 법을 전수받은 의발제자인 감뽀빠에 의해 까규파는 종풍을 크게 날리며 설역고원 곳곳까지 전파되었고, 후에는 '4갈래 8파'로 갈라지며, 지금까지 티베트불교의 중추적인 역할을 하고 있다.

또 다른 새날이 밝아 왔다. 우리는 또 떠나야만 하였다. 이제는 정말 그 님과 헤어져야 했다. 그는 안개가 짙게 낀 마당가에 나와서 해동의

바깥 꼬라 내려
가는 길

나그네를 배웅하면서 특유의 맑은 목소리로 노래를 불렀다.

> 흘러가는 것, 충만한 것, 돌아가 안기는 모든 것은,
> 존재의 본질을 직시함에 한결같이 힘을 주네.
> 모든 형상에서 자유로움은 하나의 힘이요,
> 스승의 가르침을 실행함은 또 하나의 힘이요,
> 죄를 짓지 않고 이승을 마감함도 또 다른 힘이라네.

그것은 그의 오도송(悟道頌)이었다. 그의 깨달음을 후대의 중생들에게 전하고 싶은 바람에서 우러나오는 따라보살의 자비심에서 우러나오는 이별가였다.

그것은 힘이었다. 가슴 깊은 곳에서 밀려오는 거대한 에너지였다. 어떤 깨달음만이 끌어낼 수 있는 신비스런 영혼의 힘이었다. 이승에 살 동안에 꼭 마쳐야 할 숙제를 끝낸 홀가분함에서 오는 개운함이었다.

마음의 짐을 벗고 나는 듯한 발걸음으로 시냇물이 남쪽으로 뻗어 내려간 계곡을 따라 내려오니, 거기 만자(卍字) 형상의 드넓은 스와스띠카 평원이 펼쳐졌다. 그 너머에는 히말라야의 능선이 한낮의 태양 아래 눈부시게 빛나고, 그 아래 새파란 호수가 거울같이 반짝이고 있었다. 마침내 바깥쪽 산돌이 순례가 모두 끝난 것이었다.

카일라스 중심부 안쪽의
산돌이(낭꼬라)

순례의 시발점인 다르첸 마을로 돌아와 편안한 침대를 본 순간 탈진했던 몸에 잠이, 마치 죽음 같은 잠이 밀려 들어왔다. 냉열이 교차되는 땀의 범벅 속으로 염라대왕의 사자가 나를 부르러 왔다. 염라대왕전으

로 속절없이 붙잡혀 가서 심판대에 섰다.

될마라의 업경대(業鏡臺)에 비쳤던 이승에서의 내 카르마(業, Karma)에 대한 추상같은 검사의 논고가 이어졌다. 그곳에는 변호인이 없었기에 오직 자신만이 자신을 변호해야 하였다. 그 일은 그런 것이 아니고 이런 것이었고, 어쩌고저쩌고 하면서 관중 없는 법정에서 열심히 손발을 저으며 메아리 없는 공허한 변론만 되풀이하고 있었다. 그때 암흑 속에서 때 맞추어 초록색 빛이 새어 들어왔다. 그 환한 빛 속에 스승, 밀라래빠가 서 있었다. 그가 나를 위해 속시원하게 변론을 해주고 있었다.

현대 심리학의 거장 칼 융(1875~1961)은 「지옥도」에 대하여 이렇게 명쾌하게 해석을 내리고 있다.

중음계에서 체험하는 존재의 근원이란 그 '바르도 체'(Bardo-사후상태에서 사자의 의식체를 에워싸고 있는 일종의 유체[幽])의 마지막 장에서 가르치듯이 마음의 근원을 말한다. 마음속에 담긴 사념과 환상들이 실제 모습을 가지고 나타나며, 카르마에 의해 생겨난 무서운 꿈이 무의식 속의 우성인자들에게 지배를 받아 마음껏 놀이를 펼친다.

우리가 만일 경전을 뒤에서부터 읽는다면 맨 처음 나타나는 것은 공포의 대명사인, 모든 것을 파괴하는 죽음의 대왕이다. 그는 수십 명의 신장과 피를 마시는 여신들을 거느리고 있다. 온갖 무서운 모습으로 뒤범벅된 악마적인 속성의 신장과 여신들을 거느린 모습에도 그것들 사이에는 어떤 질서가 엿보인다. 그 신들은 네 방향에 정렬하고 각 방향마다 다른 색채들로 구분된다.

신비한 4가지 색채와 만다라로 나타나는 이 질서 속에서 만일 사자가 높은 차원의 통찰력을 가지고 있다면, 그는 이 모든 마음의 형상들이 사실은 자기 자신으로부터 나온다는 것을 알고 그의 앞에 나타나는 지혜의 4가지 빛이 사실은 자신의 정신에서 나오는 빛임을 알게 된다.

그래, 그럴 것이다. 지옥도란 "스크린에 비친 한 편의 활동사진"에 불과한 것일 터이다. 무한대의 공간에서 혼자 상영하고 혼자 관객이 되어 보는 '지옥도'라는 제목의 영화 한 편일 수도 있는 것이다.

역시 지혜의 검은 강하다. 최고의 학식을 가진 사람이 몇 번씩 읽어도 이해 못할 난해한 대승경전의 넝쿨을 지혜로운 금강의 검으로 싹둑 자르니, 하늘은 역시 푸르고 흰 구름은 눈부시다.

햇살은 오늘따라 찬란하였다. 특유의 잉크 빛 하늘도 여전하였다. 누적된 몸살기로 인한 발한 때문이었는지 아니면 그 땀과 함께 빠져나온 내 영혼의 카르마 때문인지 아니면 한 번의 꼬라로 인한 업의 정화 때문이었는지는 몰라도, 몸과 마음이 함께 가뿐하였다. 무언가 일기일회(一期一回)의 큰일을 마친 기분이었다.

또 다른 순례인 낭꼬라, 즉 안쪽 길을 떠나기로 하였다. 카일라스의 꼬라는 바깥쪽으로 도는 순례로와 안쪽으로 도는 순례로로 구분되는데

낭꼬라 가는 길

안쪽 순례는 원칙상으로 바깥 꼬라를 12번 행한 사람에게만 자격이 주어진다고 한다. 이것은 안쪽 순례 자체가 힘이 든다는 것보다는 깨끗한 몸과 마음을 가져야만 신의 영역에 좀 더 가깝게 다가갈 수 있다는 원리일 것이다.

카일라스의 낭꼬라는 그만큼 산의 꽃잎을 넘어 산의 화심(花芯)까지 접근할 수 있는 코스이다. 해동의 순례자는 비록 자격이 없지만, 이번 생애에는 다시 이곳을 찾을 수 없을 것 같은 조급함과 간절함이 겹쳐 안쪽 순례를 감행하기로 하였다.

다르첸 마을에서 정북으로 뚫려 있는 가파른 길을 지그재그로 한참을 오르니 그곳에는 넓은 계곡을 가로질러 긴 줄에다 걸어놓은 수십 줄의 오색 깃발이 펄럭이고 있었다. 여기부터는 신성한 산의 입구임을 알리는 일종의 금줄(禁絲)인 셈이다. 길모퉁이마다에는 많은 나그네들이 오랜 세월 쌓아온 돌무더기 탑이 서 있는데, 거기에도 신목(神木)이 꽂혀 있고 타르초들도 세차게 펄럭이고 있었다.

그렇게 한참을 오르니 별안간 시야가 넓어지면서 멀리 금빛 지붕이 보이기 시작한다. 수미산의 중심사원인 걍닥(Gyangdrag)곰빠였다.

낭꼬라에 핀 야생화

고도계가 4,900m를 넘었고, 한 발자국 떼어 놓는 것이 쉽지는 않았지만 수시로 변하는 주위 풍경은 육체적 고통을 잊게 해주기에 충분하였다. 특히 길 양편으로는 마못들이 곳곳에서 우리를 바라보며 서 있었고, 이곳이 식물한계선을 넘은 곳임에도 불구하고 야생화들이 피어 있는 푸른 초원이 있는 것은 경이로움이었다.

구름 속에서 나타나는
카일라스

성스러운 산의 배꼽에 위치한 걍닥은 티베트불교 까규파에 속한 곰
빠여서 법당 안의 배치도는 특기할 만한 것이 없지만 거기에서 내려다
보는 경치는 천하제일경이었다. 저 아래 해와 달을 상징하는 신비의 호
수가 거울처럼 반짝이고, 그 너머로는 히말라야라는 거대한 백룡이 기
어가고 있는 것처럼 보였다.

걍닥 사원을 뒤로하고 좌측으로 산허리를 타고 넘으니 세룽곰빠가
보인다. 낭꼬라의 베이스캠프 역할을 하는 곳이다. 사원에 도착하니 사
원 안에는 승려와 티베트인 몇몇이 이야기를 나누고 있었다.

해를 가늠해 보니 이미 중반을 지나고 또한 이곳 이외에는 숙박할 곳
이 없다고 해서 비록 허름한 창고 같은 곳이지만 이곳에서 하룻밤을 지
내기로 했다. 내일의 낭꼬라를 기대하면서….

새벽부터 서둘렀다. 카일라스의 가장 신성한 곳인 남면 쪽에서 산의 일출을 보고 싶었기 때문이다. 바깥은 아직 어두컴컴하고 카일라스는 구름에 싸여 있어 내심 저 구름이 안 벗어지면 어쩌나 생각하며 발길을 재촉했다. 곰빠를 출발해서 경사진 언덕을 한참을 올라 능선에 이르렀을 때 서서히 구름이 벗어지며 카일라스의 얼굴이 드러나기 시작했다.

아! 아니, 옴(Aum)!이었다. 그것은 신성(神性), 그 자체였다. 거기 신이 현현해 있었다. 쉬바 신이, 인드라 신이, 브라흐만 신이 있었다. 거기 대범천왕의, 제석천왕의 궁전이 빛나고 있었다. 대일여래(大日如來), 비로자나붓다도 가부좌를 틀고 권인(拳印)을 짓고 앉아 있었다.

아침 햇살을 뚫고 나타나는 성산은 어떤 언어로도 표현할 수 없는 감명을 주었다. 한참을 넋을 잃고 바라보다 다시 오르기 시작했다. 빤히 보여서 가까운 것 같은데 하나의 언덕을 넘으니 또 다른 언덕이 나타난다. 그렇게 세 굽이 능선을 넘은 끝에 가파른 언덕 아래에 도착했다. 이

카일라스 앞쪽 봉우리는 아라한봉이다. 힌두교에서는 소가 웅크리고 앉은 모습으로 쉬바 신이 타고 다니는 흰 소인 난디라고 한다.

카일라스 남면(위).
달마의 얼굴 같은
정상의 모습(아래)

제 이 고개만 올라서면 성산 전체가 한눈에 들어온다고 한다. 여기서부
터는 고도가 높고 가팔라서 가쁜 숨을 몰아쉬며 몇 발자국 움직이고 쉬
고 또 쉬면서 한 발 한 발 언덕 위로 올라가야 했다. 올라가는 길 옆으로
는 순례자들이 만들어 놓은 기원의 돌탑들이 산등성이에 가득하다.

드디어 언덕 위로 오르니 카일라스의 봉우리가 눈앞에 다가왔다. 이
곳에서 내려다본 전망은 또 다른 감탄사를 자아내게 했다. 마치 달마의

카일라스 산정의 용 같은 구름. 좌측 끝에 있는 삼각형의 작은 봉우리는 작은 카일라스로 '띠충'으로 불린다.

얼굴 같은 모습의 정상 부근과 가운데로 골이 파여진 설산은 하늘세계인 천계(天界)에 이르는 33단짜리 하늘 사다리[天階]가 걸쳐져 있는 것 같았다.

　이를 두고 불교에서는 수미산의 '33천궁'이라 부르고 뵌뽀교에서는 교조 센랍 미우체가 하늘에서 강림할 때 그곳으로 걸어 내려온 '하늘 계단'이라고 전하고 있다. 이 '사다리'라는 말의 어원이 알타이문화에서 기인한다는 설도 흥미롭다 하겠다. 이렇게 사다리같이 내려오다가 우측으로 골이 파여 있어 전체적으로는 길상의 상징인 卍자 형태의 모습이 보인다. 좌측 끝에 있는 삼각형의 작은 봉우리는 작은 카일라스로 '띠충'으로 불린다.

어찌 보면 쉬바 신의 상징인 '링가', 즉 남근(男根) 같기도 하고 천신의 왕관 같기도, 또 어찌 보면 자연적 파라미드 같기도 한 사면체의 정면에 파여진 이 부분들은 물론 언어로서 풀어야 할 대상은 아니다. 수 천 년 전의 사람들처럼 영혼으로 또는 가슴으로 느껴야 할 화두이겠지만 필자부터도 이를 얄팍한 분별력으로 해석하려고 하는 잘못을 저지르는 것은 한마디로 식자우환(識字憂患)이라 하겠다.

돌밭으로 경사진 길을 따라 아래로 내려가니 시냇물이 흐르고 있었다. 바로 성산의 눈 녹은 물이 흘러내리는 깨끗한 청량수인 것이다. 이곳으로부터도 한참을 올라가면 절벽 아래에 도착한다.

이곳에서 위를 올려다보면 달마의 형상이 무섭게 내려다보고 있으며, 산 중턱에는 길다랗게 파여진 동굴의 모습이 보인다. 그곳으로 올라가는 길은 암벽으로 되어 있는데 가파르고 미끄러운 매우 위험한 길이다.

산 중턱의 동굴에는 여러 개의 고승 사리탑들이 있고 그 뒤쪽으로 가파른 낭떠러지 끝에 따로 떨어져 있는 탑이 하나 있다. 그 탑은 바로 석가모니 진신 사리탑으로, 이곳에 진신 사리탑을 세워서 카일라스를 더욱 경배 대상으로 여겨지게 한 것이다.

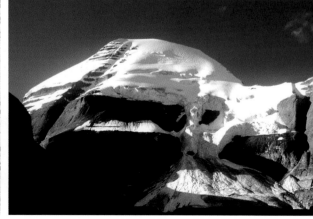

●
카일라스 중턱의 석가모니 진신 사리탑(왼쪽)과 동남쪽 빙하(오른쪽)

　여기까지 올 수 있는 인연에 감사하며 사리탑을 참배하고 산 중턱의
동쪽으로 넘어가는 길은 온통 산에서 떨어져 내려온 돌들로 가득하다.
이곳을 지나니 카일라스의 정상으로부터 쏟아져 내려온 빙하가 장관인
데, 다시 한 번 탄성을 자아내게 했다.

　멀리서 산정에 올라 카일라스를 바라보니 우주를 향해 솟아오르는
듯하고 양옆으로 길게 드리워진 산맥은 이 사바세계를 온전히 품을 듯
이 넓은 두 팔을 벌리고 있었다. 그 평온한 모습을 담은 넓은 골짜기는
어머니의 치마폭처럼 아늑했다. 그대로 어머니의 무릎을 베고 스르르
잠이 들어도 좋을 듯했다.

　안 꼬라를 끝내고 내려오는 길에 뒤를 돌아보니 그곳에 파드마삼바
바가, 밀라래빠가, 카일라스가 가만히 내 뒷모습을 지켜보고 있었다.

이번 순례는 난해한 경전에 등장하는 울창한 밀림 속에서 희미한 옛 길을 겨우 찾아내어 신화 속 나라의 전설적인 산을 다녀오는 것이다. 어찌 보면 순례라기보다는 학술여행에 가까웠다고도 말할 수 있는 길이다. 그것도 보통의 테마가 아닌 '신화의 증명'이라는 무거운 과제를 안고서….

　　고대 시대에 중요한 패러다임이었던 신화가 이미 퇴색한 현대에서는 신화에의 집착과 회귀는 아무런 가치가 없는 것인지도 모른다. 생명체까지 복제하여 신의 경계를 넘보는 기고만장한 인류에게 박물관의 선사시대실에서나 찾아볼 수 있는 신화나 전설은 정말 아무 의미가 없을 것이다.

　　그러나 우리네 인간은, 죽음 뒤의 세계에 대한 두려움과 종교의 가치에 대해서만은 자신 있는 태도를 취하지 못하고 있다. 그렇기에 아직은 신화 시대로의 귀소본능이 유통기한 지난 폐기물은 아닐 것이다. 오히려 인류문명의 앞날의 비전이나 또는 인류 멸망에의 두려움을 해소할 대안 가운데 하나로서 효용가치가 있다고도 말할 수 있다. 앞길로만 치닫는 인간의 의식 속에는 뒤를 돌아보게 되는 회귀본능도 잠재되어 있는 것이다. 새천년의 패러다임이 사이버세상을 여는 것이라도 한편으로는 잃어버린 낙원에의 그리움은 어쩔 수 없는 것이다.

　　그런 면에서 신화로의 회귀는 우리들에게 또 다른 방향을 제시한다고 말할 수 있다. 종말이 인류의 끝이라면 신화는 시작인 것이기에 우리는 그 창조의 일번지라는 신화에 대하여 자그마한 관심이나마 기울여야 할 필요가 있다. 옛말에 이르기를 "오래된 것에서 새로움은 만들어진다" 하였으니 말이다. 해동의 나그네로서도 이번 순례는 그런 메시지를 좀 더 구체적으로 확인한 셈이어서 말할 수 없는 뿌듯함이 가슴 깊이 충만하였다.

한 가지 더 한스러운 것이 있다면, 문자나 언어를 총동원해도 저 장엄한 '신들의 세계'를 제대로 전달할 수 없다는, 필력의 한계를 통감한다는 것이다. 그래도 용감하게 이 글을 쓰는 이유가 있다면 숙세의 인연이 닿아 남들보다 먼저 그리고 많이, 이 땅과 여기에 사는 선량한 사람들과 이 성스러운 산을 사랑한 죄라고밖에 달리 변명할 말이 없다.

4 부

뵌뽀교와
전설의 구게왕국

1. 원시종교 뵌뽀교의 고향

샹슝왕국의 관문
딜타푸리

서쪽으로 뻗어나간 길은 광야 저편의 지평선으로 이어진다. 응아리 방향으로 크고 작은 시내를 건너고 또 건너서 70km를 가면 작은 마을 먼즈[門士]에 이르고, 여기서 좌회전하여 6km를 더 가면 희고 붉은 바위로 된 범상치 않은 산과 온천이 나타난다. 바로 딜타푸리(Tirthapuri)로서 고대 왕국의 관문으로 유명한 곳이다.

지리적으로 이곳은 카일라스에서 발원하는 4대 강의 하나인 랑첸카밥(象泉河), 즉 "코끼리 입에서 흘러나옴"이라는 뜻의 수투레지 강의 상류에 위치한다. 그렇기에 인도로부터 히말라야의 봉우리를 피하여 강을 따라 티베트 고원으로 들어올 수 있는 교통의 요충지로서 특히 순례자들에게는 성산 카일라스가 지척에 있어 거쳐야 하는 필수코스였다. 그리하여 이곳은 일찍부터 각 종교마다 많은 의미를 부여하였다. 힌두교에서는 쉬바 신의 부인인 우마(Uma) 여신의 성욕처(聖浴處)로서, 불교에서는 티베트에 불교를 전한 파드마삼바바의 초기 수행처로서, 그리고 뵌뽀교에서는 그들의 고대 왕국 샹슝의 관문으로서 중요시되었다.

뵌뽀교는 카일라스에 근거를 두고 있는 4대 종교 중 하나로 일명 융둥교(卍敎)라고도 부른다. 설역고원의 민속신앙에서 발전된 이 원시종교는 불교가 전래되자 한동안은 헤게모니 쟁탈전을 벌였지만 고등종교

인 불교에는 역부족이어서 기득권을 불교에게 내어주고 때때로 친불교적인 왕권의 박해를 받으면서 상당 부분은 불교에 용해되어 현재 그 실체를 규명하기가 쉽지 않다.

다행히 1900년 돈황에서 발견된 「토번고문서」 중에서 뵌뽀에 대한 많은 기록들이 천여 년만에 대량으로 세상에 나타나 서구의 학자들에 의해서 연구됨에 따라 많은 부분이 밝혀졌지만 아직도 신비의 안개에 싸여 있기는 마찬가지이다.

불교가 전해지기 전, 이 설역고원의 정치와 사회와 문화에 큰 영향을 끼쳤던 이 종교의 실체는 과연 무엇이었을까? 하는 의문은 고원의 하늘 아래 휘날리는 오색의 깃발을 볼 때마다 느꼈던 화두였다. 오늘 이렇게 뵌뽀 왕국의 관문에 서서 수천 년 폐허의 유적지를 보고 있는 감회는 예사롭지가 않다. 금방이라도 벽화에서 보았던 뵌뽀 사제들이 음침한 토굴 속에서 걸어 나올 것 같은 분위기를 연출하고 있었다.

장마철이라 물이 불어서 하천을 건널 수 없어 지척의 거리에 있는 샹승의 도읍지인 쿤룽에는 가보지 못해 아쉽지만, 현지인의 말에 따르면 그곳도 이곳과 같이 인공구조물은 없고 흰 바위에 동굴만이 뚫려 있는 폐허라 하니 그냥 여기서 만족할 수밖에 없었다. 이 희고 붉은 이상한 바위와 무너진 돌탑과 뻥 뚫린 크고 작은 동굴뿐인 이 기괴한 바위산이 천 년의 도읍지 쿤룽 은성의 관문이 틀림없으니까. 그냥 여기서 나그네의 숙제를 풀 수밖에 없었다. 그 숙제란 다름이 아니라 우리 한민족의 무속과 뵌뽀교와의 연결고리라는 화두였다.

뵌뽀교의 시조
센랍 미우체

인류가 꼬리를 떼어 내고 호모 사피엔스가 되어 오랜 시간을 스스로 진화하여 문명을 이룩해 내었다고 하지만 거대한 자연과 그것을 주재하는 힘, 즉 신에 대한 두려움은 떨쳐 버릴 수가 없었다. 그리하여 그들을 숭배하고, 그 힘과 교감하고, 그 뜻을 헤아리고, 그것에서 영적인 능력을 얻어 내는 방법을 모색하게 되었다. 이름하여 애니미즘, 토테미즘, 샤머니즘이란 이름의 용어가 바로 그런 범주에 속한다고 할 수 있다.

물론 설역고원의 원주민인 뵈릭(티베트 민족)도 위의 인류학적 일반론의 범주를 벗어나지는 않았다. 그들은 해, 달, 별, 호수, 설산, 나무 등의 정령을 숭배하고, 그것들과 교감하여 영적 에너지를 끌어내려 하였다. 그러다 시기적절하게 그들의 체질에 딱 맞는 샤먼적 뵌뽀 신앙이 흘러 들어오자 그것을 자신들의 것으로 토착화시키며 종교화하였다.

뵌뽀교는 이렇게 시작되었다. 기원전 약 2세기에, 파미르 고원 아래 오마룽링이라는 지방에서 센랍 미우체(Shenrab M)라는 걸출한 인물이 나타나 샤먼적 민간신앙들을 조직화했다.

전기에 의하면 그는 13살에 마귀에게 납치되어 생사를 몰랐다가 13년 후에 홀연히 나타났는데, 이때 이미 신통력을 자유자재로 부려 자연스럽게 마을의 지도자가 되었다고 한다. 그는 어떤 부름에 응하여 31살에 다시 출가하여 12단계의 성취를 얻은 끝에 마침내 족첸(大究竟)의 경지에 들어 초월자가 되었다.

여러 종류의 자료에 의하면 그는 제자들과 함께 원반을 타고 하늘을 날아서 강 디세 산, 즉 카일라스 정상에 내려서 가운데 '하늘 사다리[天階]를 타고 인간세계에 내려왔다고 하며, 또는 '무탁'이라고 하는 하늘 밧줄[天繩]을 타고 강 디세에 내렸다고도 한다. 요새말로 '스카이 코드(Sky Cord)'를 통해 인간세계로 왔다는 것이다. 지상에서의 일을 마친 그는 강 디세 위로 올라가 빛으로 화하여 다시 승천하였다고 한다. 그리하여 강 디세는 뵌뽀교도에게는 우주의 중심이 되는 산으로, 나아가 그들 신앙의 고향으로 신성시되었다. 지금도 그들은 강 디세를 돌면서 순례를 하고 동굴 속에서 수행을 하며 무지개로 다시 세상에 내려올 교조의 강림을 굳게 믿으며 기다리고 있다.

센랍 미우체는 후에 뵌뽀교의 교조로 추대된 인물인데, 경전에 의하면 그는 대마법사로 묘사되고 있다. 그의 가르침은 샹슝왕국으로부터 시작하여 중앙아시아 전체로 퍼져 나갔는데, 지금까지 알려진 대로 원래 뵌뽀의 고향은 설역의 중앙이 아니라 이곳 서부 티베트의 끝자락인 샹슝왕국에서 토착화되면서 그 꽃이 만개되어 세계종교사상 유례가 없는 유일한 샤머니즘이 고등종교화한 케이스가 된 것이다.

이 샹슝은 중앙집권의 통일왕국이라기보다는 모든 원시사회의 부족국가들이 그랬던 것처럼 제정일치제(祭政一致制)를 실시하는 부족연합 형태였다. 중국의 구법승들의 여행기 등에, 그리고 혜초 스님의 『왕오천축국전』에 양동국(羊同國)으로 나타나는 곳이 바로 샹슝왕국인 것이다.

샹슝은 7세기에, 16대 왕을 끝으로 토번왕국에 병합되었다. 당시의 토번(吐蕃)왕국은 중앙아시아의 남부까지 장악하는 등 당(唐)나라와 어깨를 같이하는 강대국으로 성장하던 시기였다. 따라서 뵌뽀는 자연스럽게 토번의 국교로 수평이동하게 되면서 불교가 그 자리를 대신하기 전까지 설역고원의 정치와 종교의 가치기준이었고 민중들의 생활규범이 되었다. 토번왕국이라는 큰 바다를 만난 뵌뽀는 비로소 샤머니즘적 주술신앙에서 벗어나 조직과 경전 체계를 갖춘 당당한 종교로서 커나가게 되었다. 그러나 8세기 이후에 불교가 고원으로 밀려 들어오자 한동안은 치열한 생존싸움을 벌였지만 역부족이어서 주인 자리를 내어주고 점차로 그 속으로 융합되었다. 그렇지만 불교 또한 온전치만은 않아서 뵌뽀를 포용하다 보니 불교에 샤먼적인 요소가 진하게 배어버린 부작용도 생겨나게 되었다.

교단은 없어졌다 하더라도 뵌뽀가 뿌리를 내렸던 천여 년 동안 민중들의 가슴에 쌓였던 저력은 여전히 민속신앙의 형태로 지금까지 살아남아서 정통적인 뵌뽀(黑派)는 아주 미미하지만 대신 불교화된 뵌뽀(白派)는 아직도 민족종교로서 교단의 형태를 유지하고 있다.

또한 교조 셴랍 미우체의 직계인 '무'나 '셴' 같은 씨족은 '세습제' 또는 신령에 의한 '간택제'로 승계되어 직업적인 무당(巫堂)의 역할을 감당하며 모든 부락에서 신의 뜻의 전달자로서 상당한 대접을 받고 있다. 그리고 얼마 전까지도 그들의 조직인 내충 신탁사원은 국왕 직속기관으로 달라이라마의 선출 같은 중요한 국가의 신탁에 관여하고 있었다.

기원의 오색 깃발,
타르초

"옴 마 드리 무에 사례 두"
마치 무슨 마법의 주문 같은 분위기를 풍기는 이 진언(眞言, 만트라)은 불교의 육자대명왕진언(六字大明王) "옴 마니 반메 훔"에 해당되는 뵌뽀교의 주문(呪文)으로 티베트어가 아니라 샹슝어로 알려져 있는데 지금까지도 민간에서 살아 숨 쉬고 있다.

그 외에도 지금까지 남아 있는 뵌뽀의 잔재는 헤아릴 수 없이 많지만 그러나 무엇보다도 이 뵌뽀의 특징을 선명하게 볼 수 있는 것은 타르초, 일명 룽따이다. 의역하면 풍마기(風馬旗) 또는 경번(經幡)이라고도 하는 이 오색의 깃발은 마을의 입구, 고갯마루, 나루터, 다리목, 굴뚝, 지붕 꼭대기, 대문간, 고목나무, 큰 바위 등등에 걸려 바람에 휘날리고 있다.

이방인이 티베트 고원에 발을 들여 놓았을 때 처음 반기는 것도 바로 이 깃발이다. 어찌 보면 온 티베트 땅을 덮고 있다고 해도 과언이 아닐 정도이다. 야성이 살아 있는 강렬한 햇빛 속에서 펄럭이는 오색 깃발은 두 눈을 자극해 현란하게 느껴진다. 그렇기에 이 타르초는 이 땅을 다녀 간 여행자들에게 가장 인상적으로 남게 된다. 어찌 보면 가장 강력한 티베트적인 이미지라 할 수 있는 것이다.

타르초가 언제부터 그렇게 설역고원을 덮을 정도로 많이 쓰여지게 되었는지는 명확하지 않지만, 아마도 초기 단계에는 그냥 색깔 있는 천을 걸어서 경계색으로 신계(神界)와 속계(俗界)를 구분하던 표식기 역할을 하던 것이었는데 후에 점차로 그 의미와 형식이 부여되었을 것이라는 것이다.

타르초 중에서 처음으로 등장한 의미 있는 문양은 룽따, 즉 '바람의 말'을 헝겊에 찍은 것이었다. 바람 많은 고원에서 사는 그들은 바람을 신, '라(Lha)'의 뜻을 전하는 전령이라고 생각했다. 그래서 바람을 상징화하여 말로 표현하였다.

여기 한 장의 목판화 룽따를 보면서 그 의미를 되새겨 보자.

중앙에 온갖 치장을 한 말이 있고 그 위 말 안장에는 불꽃이 실려 있다. 여기서 불꽃은 빛과 영혼을 의미한다. 그리고 말은 근대문명이 달리는 기계를 만들어내기 전까지는 가장 빠른 교통수단이었다.

타르초에 말과 불꽃을 새겨놓은 이유는 빨리 신과 영적인 교류를 하고 싶은 데 있었다. 하늘을 날아야 하기에 그냥 말로는 곤란하여

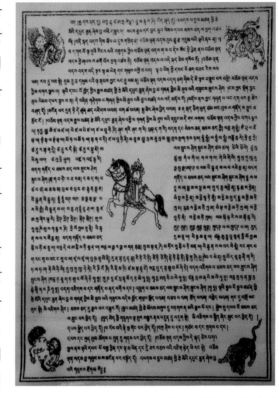

바람의 말 타르초
(룽따)

날개 달린 천마가 필요하였다. 이 빠른 말도 부족하여 바람을 가세시켰다. 주마가편(走馬加鞭)이었다.

'바람의 말'에 빛과 영혼을 의미하는 불꽃을 얹어 놓은 유래는 확실하지 않지만, 필자의 개인적인 가설로는 초기 뵌뽀교가 기원전 6세기에 출현한 고대 페르시아의 조로아스타교(Zoroaster) 즉 배화교(拜火敎)의 영향을 받은 것으로 보인다.

뵌뽀와 배화교는 여러 면으로 연관이 많다. 두 종교는 빛을 숭배하였고 지리적으로 인근한 지방에서 출현하였으며, 배화교의 전성기인 2세기, 페르시아의 샤산 왕조 시기에 센랍 미우체가 나타났다는 사실과 이론적으로 이원론을 주장하고 있다는 것과 교주가 모두 31살에 성도를

했다는 등의 모티브가 비슷하다는 데 있다. 또한 배화교의 제자 중에 황인종의 유목민이 있어 그들의 고향에 전교를 하였다는 것과 두 종교가 '사향지로'를 통하여 설역고원에 전파되었다는 등등을 종합해 보면 배화교가 뵌뽀에게 미친 영향은 근거 있는 가설이라고 보여진다. 그러나 무엇보다도 중요한 증거는 룽따에 나타나는 불꽃이다. 배화교의 죽음의 신인 '이마(Yima)'가 '야마(Yama)'로 이름만 바꾼 채 지금도 여전히 무서운 모습으로 설역고원의 중생들을 노려보고 있는 것도 배화교가 뵌뽀교에 큰 영향을 끼쳤다는 사실을 입증하고 있다.

이 룽따는 우리 경주의 천마총(天馬塚)에서의 백마도의 역할처럼 일종의 무마(巫馬)였다. 깃발은 바람을 부른다. 바람이 불어야 무마가 달려오는 것이 아니다. 말이 새겨진 깃발만 허공에 달아 놓으면 바람이 달려오는 것이다.

상상해 보라. 날개 달린 천마가 영혼을 싣고서 바람을 타고 티베트 광야를 나는 광경을 말이다. 그 얼마나 환상적인가?

'무당 말'의 기능은 신과 인간 사이의 의사전달 말고도 죽은 자의 영혼을 실어 나르는 역할도 하였다. 뵌릭들의 장례의식에는 고개, 나루터 등등이 자주 등장한다. 이는 영혼이 가야할 길이 멀고도 험하다는 의미이다. 이런 이론적 배경으로, 이승에 남아 있는 사람들은 죽은 자의 영혼이 빠르고 안전하게 천계에 도착하기를 기원하여 '바람의 말'이 새겨진 깃발을 고개나 나루터와 같은 행인이 거쳐 가야만 하는 곳에 이정표로 돌무더기 탑을 쌓아 나무 깃대를 꽂아 높이 걸어 놓았던 것이다.

그러면 바람은 불어오고 '무당 말'은 하늘을 나는 것이다. 돈황본 고문서 속에 『제마경(祭馬經)』이란 특이한 기록이 있다. 이 속에는 금마, 은마 사이에서 태어난 포푸차오용이란 이름을 가진 천마에 대한 전설이 실려 있다. 한 구절만 인용해 보자.

원하옵건대 천마여!

산 사람의 몸을 태우듯이 죽은 이의 영혼을 태워서 들짐승처럼 빠르게 남쪽에서 똑바로 북쪽으로 가라. 사자(死者)가 아홉 산을 넘을 때 다리 힘이 부족하면 그의 다리가 되어…

두 번째로 룽따의 역할은 잡귀를 쫓는 벽사(酸邪)에 있었다. 다시 한 번 룽따를 보자. 천마의 사방에 가루다, 용, 사자, 호랑이가 새겨져 있다. 이는 사방의 방위를 맡은 신성한 호위 동물들이다. 이들과 오색천의 의미는 후에 중국의 음양오행사상이 전래됨에 따라 생겨난 새로운 형태인데 자연의 색깔을 의미하기도 하였다. 황색은 중앙으로 땅을, 흰색은 서방으로 흰 구름을, 적색은 남방으로 불을, 청색은 동방으로 푸른 하늘을, 녹색은 북방으로 물을 상징하였다.

세 번째로 룽따의 역할은 기원(祈願)에 있었다. 이는 후에 불교가 뵌뽀의 자리를 대신하면서 생긴 것인데, 주로 티베트불교의 상징인 길상팔보(吉祥八寶)가 천마를 밀어내고 자리잡게 되면서 복과 창운(昌運)을 비는 내용의 불경 구절이 빈 공간에 추가되게 되었다. 예를 들면 "옴 마니 반메 훔" 같은 가장 일반적인 진언들이 단골 화제(畵題)로 등장하였다는 말이다.

한번 더 정리해 보면 타르초는 처음에는 눈에 잘 띄는 원색의 천을 사용하여 길가의 이정 표시를, 또는 신성한 장소를 표시하기 위해 시작되었으나 점차로 의미가 부여되면서 신들과의 교감방법으로, 영혼을 실어 나르는 송혼마(送魂馬)로, 벽사용으로, 다시 불보살의 가피력에 의지하여 개인의 소원과 복을 비는 용도로 변천하였다는 것을 알 수 있다.

뵌뽀교와
한민족의 무속(巫俗)

　이런 뵌뽀의 역사와 특성들은 마치 우리의 무속을 보는 것 같은 느낌이 들게 한다. 뵌뽀의 시작이 우리 단군신화와 유사함이 그렇고 수천 년을 그늘 속에서 많은 박해를 받았으면서도 살아남은 끈질긴 생명력을 가진 배경도 그렇다. 그리고 뵌뽀 사제가 강신(降神) 상태에 빠져 공수[神語]를 지껄여대는 상태도 거의 같다. 또한 그들이 행하는 의식(儀式)에 쓰는 무악(巫樂)이나 제물(祭物)도, 사용하는 무구(巫具)도, 입는 무복(巫服)도, 그리고 금기(禁忌)까지도 유사하다. 또한 우리의 성황당이나 돌탑 그리고 고목나무나 큰 바위에 걸어 놓는, 우리가 '물색' 또는 '댕기'라 부르는 오색 깃발만 해도, 더구나 깃발을 매달 때 사용하는 새끼줄을 왼쪽으로 꼬는 방법까지도 같은 것을 보면 흥미롭다 못해 신기할 정도이다.

　아득히 먼 시간과 공간을 격해 있었던 두 문화 현상에서 후에 유사함이 발견되었을 때 이를 설명할 수 있는 방법은 두 가지일 것이다. 첫째는 각기 자생적으로 이룩한 문화가 우연히 같게 되었다는 것과 두 번째는 어떤 경로로든 두 문화가 영향을 주고받았다고 보는 방법이다.

　그렇다면 우리의 무속과 뵌뽀의 그것이 유사하다는 것은 위의 두 가지 중 어떤 경우에 해당될까? 물론 아직 이 분야에 대한 학자들의 연구가 미진하여 어떤 결론을 내릴 수는 없지만, 필자의 개인적인 가설로는 두 번째의 영향을 받은 것으로 보인다는 것이다. 그러나 이를 증명하는 일은 쉬운 일이 아니다. 왜냐하면 까마득한 옛날부터 꾸준히 영향을 받은 것으로 어떤 한 시기에 국한된 것이 아니기에 역사적으로 규명하기 어렵기 때문이다.

필자의 견해로는 이 영향은 크게는 적어도 3차례에 걸쳤다고 보인다.

첫 번째는 상고시대 신산(神山)의 영향을 받은 원시 샤머니즘이 우리에게 전래되었는데, 이때는 비단 티베트의 영향이라기보다는 중앙아시아의 알타이 문화 전반에 걸쳐 적어도 수천 년 동안 영향을 받은 것으로 보인다. 이때는 문화의 전달만이 아닌 수렵민족이 농경문화로 정착하는 이동에 의해서였을 것이다.

두 번째로는 몽골의 티베트 침공에 의해 몽골문화화된 티베트의 문화와 민속이 우리에게 큰 영향을 끼쳤다는 것이다. 또 이 부분이 결정적으로 현재 우리 무속에 남아 있는 티베트적인 요소이다.

세 번째로는 청나라에 의한 티베트불교의 영향력이다. 이미 여러 번 이야기한 바 있는 흔히 라마교라고 불리는 티베트불교에는 뵌뽀의 요소가 많은 부분을 차지하고 있기에 원·청나라의 국교였던 티베트불교가 두 왕조에 걸쳐 결코 짧지 않은 세월 속에서 우리에게 영향을 미쳤던 것이다.

이 두 민족은 우리와 뿌리가 같은 몽골로이드와 알타이어계이고 상고시대의 특징적인 무속문화를 공유하고 있었기에 티베트 무속은 별 거부감 없이 한반도에 연착륙을 할 수 있었을 것이다. 그렇기에 우리는 그것들을 남의 것이라고 느끼지 못하면서 토착화시켜 왔던 것이다. 물론 이 티베트 풍은 이제는 완전히 우리 것이 되었다. 특히 티베트불교에 묻어 들어온 뵌뽀적인 무속은 더욱 그렇다. 마치 단군할배가 하늘에서 가지고 내려오신 천부인(天符印)처럼 완전히 우리 문화에 뿌리를 내린 것이다.

2. 전설의 구게왕국

환상의
'달의 성' 계곡

해동의 나그네를 유혹하는 흰 구름을 따라 샹슝왕국을 뒤로하고 서쪽으로 길을 잡았다. 한참을 달리다 좌측의 산맥 쪽으로 좌회전하니 이번에는 까마득한 고개가 앞을 가로막는다. 악명 높은 아이라(Ayi-la, 5,166m) 고개이다.

설역고원에서 둘째가라면 서러운 높이를 자랑하는 고개다. 할머니

아이라 고개. 산의 검붉은 색깔은 광산이 있는 광물 자원들

다와쫑─달의 성 계곡

고개라는 별칭에 맞게 구절양장의 가파른 길이었다. 고갯마루에 올라서
니 거기서부터 광활한 고원이 펼쳐지고 그 너머로 히말라야의 설봉들이
햇살에 눈부시게 빛나고 있었다.

구불구불 고갯길을 내려와 또다시 한참을 달리니 멀리 수 백만 개의
하얀 비늘을 가진 백룡(白)이 누워 있는 듯한 히말라야의 능선이 나타나
기 시작했다. 거기서부터는 드넓은 평원이 이어진 것 같았다. 그런데 평
원을 가로지르며 달려가 보니 저 멀리 아래쪽으로 마치 수만 군중이 도
열해 있는 것 같은 붉은 바위들의 형상과 그 사이로 흰 뱀 같은 강이 보
이는 것이 아닌가? 바로 카일라스 서쪽의 코끼리 입에서 흘러나온 신성
한 4대 강의 하나인 랑첸카밥(象泉河), 즉 수투레지(Sutlej) 강의 본류를 다
시 만난 것이다.

아! 드디어 '달의 성'인 다와쫑의 입구에 도착한 것이다. 오래전에 읽었던 제임스 힐튼의 『잃어버린 지평선』이나 고빈다의 『구루의 땅』을 통하여 이미 해동의 나그네의 뇌리 속에 강렬하게 각인된 곳이기에 이곳에 도착한 감회는 주체하기 어려울 정도였다.

모든 자료 속에서 이곳, '달의 성' 계곡은 히말라야 근처 어딘가에 있다는 전설 속의 이상향(理想鄕) 샴발라(샹그릴라)로 묘사되어 신비스럽게 채색되어 있었기 때문이었다.

계곡 깊숙이 들어갈수록 주위의 경치는 가히 절경이었다. 석양의 부드러운 햇살을 받고 서 있는 적갈색의 바위 군상들은 오랜 세월의 풍우에 깎이고 씻겨서 만들어진 자연의 거대한 조각공원이었다. 어느 여행가의 "미국에 그랜드 캐년이 있다면 티베트에는 다와쫑이 있다"라는 말을 덧붙이면 사족이 될까!

전설에 의하면 이 근처 어디인가에 유토피아인 샹그릴라, 즉 샴발라가 있다고 전한다. 그곳으로 들어가는 길은 달이 뜨면 나타난다고 하는데, 그것도 말띠 해의 4월 보름날에만 열린다고 한다. 그리고 그 길은 샴발라 주민의 초청을 받은 인연 있는 사람에게만 열린다고 하니… 아! 정말 샴발라는 존재하는 것인가?

땅거미가 길게 드리운 저녁나절에 도착한 수투레지 강 유역의 마을, 짜다(札達)에서 또 한 번 눈을 크게 뜰 일을 만났다. 마을에 숲이 많았기 때문이었다. 이른바 오아시스 도시였다. 숲을 보는 것이 무슨 특별한 큰일이겠냐마는 열흘 동안 나무 한 그루 없는 광야를 헤맨 우리들에게 푸른 숲은 그야말로 생명 그 자체의 의미를 일깨워 주는 일이었다. 그뿐만이 아니라 나무 사이로 하늘 가득히 드리운 황혼의 쌍무지개는 일행을 달의 성 계곡의 환상 속으로 더욱 빠져들게 하였다.

모처럼 초록색이 주는 안정감과 풍성한 요리로 허기를 채운 포만감

구계왕국의
쌍무지개

이 가득한 가운데 그날 밤은 깨끗한 숙소의 편안한 침대에서 편안하게 환상의 세계로 날아갈 수 있었다. 내일이면 만날 신비의 왕국을 꿈꾸면서…

신비의
구계왕국

설역고원에 흩어져 살던 티베트 민족이 이룩한 대제국, 토번(吐蕃)이 9세기 후반에 들어서면서 후계자들의 권력다툼과 불교와 뵌뽀와의 헤게모니 쟁탈전으로 인하여 왕국 자체가 분열되고 농민반란에 의해 조상들의 능묘까지 파헤쳐졌다. 토번의 마지막 왕 랑다르마의 손자인 니마쿤은 몇 명의 신하와 백여 명의 기병을 이끌고 서부로 들어와 카일라스 근처인 뿌랑(布蘭)에 정착하여 현지 호족인의 여자와 결혼하여 안정을 찾게 되었다.

후에 그의 세 아들이 장성하여 분가하면서 각자 독립왕국을 세웠는데, 첫째는 아버지의 땅을 이어받았고, 둘째는 수투레지 강을 따라 현 인도령인 라다크 지방의 레(Lhe)로 내려가 정착을 하였다. 그리고 막내인 셋째 아들 데춘콘은 중간 지점인 이곳 수투레지 강가의 싸파랑에 도읍을 정하였는데, 몇 대를 이어 내려오면서 농업과 축산업을 장려하고 선정을 펴 인근 주민들이 구름처럼 모여들어 조그만 왕국이 형성되었다. 바로 구게(Guge Dynasty, 古格)왕국이었다.

　　『티베트 왕신기(王臣記)』를 비롯한 역사책에는 이때를 대략 10세기로 잡고 있다. 이렇게 시작된 구게의 역사는 16대 국왕을 거치면서 700여 년간 계속되다가 16세기에 이르러 홀연히 역사의 뒤편으로 사라져 버렸다. 근세에 이르러 그 궁궐 터와 사원이 발굴되면서 다시 세계의 주목을 받기 시작하였다. 바로 싸파랑(Tsaparang) 유적이다.

　　이 유적들을 처음 발견한 유럽 학자들의 주된 관심은 사원 벽에 생생

구게왕국

하게 남아 있는 벽화였는데, 그것들은 이미 불교의 본고장인 인도 본토
에서 사라진 후기불교, 특히 딴뜨라 불교의 진수가 고스란히 보존된 것
이었다. 일반적으로 알려진 대승권 불교인 중국 본토, 중앙아시아, 몽
골, 한국, 일본 그리고 심지어는 중앙 티베트의 그것과 또 다른 분위기
의 만다라풍 벽화의 출현이었다. 인도의 후기 딴뜨라는 기존의 불교 전
파로인 실크로드 쪽이 이슬람의 침공으로 막히게 되자 비상 탈출구로서
히말라야를 넘어 구계왕국으로 피난 온 것이었다. 그것은 귀중한 후기
불교 예술의 정수였기에 세계 불교계나 고고학계의 놀라움은 상당한 것
이었다.

　　카일라스에서 흘러온 코끼리 강, 수투레지 위로 떠오르는 아침 해는
찬란하였다. 아름다운 강 길을 따라 짜다에서 서남쪽 18km 떨어진 싸파
랑의 구계왕국 유지로 이동하였다. 새파란 하늘 아래 솟아 있는 고대 왕
국의 폐허 아래에 서서 천 년의 시간 속으로 서서히 들어갔다.

구게왕국 유지는 수 세기의 망각의 세월과 1966년에 있었던 문화혁명의 상처로 인해 외형적으로는 거의 폐허 상태였지만 다행히 그때 살아 남은 몇 채의 건물인 홍묘전(紅廟殿), 백묘전(白廟殿), 대위덕전(大威德殿), 도모전(度母殿) 등 4개 건물과 방어용 동굴로 이어진 산 정상의 궁전인 만다라전(壇城殿)을 비롯한 여러 개의 웅장한 토탑(土塔) 등은 근래에 복구되어 그런 대로 명목을 유지하고 있었다.

1985년도 조사에 의하면 싸파랑의 구게 왕궁 인근에는 총 879개의 거주용 동굴과 445채의 가옥, 58개의 성채와 망루, 28개의 불탑, 방어용 담장 4개, 정상으로 오르는 통로용 동굴 등이 있다고 조사되었으나 대부분은 폐허 상태에 가깝다. 근래에는 둥가(Tunggar) 유적과 그 북쪽에 피앙(皮央) 동굴 군에서 많은 벽화와 유물들이 발굴되었다고 하니 이 인근은 세계적인 고대 문화의 보고임에 틀림없다.

구게왕국 유지의 입구에 있는 대위덕전과 백묘전을 지나 홍묘전인 대법당으로 들어가니 거기 어둠 속에서 찬란한 밀교 문화의 정수들을

구게왕국의 법당

구게왕국의 법당(맨위 왼쪽)과 법당 안의 벽화들(오른쪽은 모두 석가모니불, 왼쪽 중간은 탁발하는 모습, 왼쪽 맨 아래는 제1대 구게 국왕 취임식과 축하사절들

감싸고 있던 천 년의 어둠이 밀려온다. 숨을 멈추고 서서 어둠에 눈이 익을 때까지 기다리면서 어둠의 영혼들을 불러내는 만트라를 외우니 제일 먼저 죽음의 신이자 이 방의 수호신인 무서운 야만타카(閻羅王)가 눈을 부릅뜨고 검은 몽둥이를 든 채 슬그머니 다가오고, 뒤이어 괴이한 형상의 뎀촉불(Demchog Buddha)이 다면다비의 합체불(合體佛)의 모습으로 나타난다.

이렇게 모든 불보살과 호위신장이 도열하자 이윽고 바닥에 법석이 펼쳐지며 하늘에서 오색 모래 가루가 날아와서 우주의 신비가 담긴 원 한가운데 주먹을 쥔 모습의 대일여래 비로자나불이 좌정한다. 뒤이어 사방불이 방향에 맞게 차례로 자리를 잡고 앉는 모습이 서서히 나타난다. 그리하여 해와 달이 동시에 비추는 수미산 아래 모든 불보살과 호법신장과 육도윤회 중의 뭇 중생들이 배석한 법계도(法界圖)인 '지고의 축복 만다라'인 차크라삼발라 만다라(Chakra Shambala.M)가 완성된다.

1948년 10월 이곳에 도착해 몇 달을 머물며 이곳의 모든 벽화들을 조사한 볼리비아 태생의 티베트 까규빠 소속 승려인 고빈다(A Govinda)는 그의 순례기『The way of white clouds』에서 지금 이 법당의 만다라를 이렇게 묘사하고 있다.

만다라는 천상의 사원을 상징한다. 그 사원은 순수하고 희귀한 물질들로 이루어져 있으며 '지고한 축복과 초월적 깨달음'을 담고 있다. 뎀촉(지고한 축복; 大樂)과 반야(般若; 초월적 지혜)가 도제팍모(수호불)의 형상 속에서 신성한 결합을 이루는 그림을 보며 나는 궁극적 실체를

따라보살(왼쪽). 밀교 벽화(오른쪽 위). 아래는 문수보살과 벽화

인식할 수 있다.

위로 올려진 12개의 팔은 12연기설을, 무지를 나타내는 코끼리 가죽을 걸친 뎀촉의 4개의 얼굴은 우주를 구성하는 4요소를, 그리고 4방을 보는 4얼굴은 4가지 해탈문을 의미한다. 각각의 얼굴에는 3개의 눈이 있어 욕계·색계·무색계를 보거나 과거·현재·미래의 시간대를 보고 있음을 의미한다. 그의 몸이 청색인 것은 시간·공간의 무한성을 상징하는 것인데, 이는 공(空) 그 자체인 것이다.

도제팍모(바즈라요기니)의 몸은 붉은 색인데, 이는 열정을 나타낸다. 그녀는 오직 한 가지 얼굴을 하고 있는데, 이는 모든 존재가 하나임을 의미한다. 두 개의 팔은 절대성과 상대성을 동시에 지닌 진리의 특성을 상징하며 나체로써 표현되는 것은 모든 미망으로부터 자유롭다는 것을 의미하고 서로 결합되어 있는 신들의 모습은 완성의 단계를 의미하는데, 그것은 바로 지혜(般若)와 방편(大悲)의 결합을 뜻하는 것이다.

법당을 구경하고 밖으로 나오니 야성이 살아 있는 햇빛이 사정없이 피부 속으로 파고든다. 이제는 구게왕국의 하이라이트인 산 꼭대기의 만다라 궁전으로 올라가 보자.

두 개의 계곡 사이에 300m 정도 수직으로 솟아 있는 천연의 산 정상 부근에, 새집같이 자리 잡은, 하얗게 빛나는 만다라전이 올려다보였다. 그곳에 이르는 길은 오직 하나, 미

왕궁으로 올라가는 터널

정상에서 바라본
사원과 전경. 사원
뒤에 왕궁이 있다.

로 같은 터널들을 통과해야만 하였다. 다른 길은 전혀 없었다. 과연 난
공불락의 요새다웠다. 나선형으로 오르는 통로의 요소요소마다 석굴이
파져 있었는데, 그 안에는 왕국 최후의 날에 대한 전설을 말해주듯이 전
쟁 중에 화살이 떨어졌을 때 무기로 사용했다던 주먹만 한 돌들이 수북
이 쌓여 있었다. 가쁜 숨을 몰아쉬며 마지막 터널을 빠져나오니 거기에
새 세상이 열려 있었다.

정상에서 바라다 본 것은 한 폭의 화엄세계였다. 눈이 시리도록 푸른
하늘 아래, 멀리는 수투레지 강을 따라 검붉은 다와쫑 계곡이 동서로 펼
쳐져 있고 강 언덕에는 푸른 녹지대가, 그리고 그 사이사이에는 샛노란
유채꽃이 눈부시게 빛나고 있었다. 화가의 눈이 아니더라도, 거대하면
서 오밀조밀하고 섬세하면서 웅장한 황금비율의 구도로 보였고 절묘하
게 조화된 색채의 배합 또한 아름다운 한 폭의 만다라였다. 한동안을 바

수투레지 강과 다와쫑
계곡

라보다가 발아래를 내려다보니 절벽 아래로는 마치 성냥갑만 한 폐허의
흙벽돌로 만들어진 건물 잔해들이 수없이 흩어져 있었다.

구게왕국의 멸망과
그 후의 미스터리

그동안 옛 구게왕국 유지는 수백 년간 인적이 끊긴 채 폐허 상태였으
므로 700여 년간 지탱하며 찬란한 불교문화를 자랑하던 작지 않았던 왕
국이 지금부터 380여 년 전 홀연히 사라진 원인에 대해서는 알려진 바
가 없었다. 이른바 '티베트의 10대 미스터리'의 하나였다.

이 문제에 대한 해답은 아직도 풀리지 않고 있는데, 다만 왕국의 멸
망에 대해서는 몇몇 가설이 제기되어 설득력을 얻고 있다. 첫째는 왕국
의 내부분열로 인한 자연적 쇠락이나 기후변화에 의한 주민들의 집단이
주 등으로 인한 폐허설이고 두 번째로는 '외적침입설'인데, 근래 진행된

고고학적 발굴에 의하면 후자로 굳어져 가고 있는 추세라고 한다.

말하자면 외적이 쳐들어와 일시에 초토화시켰다는 말이다. 그 근거로는 유적지 동굴에서 발견된 많은 고대 전쟁 유물들을 들을 수 있다. 예를 들어 투구와 갑옷, 방패, 화살, 돌무더기 등으로 고원의 건조한 기후 때문에 수백 년 동안 손상되지 않고 잘 보존될 수 있었다. 또 다른 증거로는 산 아래에서 발견된 미라동굴(乾尸洞)에서 출토된 수많은 목 없는 시체들이었는데, 역시 건조한 기후 때문에 거의 미라 상태로 발견되었다. 검시 결과로는 동굴의 가장 끝에는 승려, 그 옆으로 아이들이, 그 다음은 부녀자와 남자들 순으로 모두 목이 없는 채로 누워 있었다고 한다.

현재까지 제시되고 있는 가설에 의하면, 구게왕국의 최후의 날은 다음과 같이 그려지고 있다. 앞장에서 이야기한 바대로, 구게왕국의 마지막 왕인 사빠데의 지나친 기독교 편향에서 파국은 다가오고 있었다. 왕국의 기독교화에 대해 왕의 동생과 원로대신들 그리고 승려들은 여러 번 왕에게 직언을 하며 우려와 경고를 하였으나 왕은 태도를 바꾸지 않고 오히려 몇몇 신부들의 부추김을 받아들여 1626년에는 라마승으로 출가한 120명의 소속 사원에 무거운 세금을 부과하고 심지어는 그들에게 환속 명령을 내리기도 하였을 정도가 되었다.

마침내 1630년이 되자 망국의 검은 구름이 구게의 하늘을 짙게 가렸다. 사빠데 왕은 애초에는 승려집단의 전횡에 대한 견제세력으로 기독교를 이용하려던 것이었지만, 과유불급(過猶不及)이라, 지나침은 도리어 망국으로 치닫게 만든 결과를 초래하게 되었다.

마침 사빠데 왕이 병석에 누울 때를 기다려 왕의 동생과 숙부를 주축으로 하는 일부 반역세력들은 카슈미르의 라다크 왕국으로 밀사를 파견하여 적군을 불러들인 사건을 벌였다.

그렇지 않아도 오래전, 혼인문제의 앙금 때문에 구게 왕에 대해 원한을 품고 있던 라다크의 레(Leh)왕국으로서는 절호의 기회였다. 그 해묵은 사건은 18년 전으로 거슬러 올라간다. 당시 왕자를 낳지 못하던 구게왕의 왕비에게서 왕자가 태어났는데 원인 모를 정신병에 걸려 제구실을 못하게 되자 나라에서는 온 세상의 명의를 초빙하여 왕자의 병을 치료하려고 하였으나 소용이 없었다.

한편으로 라다크 왕국에 청혼을 하여 왕의 여동생을 새 왕비로 맞이할 생각을 하게 되었다. 몇 번의 혼인사절이 오고간 뒤, 드디어 공주가 라다크를 출발하여 구게왕국의 수도 싸파랑에 거의 도착할 때가 되었을 때, 돌연 구게 왕이 변덕을 부려 결혼을 취소한다고 일방적으로 통보를 하였다. 이에 공주는 구게왕국에 들어와 보지도 못하고 본국으로 쫓겨가는 치욕을 당하였다. 당연히 라다크 왕국의 분노는 하늘에 이르렀다. 특히 공주의 오빠인 셍게남걀 왕은 더욱 그러하였다. 그러나 당시 라다크의 국력은 구게를 침공하기에는 역부족이었기에 가슴속 깊숙이 원한으로 남게 되었던 것이다.

기회를 놓칠세라, 이에 한풀이와 정복전쟁을 겸한 셍게남걀 왕이 이끄는 라다크의 정예병들이 구게 내부의 반역자들의 호응을 받으며 물밀듯이 파죽지세로 밀려들어와 마침내 싸파랑 궁전을 포위하였다. 그러나 이 궁전은 앞장에서 이야기한 바 있는 것처럼 일당백의 난공불락의 천연의 요새였기에 쉽사리 함락할 수가 없었다. 더구나 아직도 사빠데 왕에게는 충성스런 왕의 직속 친위대가 완강하게 저항하였다.

구게왕국 '최후의 날'은 두 가지로 이야기되고 있다. 첫째는 당시 구게 국왕 이하 친위대 및 전 주민들은 난공불락의 산성에서 한 달간을 버텼는데 화살이 떨어지자 주먹만 한 돌로 최후의 한 사람까지 싸웠다고 한다. 그러나 물과 식량마저 떨어지자 그들도 어쩔 수 없이 목을 적군에게 내주고 말았다. 이때 라다크 병사들은 구게의 백성들의 목만을 가져

가고 그 시체는 동굴 속에 던져 넣었다고 하는데, 그곳이 바로 300년 만에 발견된 미라동굴이라고 한다.

둘째는 당시 공방전이 길어지고 겨울이 다가와 라다크 군이 철수를 검토하자, 구게 왕의 동생이 고육책을 써서 거짓항복을 하고는 국왕인 친형에게 꿇어 엎드린 채로 울면서 형제의 의리를 거론하며 휴전제의를 하자 전쟁에 시달린 왕이 마음이 약해져 동의를 하고 동생을 믿고 강화조약을 맺으러 산 아래로 내려왔다. 이를 기다리고 있던 라다크의 병사들과 구게의 반역자들이 왕의 친위대를 살해하고 왕을 사로잡고는 산성의 잔여병력들의 항복을 강요하였다. 그러자 일부는 항복이나 자결을 하였지만, 일부 충신들은 후일을 기약하고는 야간을 틈타 비밀동굴을 통해 산에서 내려와 먼 곳으로 도망을 해버렸다고 한다.

이어진 라다크 병사들의 살육과 노략질에 찬란한 불교문화를 꽃피운 구게왕국은 하루아침에 피비린내 가득한 폐허로 변해 버렸다. 당시 구게 왕과 왕비와 왕족들 그리고 기독교 선교사들은 모두 라다크로 끌려가 굴욕적인 삶을 살았다고 하는데, 후에 선교사들은 인도와의 외교관계를 고려하여 석방시켰다고 기록은 전하고 있다.

비록 왕국은 망했다지만, 그 후손들의 흔적은 어딘가에 남아 있어야 한다. 그러나 지금 짜다나 싸파랑 마을에 살고 있는 주민들은 구게왕국의 후손들이 아니고 금세기에 딴 곳에서 이주시킨 부족이라고 한다. 그렇다면 그렇게 번성하였던 그들의 후손들은 모두 어디로 갔는가?

전설 속의 이상향
샴발라(샹그릴라)

샴발라(Shambala)라는 단어는 우리에게는 다소 생소한 단어이다. 같은 뜻이지만 오히려 샹그릴라가 친근하게 느껴질 것이다. 샴발라는 샹그릴라의 티베트어 원어이다. 이 세상 어디인가에 존재하지만 우리와는 시간의 차원이 다른 이상향인 유토피아를 의미한다. 그곳은 황금의 불탑이 줄지어 서 있고 아름다운 꽃들이 만발한 곳이라고 한다.

이 왕국의 주민들은 항상 온화한 일기 탓으로 모든 것이 풍족하고, 질병과 기아의 걱정 없이 평화롭고 조화롭게 살 수 있으며, 황금과 보석을 소유할 수는 있지만 결코 그것을 사용할 필요도 없는 곳이다. 샴발라의 주민들은 모두 건강하고 아름다운 용모를 지니고 있다. 영생을 누리지는 못하지만 적어도 300년 이상의 장수를 누릴 수 있고 다음 생에 태어나도 이번 생에 이 왕국에서 누렸던 것과 같은 조건 이상의 복락을 누릴 수 있는 보장을 받는다.

그들은 깨달음의 경지에 가까워진 사람들로 아직 완전한 깨달음은 얻지 못했기에 중생으로서의 카르마(Karma, 業)가 남아 있기는 하지만, 그것들은 바깥세계의 사람들에 비하면 극히 적은 부분에 불과하다.

대부분의 티베트인들은 샴발라를 불교의 궁극의 경지 니르바나의 중간 정거장쯤으로 인식한다. 누구든지 한번 샴발라에 들어갈 수 있다면 그것은 바로 다시는 육도윤회(六道輪回)의 단계에서 그 이하의 단계로 떨어지지 않는다는 보증수표 같은 것이라고 인식하고 있다. 그러기에 샴발라는 비록 천국은 아니지만 이 지구상에 존재하는 오직 하나의 순결한 땅이라고 인식하게 된 것이다.

티베트 민초들은 이번 생에 참된 수행과 많은 공덕을 쌓으면 내생에 샴발라에 태어나 영원히 고통 없이 행복하게 살 수 있다고 믿고 있다. 말하자면 극락세계에 가까운 개념으로 인식하고 있는 것인데, 물론 그들의 이승에서의 삶이 고달팠기에 더욱더 그런 세계를 그리워했을 것이지만, 그런 무지개 꿈을 꿀 수 있었기에 이승은 그리 지루하지 않았을 것이다.

샴발라 왕국을 묘사한 탕카. 둥근 하얀색 원은 큰 설산에 둘러싸여 있는 것이고 가운데가 삼발라 왕국의 수도 깔라파이다. 안쪽으로는 작은 설산들을 경계로 8개 연꽃잎과 같은 8왕국이 있다고 묘사된다.

시간이 정지된 낙원에서 생로병사의 고통을 받지 않고 영원히 행복하게 살 수 있는 곳이 있다면, 바람 부는 티끌세상에서 유한적인 삶에 매달려 살아야만 하는 중생들에게는 글자 그대로 꿈같은 이상향이 아닐 수 없을 것이다.

그리하여 불로장생을 꿈꾸며 이곳을 찾아 헤매는 호사가들의 부질없는 노력은 끊임없이 계속되었지만 그 결과는 신비스런 전설만 더할 뿐이었다. 중국의 무릉도원, 그리고 히말라야의 샹그릴라 등등이 그렇게 전설로만 존재하는 곳들이다. 이 이상향의 개념은 동양권보다는 서구쪽에서 생소한 것이었는데 샹그릴라를 처음으로 그들에게 알린 소설이 있다.

바로 1933년 출판되어 세계적 베스트셀러가 된 제임스 힐튼의 『잃어버린 지평선(Lost horizon)』이다. 우리나라에도 흑백영화로 오래전에 TV에서 상영된 바 있어서 필자를 포함한 수많은 이들을 히말라야 신드롬에 걸리게 한 이 작품은 히말라야 인근의 전설을 소설화한 것이다.

히말라야 아래의 숨겨진 계곡을 무대로 설정하여 시간이 정지된 이상세계인 블루문(Blue moon) 계곡을 신비스럽게 묘사하여 구미제국에서 큰 반향을 일으키며 히말라야 미스터리를 더욱 부채질하였다.

샴발라 왕국은 해석에 따라서 3곳으로 인식된다. 그 첫째는 히말라야 어딘가에 있다는 숨겨진 공간적인 곳이고, 두 번째로는 초능력적 영혼들만이 사는 다차원의 우주 공간에 있다는 실체적이지 않은 곳으로 주로 신지학(神智學) 같은 오컬트(Occult)적 관점에서 보는 다소 허황되게 보이는 신비의 왕국이다.

그리고 세 번째로는 인간 육체 속의 정신적 중심체인 '차크라(Chakra)'를 상징적으로 표현한 왕국이다.

말하자면 '시간의 수레바퀴의 가르침'이란 수행법을 통하여 샴발라라는 영원한 풍요와 행복의 골짜기로 들어가서 깨달음을 얻어 니르바나(Nirvana)라는 경지에 들어간다는 이야기인 것이다. 그러니까 '칼라차크라(KalaChakra, 時輪)'라는 단어가 바로 샴발라의 '키워드'인 셈이다.

오랫동안 서양인들에게 유토피아로 꼽힌 샹그릴라가 다시 세계 언론의 주목을 받은 것은 1997년 9월이다. 중국 윈난(雲南)성 정부가 대규모 기자회견을 열어 "본 성내의 띠칭주(迪慶州) 중뎬현(中甸縣)이 바로 샹그릴라"라고 주장한 데서 촉발되었다. 원래 윈난성은 각계의 전문가들이 소설 속에 나오는 자연·문화적 환경이 중뎬과 일치한다는 결론을 내렸지만 중국은 그곳을 1992년까지는 개방하지 않았다. 티베트 미개방 정책과 맞물려 있는 지역에 위치한 소수민족에 대한 정치적 고려가 그 주된 이유였다. 그러다가 2001년 12월 중국 정부는 그곳을 아예 '샹그릴라현(香格里拉縣)'으로 이름을 바꾸어 개방하고, 2003년에는 유네스코의 세계자연유산으로 등록시켰다. 그러니까 어느 날 갑자기 지도상에 현존하는 샹그릴라로 둔갑을 한 것이다. 소설의 유명세를 빌어 국제적인 관광지로 개발하여 달러를 벌어들이기 위한 뻔한 목적이다.

원래 샹그릴라로 손꼽힌 곳은 비단 중덴만이 아니었다. 인도, 네팔, 부탄, 쓰촨(四川)성 등 히말라야 인근의 그럴 듯한 마을들이 저마다 샹그릴라를 내세웠지만, 그 중 윈난성이 적극적으로 샹그릴라 마케팅에 선수를 친 것이다.

언어학자들은 샹그릴라의 뜻을 3가지로 풀이한다. 첫째로 해석으로 '샹'은 마음을, '그'는 소유격을, '리'는 태양을, '라'는 달을 뜻하여 전체적으로는 "마음속의 해와 달"이라는 의미가 된다고 한다. 두 번째로는 '샹그'는 '흰 달빛'을, '리라'는 '태양'을 의미한다고 하는데, 이는 현 행정구역상의 중덴의 옛 이름인 '일월성(日月城)'을 가리킨다고 한다. 또한 세 번째는 샹그릴라의 티베트어 어원이 샴발라라고 하는데, 현재로서는 어느 것이 정답인지 확정된 바 없다.

아침부터 길가의 노천 카페에서는 카세트를 아침부터 시끄럽게 틀어대고 있었다. 요즈음 유행하는 귀에 익은 곡이어서 가사는 잘 전달되지 않았지만 무슨 곡이냐고 물었더니 아예 테이프를 통째로 건네준다. 무심코 훑어보다가 화들짝 놀라고 말았다. 바로 〈샴발라는 멀지 않네(香巴拉竝不遙遠)〉라는 노래였기 때문이었다.

한 아름다운 곳이 있다네.
사람들은 그곳을 찾아가려 한다네.
그곳은 사계절 항상 푸르고 꽃은 피어 있고 새는 노래하는 곳이라네.

그곳은 고통, 근심, 걱정 없는 곳이라네.

그곳의 이름은 샴발라라 한다네.

신선들만이 사는 곳이라네.

아! 그러나 샴발라는 그리 먼 곳은 아니라네.

그곳은 바로 우리들의 고향이라네.

길가에 앉아 차를 마시며 샴발라를 들어가며 강 건너의 다와쫑 계곡을 바라보는 기분은 참으로 묘했다. 말을 잃었다고나 할까? 다와쫑 어딘가에 샴발라가 있다는 것이 거의 현실성 있게 다가왔다. 묘한 뜻을 풍기는 가사를 음미하다 보니 도무지 환상인지 현실인지 구분이 가지 않았다. 70여 년 전에 이 다와쫑을 지나간 서양 승려인 고빈다도 이곳을 샴발라의 실제 모델이라고 적고 있다.

사방이 고원으로 둘러싸인 깊이 1천m도 넘는 서부 티베트의 협곡에는 그 지방의 원주민들만이 겨우 접근할 수 있는 숨어 있는 골짜기가 있다. 그곳으로 들어가면 꽃이 만발하고 숲으로 둘러싸인 비옥한 땅과 맑은 물이 흐르고 있다. 그리고 아름답게 지어진 승원과 승려들이 수행할 수 있는 동굴들이 있다. 과거에 그곳에서는 사람들이 아무런 걱정 없이 진정한 삶의 가치를 찾으며 살았다. 사시사철 따뜻한 햇볕을 받으며 고원의 찬 바람과 외부세계의 야망과 투쟁에서 보호받았던 그곳은 정말 잊혀진 낙원인지도 모른다.

티베트불교의 중흥
토링(托林) 사원

긴 어둠이 지나면 새벽은 오기 마련인가? 티베트에 한때 번성했던 토번 왕조가 붕괴되면서 설역고원은 긴 암흑기에 들어갔지만 왕조의 후예

토링 사원

들이 서부지방에 세운 구계왕국에서는 새로운 기운이 감돌고 있었다. 그 가운데 두 명의 위대한 스승이 있었다. 바로 린첸상뽀와 아티샤였다.

세계 역사상의 모든 봉건왕조가 그러하였듯이 구계 왕조도 제2대 왕 코레의 선정에 의해 왕국은 반석 위에 올라섰는데, 그의 원력은 왕국을 불국토로 만드는 것이었다. 만년에 그는 왕위를 조카 라데 왕에게 물려주고 자신은 출가하여 법명을 라마 에세외라고 하며 승가에 몸을 담았다. 그리하여 그의 원력대로 21명의 청년이 선발되어 인도로 보내졌지만 낮은 고도와 더운 기후로 인한 풍토병으로 모두 생명을 잃고 단 두명만이 범어(梵語)를 배우는 임무를 마치고 돌아올 수 있었는데 그 중한 명이 바로 린첸상뽀(958~1055)였다.

그리하여 그에 의하여 많은 불경이 티베트어로 번역되고 토링을 비롯한 많은 사원들이 건립되어 티베트의 변방인 서부 지방에서부터 수백

토링 사원 법당

년 동안 멈춰 있던 불교의 수레바퀴가 다시 구르기 시작했다. 티베트 후
홍기(後弘期)의 새벽이었다. 아름다운 '달의 성' 계곡인 싸파랑에서 피어
난 설련화(雪蓮華)였다.

　　린첸상뽀가 세운 많은 사원 중에서 토링 사원은 천 년의 세월이 흐른
지금까지도 부분적으로 남아 있어서 당시의 찬란한 불교문화의 진수를
엿볼 수 있게 한다.

　　그는 만년이 되어서 열반을 예감하고서 그가 못다 한 대업을 대신할
두 명의 스승을 추천하였는데, 그 중 하나가 인도의 유명한 불교학자 디
판카라 아티샤였다. 일명 아티샤 존자로 후세에 널리 알려진 그는 벵갈
의 왕자 출신으로 일찍이 나란다 대학으로 가서 당시 새로운 불교 사조
였던 밀교학(密敎學)를 배우고 후에 비크라마쉴라(Vikramasila) 대학의 학
장이 되어 그의 명성을 세상에 알렸다. 그리하여 구게왕국의 초청을 받

토링 사원 법당 안의
보살상들

게 되었지만, 사정상 당시는 구게 왕 라데의 초청을 수락할 수 없었다.
그러나 먼저 초청을 수락하여 설산을 넘은 동료학자 수부티의 헌신적인
불심과 구게 민중들의 간절한 소망을 거절하지 못하여 마침내 1042년
네팔을 거쳐 히말라야를 넘어 구게왕국으로 들어오게 되었다.

　　오랫동안 이 날을 기다려온 왕국의 원로 승려인 린첸상뽀는 이미 85
세의 고령이었지만 자리에서 일어나 인도의 스승에게 경의를 표하였다

고 한다. 이런 배경 아래 린첸상뽀와 왕국의 전폭적인 지지에 힘입어 아
티샤는 토링 사원에서 그 유명한 불교의 수행법인『보리도등론(菩提道燈
論)』을 저술하는 등 역경과 포교사업에 전념할 수 있었다.

　토번왕국의 분열로 인하여 티베트 고원에서 사라져 버린 진리의 불
씨를 되살린 것이다. 여기서 구게왕국이 그 중심지로서의 역할을 하게
되면서 전 국토로 법륜이 구르게 되는 계기를 맞게 되었다. 이를 역사는
불교의 후홍기라고 부르는데, 지금의 티베트불교의 특성을 가늠하는 중
요한 계기로 평가 받는다.

　이렇게 3년간의 구게에서의 역할을 회향한 뒤, 디판카라 아티샤는 초
청을 받아 중앙 티베트로 발길을 돌려 라싸에 이르러 티베트불교 교학
을 체계화시키면서 후진을 양성하게 된다.

　후에 아티샤의『보리도등론』은 제자들에 의해 까담파로 계승되고, 나

토링 사원에서 바라본
저녁노을(위)
회향길에 나타난 쌍무
지개(아래)

중에는 쫑카파가 『보리도차제론』을 지어 완성되었다. 『보리도차제론』은
깨달음에 이르는 길을 체계적으로 설한 경전으로 수행자들이 수행에 들
어가는 마음가짐과, 깨달음으로 나아가는 과정을 상·중·하 3단계로 나
누고 각 단계에서 수행해야할 방법을 세심하고 치밀하게 설명하고 있
다. 이 체계에서 불교의 중도사상, 연기론, 공사상 같은 개념들도 나와

있다. 달라이라마가 속한 겔룩파의 근본경전으로 티베트인들이 삶의 지침으로 삼는 경전이다.

　인간의 생존 자체가 어려운 척박한 설역고원에 뢰릭의 유일한 희망이었던 인과법(因果法)의 수레바퀴를 이 땅에 굴리게 만든 보살들과 조사들이 어찌 한두 명이었겠느냐마는 그 중 한두 명을 꼽으라면 파드마삼바바와 아티샤를 지명하는 데 이의를 달 사람은 없을 것이다. 그만큼 두 사람은 티베트 불교사에 지대한 공헌을 하였던 것이다. 그중 한 사람은 티베트에 처음 법륜을 굴린 이요, 또 한 사람은 암흑기에 다시 횃불을 밝힌 보살이기 때문이다.

　설역고원 티베트! 그곳은 바람과 구름과 별들의 고향이었다.
　아침에는 찬란한 태양이 차가운 대지를 데워 주었고 낮에는 잉크빛

티베트의 산하대지

신비로운 카일라스

하늘과 뭉게구름이, 그리고 밤하늘 가득한 영롱한 별들이 해동의 나그네를 환영해 주었다.

　고개를 돌려 영혼의 고향, 착하고 선량한 뵈릭들의 땅인 설역고원 강쩬의 하늘과 땅을 바라보니 흰 구름만 흘러갈 뿐 성스러운 카일라스는 아무래도 눈이 모자란다.

　아, 신비스런 산 카일라스여! 구름과 별들의 고향 티베트여!

아름다운 만다라. 티베트불교에서는 이를 촉싱(Tshogs shing)이라고 하는데, 촉싱이란 각 종파의 시조를 중심으로 법맥의 스승 또는 본존들을 나무의 형태로 만들어 모신 탕카를 말한다. 번역하여 집회수(集會樹) 또는 귀의수(歸依樹)라고 한다. 보통 이를 대경(對境)으로 귀의 수행을 하기에 복을 쌓는 밭이라는 의미로 자량전(資糧田)이라고도 한다.

참고문헌

_ 밀라래빠의 『십만송』, 이정섭 역, 시공사

_ 『舊唐書』, (晉), 劉詢 等撰, 商務印書館 百納本

_ 『新唐書』, (宋), 歐陽修 等撰, 商務印書館 百納本

_ 『册府元龜』, (宋). 陽億 編纂, 蘇晉仁 等校證, 四川民族出版社

_ 『通鑑吐蕃史料』, (宋). 司馬光 撰, 蘇晉仁 編

_ 『新唐書吐蕃傳箋證』, 王忠 著, 科學出版社

_ 『松贊干布傳』, 王忠 著, 上海人民出版社

_ 『西藏歷史年表』, 殷克興 等編, 西北民族硏究室印

_ 『巴協』, 巴·塞朗 著, 民族出版社

_ 『善逝教法源流』, 布敦·仁欽朱 著, 德格版

_ 『紅史』, 蔡巴·袞噶多吉 著, 民族出版社

_ 『靑史』, 桂譯師·迅魯白 著, 拉薩版

_ 『白史』, 格丹琼培 著, 靑海民族學院語文系印

_ 『智者喜筵』, 保沃祖拉呈瓦 著, 山南格扎版

_ 『宗派源流』, 土觀 著, 德格版

_ 『韋藏勝迹志』, 欽則王布 著,

_ 『藏族歷史年鑒』, 才旦夏茸 著, 靑海民族出版社

우주의 중심, 카일라스
– 티베트 수미산 마음여행

초판 1쇄 인쇄   2020년 6월 20일
초판 1쇄 발행   2020년 7월 1일

지은이   김규현
사진   이상원
펴낸이   박미령

펴낸곳   마음여행 실크로드
출판신고번호   제 2020-000063호
신고일자   2020년 6월 4일
주소   서울시 종로구 우정국로 48 S&S빌딩 901호
전화   02-720-9600
팩스   02-734-9937
E-mail   maum1989@naver.com
홈페이지   www.maumtour.com

NAVER 마음여행 ▼

편집디자인   나라연

ISBN   979-11-970811-0-1   03910